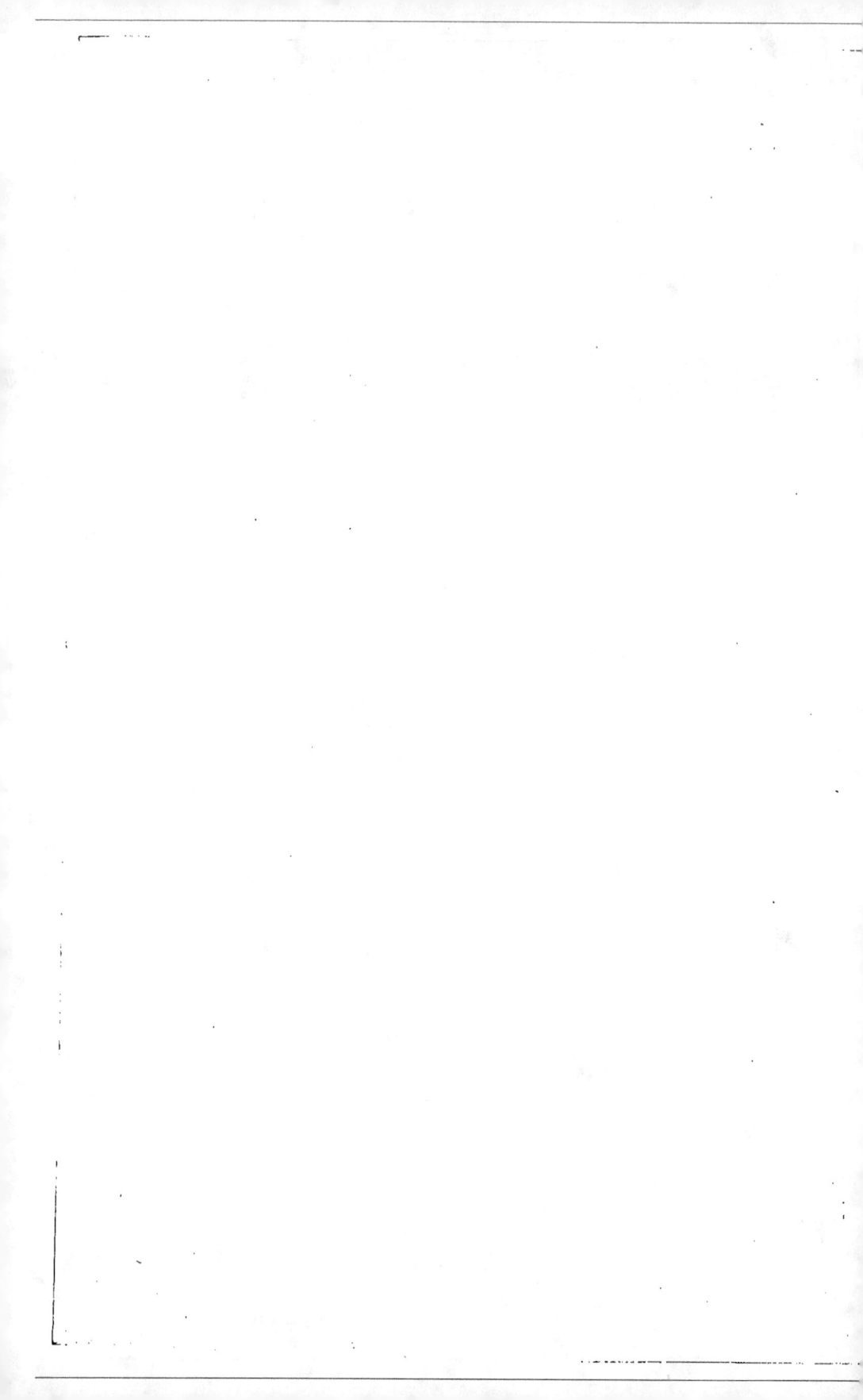

1870

ARMÉE DU RHIN

SES ÉPREUVES

LA CHUTE DE METZ

NOTES CURSIVES

du Lieutenant-Colonel

DE MONTLUISANT,

COMMANDANT LA RÉSERVE D'ARTILLERIE DU 6ᵉ CORPS

PARIS

LIBRAIRIE G. BORRANI, 9, RUE DES SAINTS-PÈRES

1871

Ce volume appartient à la
Bibliothèque nationale.

S. A.

ouvrage très remarquable sauf les Planteries be
et très rare — l'auteur.

1870

ARMÉE DU RHIN

SES ÉPREUVES

LA CHUTE DE METZ

NOTES CURSIVES

du Lieutenant-Colonel

DE MONTLUISANT,

COMMANDANT LA RÉSERVE D'ARTILLERIE DU 6ᵉ CORPS

MONTÉLIMAR

IMPRIMERIE ET LITHOGRAPHIE BOURRON

A Monsieur le Ministre de la Guerre.

Monsieur le Ministre,

Vous m'avez envoyé, le 16 juillet 1870, à l'artillerie de la 1re division du 6e corps de l'armée du Rhin. Plus tard, le 22 août, M. le maréchal CANROBERT a bien voulu me confier le commandement de la réserve d'artillerie de son corps d'armée.

Condamné à la plus douloureuse inaction par la capitulation de Metz, j'ai pensé que mon premier devoir était de vous adresser, le plus rapidement possible, mon Journal de marche, ainsi que la copie des Pièces justificatives de la campagne.

J'ai ensuite pensé que, pour vous faire apprécier les épreuves et la conduite des artilleurs placés sous mes ordres, je n'avais rien de mieux à faire que de conserver à mes notes journalières leur caractère intime et privé.

Placé bien loin dans la hiérarchie militaire, j'ai toujours obéi sans faiblir, et j'ai eu la consolation de commander à des officiers et à des soldats de cœur, qui ont toujours été prêts à offrir leur vie pour le salut de la patrie.

J'en appelle, Monsieur le Ministre, à votre haute justice et aux arrêts de l'avenir.

Je suis, Monsieur le Ministre,

avec le plus profond respect,

Votre très-humble et très-obéissant serviteur.

DE MONTLUISANT.

Dresde (Saxe), 11 janvier 1871.

ARMÉE DU RHIN

SES ÉPREUVES

LA CHUTE DE METZ

PREMIÈRE PARTIE.

Récit de la campagne du 16 juillet
au 29 octobre 1870.

Batailles de Borny, de Rezonville & de St-Privat.

Blocus & capitulation de Metz.

ARMÉE DU RHIN

SES ÉPREUVES

LA CHUTE DE METZ

---

7 Juillet 1870. — LA FÈRE. — La déclaration du duc
de Grammont, ministre des affaires étrangères, aux Chambres
françaises, tombe à La Fère comme une bombe..... C'est
un piège du comte de Bismarck. Nos ministres ont déjà répondu par un coup de tête. Le gant est lancé. Nous écrivons
tous au ministre pour demander nos postes de combat, etc.

10 Juillet. — Nos hommes d'Etat oublient les énormes
préparatifs de l'ennemi, son organisation militaire formidable, etc., etc.; ses approvisionnements immenses, sa land-
wher, son landsturm.

Les Français désirent sincèrement et loyalement la paix.
Ils convient leurs voisins à l'établir sincère, bienveillante,
sans humeur jalouse ou soupçonneuse. Ils appellent la lutte
sur le terrain des progrès scientifiques, industriels et sociaux.

La France, il est vrai, est restée une nation susceptible,
belliqueuse et fière, mais elle n'est plus armée. Elle n'a rien
préparé pour une guerre que le roi Guillaume propose avec

des troupes quatre à cinq fois plus nombreuses que les nôtres. Si l'Empereur et ses ministres acceptent aujourd'hui le défi, ils vont tenter Dieu, et jouer la fortune de la France dans des conditions inouïes.

Pour nous, soldats, notre rôle est tracé. — Ce n'est pas le moment de critiquer, mais d'agir; nous ne devons songer qu'à faire triompher le drapeau par des prodiges de courage, de ténacité et d'énergie.

Prenons la plume, ouvrons notre Journal de marche, et retraçons jour par jour les événements qui vont passer sous nos yeux.

17 Juillet. — Je reçois ma lettre de service de commandant de l'artillerie de la 1ʳᵉ division du 6ᵉ corps de l'armée du Rhin. Je prends immédiatement la direction des 5ᵉ, 7ᵉ et 8ᵉ batteries désignées pour cette division. Je les passe en revue, et je pars avec les 5ᵉ et 7ᵉ batteries, le 24 juillet, pour Laon, où la 3ᵉ me rejoint le 27. (V. Pièce justificative n° 4.)

28 Juillet. — Les trois capitaines, MM. Abord, Oster et Flottes, dînent avec moi chez M. F***, préfet de l'Aisne. Ce fonctionnaire éminent partage les idées de M. ***, préfet de la Drôme, et des hommes politiques qui ont pratiqué les affaires. Il reconnaît les fruits bien amers cueillis après dix-huit ans de règne. Il avoue l'indispensable nécessité de modifier radicalement les tendances gouvernementales et l'administration du pays.

Homme libéral, sagement progressif, conciliant et doux, il fait naître la plus cordiale sympathie.

28 Juillet. — A 11 heures du soir, ordre télégraphique de partir par les voies ferrées pour le camp de Châlons. L'embarquement se fait rapidement, et nous arrivons le 29 pour prendre les ordres du général Labastie, notre chef direct, et recevoir le complément de tout ce qui nous manque.

5 Août. — Réunis à notre division, et passés en revue par le maréchal Canrobert le 31, notre réserve arrive le 5, et prend part avec nous à une grande manœuvre contre les ouvrages Niel.

On m'adresse, comme chef de corps, 12 cartes in-folio du duché de Bade, et 16 pour la Prusse rhénane; il m'en arrive encore 52 le 9, et aussi quelques petits croquis relatifs aux bords du Rhin. (Voir Pièces justificatives nos 13, 14, 15, 55.)

10 Août. — Des dépêches successives nous apprennent la tentative du 2 août contre Saarbruck et la première attaque du 5 août des Prussiens à Wissembourg. Le 6e corps reçoit, le 5, l'ordre de partir immédiatement pour Nancy : deux divisions montent en wagons, et nous nous apprêtons à les suivre, quand la funeste bataille de Freischwiller nous arrête. En présence de deux grandes armées ennemies qui débouchent parallèlement par la Sarre, par le Rhin, et qui nous surprennent en pleine formation, on ne pense d'abord qu'à se replier pour couvrir Paris. Nos deux divisions reviennent de Nancy, et nous voyons déboucher au milieu de nous 4 à 5,000 hommes de la plus triste apparence. Soldats valides et débandés des corps Frossard et Mac-Mahon, ils nous inspirent une répulsion irrésistible, et nous leur interdisons nos camps, où ils apporteraient des récits perfides et la démoralisation. (V. Pièces justificatives nos 16, 17, 18, 19, 21.)

Mes craintes vont-elles si vite se réaliser? Le 6e corps n'est pas prêt à entrer en ligne, et notre territoire est déjà deux fois violé. — L'inquiétude est universelle, l'isolement de la France complet.

11 Août. — Les ordres arrivent; on nous dirige sur Metz. (V. Pièce justificative n° 22.)

13 Août. — METZ. — Partie le 11 dans la nuit, la batterie Abord, tête de convoi, fait le coup de feu à Frouard, avec une vingtaine d'éclaireurs Prussiens ; l'on continue d'avancer sur Pont-à-Mousson, où l'on se retrouve aux prises avec les vedettes ennemies qui laissent quelques blessés entre nos mains.

Nous débarquons à Metz dans la nuit du 12 au 13, et nous dressons nos camps sur les plateaux de St-Privat, en arrière de la lunette de ce nom, ouvrage à peine ébauché, aux épaulements informes, sur lesquels, le 13 au matin, j'aperçois la silhouette audacieuse d'un uhlan isolé. (V. Pièces justificatives n°s 24, 25.)

Personne devant nous pour éclairer ; pas de reconnaissances faites par les officiers d'état-major ; pas un seul cavalier en avant pour nous renseigner sur la marche de l'ennemi ; l'état-major n'a transmis aucun renseignement. Les paysans affolés, en fuite vers la ville, affirment que les avant-postes ennemis sont à quelques pas devant nous.

Le commandant de la 1re brigade, général Péchot, est immédiatement chargé d'organiser la défense avec moi. Nous reconnaissons avec soin notre front, de la Moselle aux Sablons, sous le fort de Queuleu. Lancés rapidement sur la route de Nancy, nous ne nous replions sur l'est qu'aux environs d'Augny. Les renseignements concordent, l'ennemi est à 4 kilomètres ; il a déjà envoyé plusieurs reconnaissances à St-Privat, mais elles se sont repliées sur Nancy.

Le général Tixier fait placer les enfants perdus à 1 kilomètre, à hauteur des bois du château de Frescati. Je prescris à une de mes batteries d'être toujours prête à aller au feu ; aux caissons à deux roues de rejoindre leurs bataillons, et à tout le monde d'être sur le qui-vive. On nous invite, à 4 heures, à prendre des vivres pour trois jours, et à nous préparer à partir le lendemain matin, à 5 heures. (V. Pièces justificatives n°s 26, 27.)

14 Août. — Borny. — Le 14, tout semble changé ; la division ne reçoit aucune instruction du quartier général. On attend, et on est surpris, à 3 heures, par le bruit du canon *(4 h.)* qui se fait entendre, à l'est, du côté de Borny. Par ordre du général Tixier, je charge immédiatement le commandant Vignotti de nous relier à gauche, du côté de Queuleu, avec la batterie Flottes ; le capitaine Abord surveillera la droite, du côté de la Moselle, en avant de Montigny, et je me porte au centre avec la batterie Oster. (V. Pièce justific. n° 28.)

Les troupes de la division prennent leurs postes de combat ; elles y restent jusqu'à la nuit, et dans l'ignorance la plus complète de la force et de la situation des Prussiens. On se replie sur la ville à 8 heures du soir. Un bataillon est seul laissé en vedette au village de St-Privat, avec une pièce d'artillerie attelée à double prolonge, commandée par un jeune officier, M. Nouette. *(de la 2e am. Abord.)*

L'ordre arrive à minuit de passer sur la rive gauche de la Moselle ; le mouvement s'effectue au milieu d'un désordre et d'un encombrement dont rien ne peut donner l'idée ; la 12e batterie du 8e régiment arrive dans la nuit par Mézières et Thionville ; elle est placée provisoirement sous mes ordres. Enfin j'arrive à Longeville à 6 heures du matin, pour me mettre en batterie contre les Prussiens, qui, admirablement renseignés, sont venus occuper notre camp de la veille et lancer des obus sur le logement de l'Empereur et les bivouacs voisins. On emporte le colonel Ardent du Pic, du 10e de ligne, qui est tué près de nous, avec plusieurs de ses officiers. (V. Pièce justificative n° 29.)

L'Empereur, logé à Longeville chez le colonel Henocque, est réveillé par les obus ; il monte à cheval avec son fils, et sort de son logement au milieu d'une émotion de sa maison indescriptible : les piqueurs s'animent ; les voitures, fort nombreuses, partent sur la route de Verdun aux plus grandes allures ; les chevaux de main, l'escorte sont au galop. La hâte est extrême, et cette avalanche en délire traverse mes batteries.

Ce tourbillon passé, pendant que l'artillerie de la 1re division reprend la route de Verdun, le général Tixier, avec toutes ses troupes, escorte l'Empereur qui se dirige directement sur Gravelotte, à travers les vignes et les coteaux.

Napoléon III est bien fatigué, sa figure est altérée; je lis sur ses traits la trace des poignantes émotions qu'il doit refouler et dominer.

La route est bien longue avec d'aussi tristes réflexions. Nous faisons halte à la ferme de St-Hubert, où la 1re division rejoint son artillerie. Nous apercevons une seconde fois l'Empereur et son fils au Point-du-Jour ; nous croisons ses équipages remisés à Gravelotte, et nous venons camper sur les plateaux en avant de Rezonville, à gauche de la vieille voie romaine. Le général Tixier nous laisse avec notre escorte sur les plateaux, et se place avec ses troupes sur la droite, derrière des bois, et sur l'alignement de St-Marcel. (V. Pièce justificative n° 30.)

15 Août. — BIVOUAC DE REZONVILLE. — Nos bagages chargés depuis le 13 ne nous ont pas rejoints. Les officiers sont sans abri ; ils se reposent sur les affûts, pendant que les artilleurs dorment sous leurs tentes-abris. Je m'isole et je me remets à songer.

Les plans de l'ennemi sont maintenant évidents ; sa route est certaine; la moindre hésitation n'est plus permise. Les Prussiens ont assez dit qu'ils iraient à Paris; un de leurs meilleurs généraux, le prince Frédéric-Charles, a publié des brochures pour exposer les moyens de battre les Français et de prendre leur capitale. Ils adoptent les mêmes éléments stratégiques qui ont produit les effets merveilleux de la campagne de 1866.

Deux armées, assurément très-fortes, et composées de tout

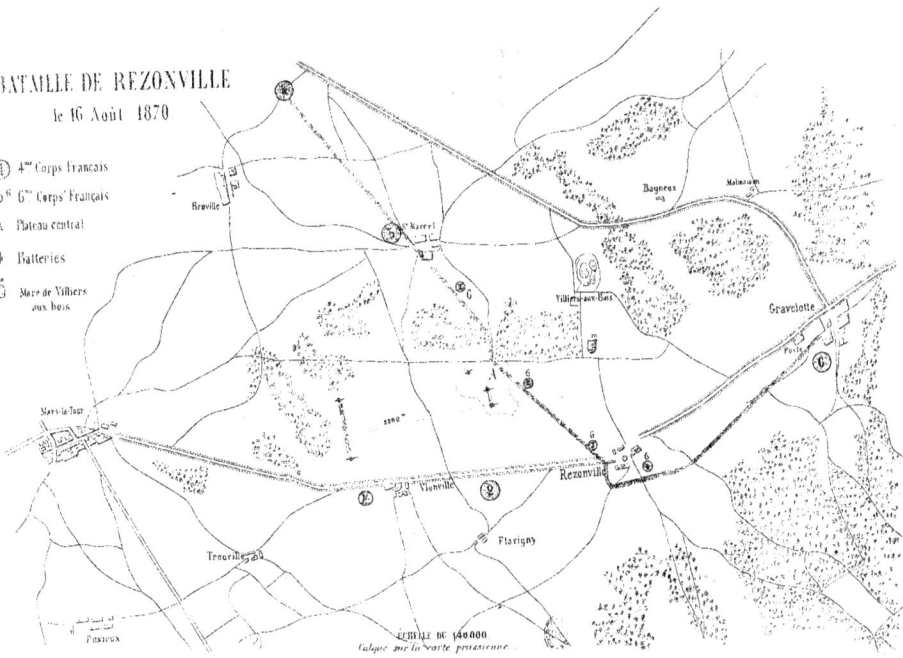

BATAILLE DE REZONVILLE
le 16 Août 1870

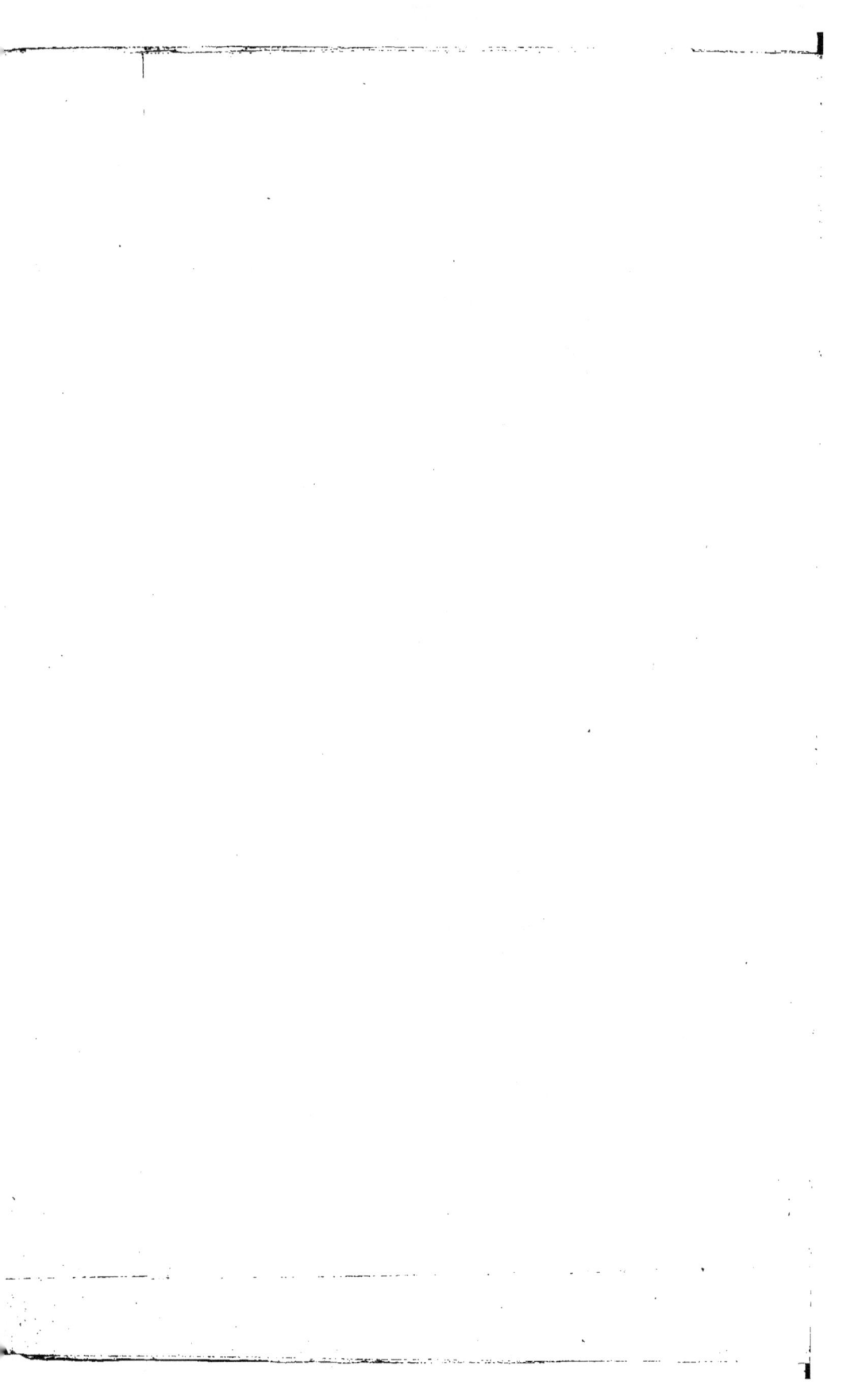

ce qu'ils ont pu rapidement concentrer dans les vallées de la Sarre et du Rhin, sont entrées en France, ont refoulé nos premières troupes, et se sont réunies sous les murs de Metz.

Pour continuer leur route en avant, il faut qu'ils immobilisent immédiatement Metz et Strasbourg, qu'ils prennent Frouard et Toul, et qu'ils battent largement l'armée du Rhin.

Si le général Tixier a été bien informé ; si l'ennemi est déjà en force du côté de Mars-la-Tour, il faut que le maréchal Bazaine, opérant brusquement une retraite précipitée pour couvrir la marche de l'Empereur, ait abandonné sans réserve la vallée de la Moselle, et livré tous les ponts et défilés d'Ars, de Gorze et de Pont-à-Mousson. (V. Pièce just. n° 30.)

Si ces fautes énormes ont été commises, toutes les forces de l'ennemi vont immédiatement nous choisir pour premier objectif, passer sur la rive gauche de la Moselle, nous attaquer avec des concentrations écrasantes, essayer de nous battre, de nous harceler ou de nous rejeter sous les murs de Metz.

On a fait sauter ce matin le pont du chemin de fer à Metz. Pourquoi avoir oublié et laissé ceux d'amont ? Résister quelques jours de Metz à Pont-à-Mousson, c'était donner du temps à notre forteresse et à la France entière. Pourquoi n'avoir pas établi une fortification provisoire de campagne au point stratégique de Frouard ? Allons-nous déjà recommencer une autre campagne de France, laisser démoraliser nos troupes et exalter l'élan de l'ennemi ?

Brisons là ; l'ennemi est devant nous ; tous les indices annoncent une bataille terrible : faisons appel aux forces matérielles et morales entre nos mains. Mes artilleurs sont bons, mes officiers vigoureux ; la victoire appartiendra, à coup sûr, à celui qui saura le mieux engager l'artillerie et concentrer ses feux.

Attendons les ordres ; le maréchal en chef doit veiller à tout, et à côté de lui, son autre lui-même, dont le rôle est aussi important que celui du chef suprême : le général qui dirige notre arme possède 12 batteries de réserve générale, toutes celles de la Garde, et il sera à la hauteur de sa mission. La partie qui se joue a pour enjeu l'existence de la France, ne songeons qu'à vaincre ou à mourir.

16 Août, 6 heures du matin. — Le jour est arrivé, j'aperçois nos positions : toutes les troupes du maréchal Canrobert sont campées en avant de Rezonville, sur une ligne allant de ce village à St-Marcel, où se trouve la division Tixier. La 4ᵉ division, Levassor-Serval, placée derrière Rezonville, parallèlement à la route, surveille les bois et les ravins qui débouchent de Gorze et de Novéant.

Le 2ᵉ corps de Frossard est en avant, à notre gauche, et la cavalerie Forton devant lui.

La Garde en arrière, à l'intersection des deux routes de Verdun à Gravelotte, où a couché l'Empereur, le gardant contre les débouchés d'Ars.

16 Août, 9 heures du matin. — Nos réserves et nos bagages nous rejoignent. Nous apprenons que Napoléon III est parti à 6 heures, escorté par le 2ᵉ chasseurs d'Afrique, les lanciers et les dragons de la Garde, et les 3ᵉ et 4ᵉ corps qui se dirigent derrière lui sur Doncourt, Conflans et Verdun. De plus, je suis averti que si nous ne sommes pas attaqués, nous suivrons bientôt le mouvement. (V. Pièces justificatives nᵒˢ 20, 32, 34.)

Nous ouvrons nos cantines, nous déjeûnons, et vers neuf heures et demie nous sommes surpris par le bruit du canon qui se fait entendre dans la direction de la division Forton. Des chevaux nus, affolés, traversent l'horizon et arrivent dans nos divisions (1).

---

(1) J'ai appris plus tard, par les officiers supérieurs de la division

Je monte à cheval et j'arrive au galop sur le point culminant. Les coups de canon se multiplient sur la gauche, et les
Prussiens sortent du bois, du côté de Vionville, sur le front ;
c'est une double attaque. Je suis peut-être au centre, et, en
tous cas, sur un point décisif qu'il faut conserver à tout prix.
Dans l'impossibilité de prendre des ordres, seul sur ce plateau
central, j'appelle à moi les batteries Abord et Blondel. Je
prescris au capitaine Abord d'occuper la gauche des sommets,
d'y rester et de s'y faire tuer au besoin, sans jamais abandonner ce point culminant. Je place ensuite la batterie
Blondel à côté de la première, avec les mêmes ordres, toutes
les pièces en échelons, à 30 mètres les unes des autres.
J'envoie le commandant Vignotti placer la batterie Oster
largement sur notre droite pour éclairer le terrain, fouiller
les ravins, et avec la mission de tout mettre en œuvre pour
assurer notre position. (V. Pièces justificat. n⁰ˢ 33, 37, 38.)

La 4ᵉ batterie Flottes est appelée par le général Péchot de
la 1ʳᵉ brigade pour soutenir ses troupes. Je m'établis enfin
avec le chef d'escadron Vignotti, à portée de la voix, entre les
deux batteries Abord et Blondel.

Ces dispositions sont à peine prises, que le feu s'ouvre sur
nous, avant dix heures, avec une intensité croissante. L'ennemi, étonné de notre résistance, augmente peu à peu le front
de son artillerie. Il essaie de nous écraser par une batterie
formidable de plus de 40 bouches à feu, placée à 2,200 mètres. Nos 12 petits canons de 4 tiennent bon. Les terres qui
nous entourent sont meubles, les obus s'enfoncent, font fou-
gasse et nous couvrent d'une mitraille très-pressée, mais le
plus souvent inoffensive. Mon cheval reçoit dix atteintes et

Forton, que la brigade Murat avait été surprise, les chevaux en route
pour l'abreuvoir. Cette brigade a perdu tous ses bagages, les officiers tous
leurs effets. Ils en souffraient encore cruellement au mois de novembre,
en route pour Glogau.

pas une seule grave ; si le terrain était ferme, nous serions pulvérisés.

A midi, plus de quarante hommes sont déjà tués ou blessés, cinquante chevaux à terre. J'envoie le commandant Vignotti à travers le champ de bataille, prévenir le maréchal et demander des renforts.

On m'envoie le commandant Clerc avec les deux batteries attachées à la division de cavalerie Forton et le commandant Brunel avec les batteries de 12 Lequeux et Lippmann. Les Prussiens redoublent d'efforts, la rapidité de leur feu. Ils font agir des tirailleurs qui renversent le capitaine Abord. Je donne le commandement de cette batterie au lieutenant en premier Varloud. Mon adjoint, le capitaine Dupuis, qui est allé porter mes ordres, reçoit ensuite ce poste dangereux, où son cheval est immédiatement tué sous lui. (V. Pièce justificative n° 35.)

2 heures. — La canonnade dure depuis plus de quatre heures ; l'ennemi croit le moment venu d'enfoncer notre centre et d'enlever notre position. Les cuirassiers de sa Garde nous chargent et traversent toute nos batteries ; mais ils sont saisis derrière nous par les deux brigades de la division Forton, qui déblaient le champ de bataille et les anéantissent au cri de : Vive l'Empereur !

Il est deux heures et quart, l'ennemi faiblit, le feu cesse, la grande batterie se replie à gauche vers Tronville. Je profite de ce moment pour reconstituer rapidement les deux batteries Blondel et Oster avec les débris de la 5e et des autres voitures abandonnées sur le champ de bataille. Je fais relever les blessés et j'arrive, à trois heures et demie, sur les crètes pour apercevoir l'artillerie prussienne reformée en colonne, flanquée par des masses profondes d'infanterie, se dirigeant de nouveau sur le centre de l'action. Je suis seul, pas une seule compagnie sur ces immenses plateaux. Tout le monde se bat sur la droite et sur la gauche ; la division de cavalerie

Forton est derrière nous, à hauteur de Rezonville, dans le fond du vallon, près de la mare de Villers-aux-Bois.

Une batterie, celle du capitaine Blondel, est sous ma main ; je la conduis sur les sommets pour ouvrir son feu sur les retours offensifs de l'ennemi. Le commandant Vignotti va de nouveau nous chercher des troupes de soutien. Le colonel Défaudais, nous amène une batterie. Le colonel D. L***, qui a aperçu le mouvement, en envoie une autre, et sous notre feu bien dirigé, les masses prussiennes, prises d'enfilade, s'arrêtent, mais nous couvrent de projectiles dont les effets meurtriers ne cessent qu'à la nuit vers les sept heures du soir.

9 heures. — Le combat est fini ; ma première pensée donnée à Dieu et aux miens, je me retourne vers mes officiers et mes troupes. Je n'ai cessé de les admirer. Sous une pluie de mitraille dont rien ne peut donner une idée, ils ont soutenu leur feu, sans un mot, sans un cri, avec calme et sang-froid, exécutant mes commandements, minute par minute. Le maréchal Canrobert m'a chargé, pour tous, de ses éloges et a donné l'ordre de camper sur le champ de bataille. (V. Pièces justificatives nos 33, 34, 35, 36, 37, 38.)

Longtemps attaché à nos arsenaux et pendant quinze ans Sous-Directeur à l'Atelier de précision, je viens de recevoir le baptême du feu. Je savais depuis longtemps qu'il fallait pour la guerre des forces physiques et aussi tête et cœur, mais j'ignorais à quel point la santé de l'âme était nécessaire. Regarder la mort en face pendant toute une journée sans y songer, n'est pas aisé ; on n'y arrive que par une élévation à Dieu et par un appel vers sa Providence, qui vous rend toute la lucidité de l'esprit et la liberté d'action.

16 Août, 11 heures du soir. — J'ai conservé avec moi la batterie Blondel, j'ignore où sont les autres.

Pendant cette longue bataille qui a tout dispersé, je n'ai

pas vu un seul officier d'état-major, je n'ai pas reçu le plus petit ordre ni le moindre renseignement. J'écris au chef d'état-major de la 1re division, je le rejoins moi-même à une heure et j'apprends les principaux événements de la journée. (V. Pièce justificative n° 40.)

Les Prussiens se sont présentés en masse aux débouchés des bois conduisant aux ponts de la Moselle. Il a fallu les efforts les plus énergiques et le concours de la Garde pour les arrêter.

Un décret de l'Empereur supprime le major général et donne le commandement en chef de l'armée du Rhin au maréchal Bazaine. (V. Pièce justificative n° 20.)

Le 3e corps, confié au général Decaen, blessé à Borny, vient d'être donné au maréchal Lebœuf. Engagé toute la journée sur notre droite, le 3e corps s'est maintenu sans beaucoup avancer.

Quant au général L'Admirault avec le 4e corps, en route sur Verdun, et surpris à Doncourt par le bruit du canon, il a marché au combat sans prendre le temps de faire la soupe ; il s'est battu toute la journée et a maintenu les Prussiens.

Je reviens au bivouac de la batterie Blondel. Une armée prussienne très-forte a passé la Moselle ; c'est avec elle que nous venons d'avoir une journée trop indécise. Nous avons conservé le champ de bataille, la route d'Etain à Verdun est encore libre. Pourquoi ne marchons-nous pas sur Paris ? Pourquoi ne sommes-nous pas en route depuis longtemps ? Tarder, c'est encore changer le plan de campagne, c'est se mettre encore en retraite et cette fois sur Metz ; c'est donner le temps aux Prussiens d'appeler toutes leurs forces, de se concentrer ; c'est enfin l'investissement de la forteresse à bref délai avec l'immobilisation de l'armée. (V. Pièce justificative n° 38.)

Le colonel Vasse de St-Ouen, chef d'état-major de notre arme, est venu à moi au plus fort de la lutte, il m'a confié la pénurie de nos approvisionnements, recommandé de ménager les munitions. Le 6ᵉ corps n'a pas son parc, etc. (V. Pièces justificatives nᵒˢ 39, 41.)

Oui, tout cela est vrai! Mais qu'importe? Nous avons encore des cartouches, 100 gargousses par pièce et il y a partout des munitions en France. Nous avons presque tous les cadres de l'armée française, il faut *aller les ouvrir*, recevoir les renforts, organiser les forces vives du pays qui va être envahi par un océan d'étrangers.

17 Août, 4 heures du matin. — L'ordre arrive de se diriger immédiatement sur Verneville. Je rallie peu à peu mes batteries, et je rencontre à travers champs le vieux général Changarnier, à cheval, suivi d'un seul soldat. Notre vieux héros d'Afrique est touché d'être reconnu et salué, nous cheminons ensemble et on se met à causer.

Le général confirme mes craintes; nous avons affaire aux armées réunies du général Steinmetz et à celle du prince Frédéric-Charles; elles sont arrivées à Mars-la-Tours, Vionville et les bois des Ognons par les ponts de Pont-à-Mousson et Novéant et les vallées de Thiaucourt et de Gorze.

Le maréchal Bazaine n'a pas cru utile de continuer sa marche sur Paris; il a pensé qu'il était préférable de se replier sur Metz. Son nouveau plan consiste à se porter sur les plateaux d'Amanvilliers, à l'ouest de la grande forteresse, et d'y rester inébranlable de St-Privat-la-Montagne au Point-du-Jour; d'user les forces de l'ennemi qui sera en dehors de ses communications et loin de ses premières bases d'opérations. Le vieux guerrier est désolé des fautes commises; il ajoute qu'il n'était pas permis de tromper ainsi la France, en face de l'ennemi, qu'on a été impardonnable de ne pas connaître très-exactement la mobilité de toutes les forces de la Prusse, *la faiblesse de nos préparatifs*, la lenteur de notre mise sur le pied de guerre et de nos concentrations. Partir ainsi en guerre avec 200,000 hommes à moitié organisés et 200,000 à réunir, c'était folie. Il ne doute pas de la France ; elle va faire des efforts inouïs, elle va se lever tout entière, repousser les Prussiens, et, après la paix, nous aurons tout à modifier et changer, depuis le recrutement du soldat jusqu'à l'autre extrémité de la hiérarchie militaire. Le général me quitte sur la grande route de Verneville et j'arrive à ce village vers les huit heures.

C'est à ce bivouac que je reçois sous mes ordres les 2 batteries de 12 du 13e régiment, commandées par le chef d'escadron Brunel. Le maréchal qui les avait réunies pour la journée du 16 à la 2e division Bisson, composée d'un seul régiment, les adresse aujourd'hui à la 1re division Tixier. (V. Pièce justificative n° 68.)

17 Août, Minuit. — Après un repos de quelques heures, nous repartons à midi de Verneville à travers champs ; nous suivons les coteaux ; notre division nous perd, nous laisse sans direction à la nuit tombante, et nous allons, au bruit du clairon français, bivouaquer à dix heures du soir à St-Privat, devant le front de bandière du 4e corps.

18 Août, 11 heures et demie. — Voilà la cinquième nuit passée sans abri, roulé dans mon manteau. Depuis le 13, nos hommes, toujours sur le qui-vive, n'ont touché qu'un peu de viande le 17, et depuis le 14 au matin, nos pauvres chevaux n'ont bu que deux fois, le 15 et le 16, de la boue liquide dans la mare de Villiers-aux-Bois. La 1re division nous retrouve, nous fait reporter notre bivouac à l'est, du côté des bois de Jaumont, et envoyer nos chevaux aux abreuvoirs de l'Orne.

J'ai enfin une minute pour rédiger mon rapport sur la bataille du 16. Une note du lieutenant-colonel Jamet, commandant l'artillerie de la 3e division, m'avertit qu'on vient de lui

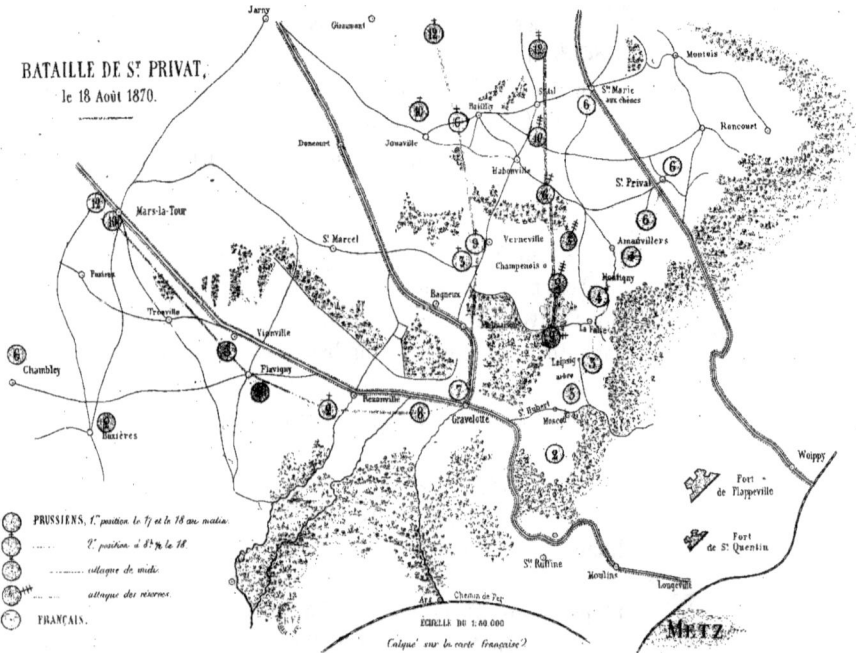

BATAILLE DE S.ᵗ PRIVAT,
le 18 Août 1870.

PRUSSIENS, 1.ʳᵉ position le 17 et le 18 au matin.
.... 2.ᵉ position à 8.ʰ ½ le 18.
.... attaque de midi.
.... attaque des réserves.
FRANÇAIS.

ÉCHELLE DU 1:80.000
Calqué sur la carte française.

BATAILLE DE Sᵗ PRIVAT,
le 18 Août 1870.

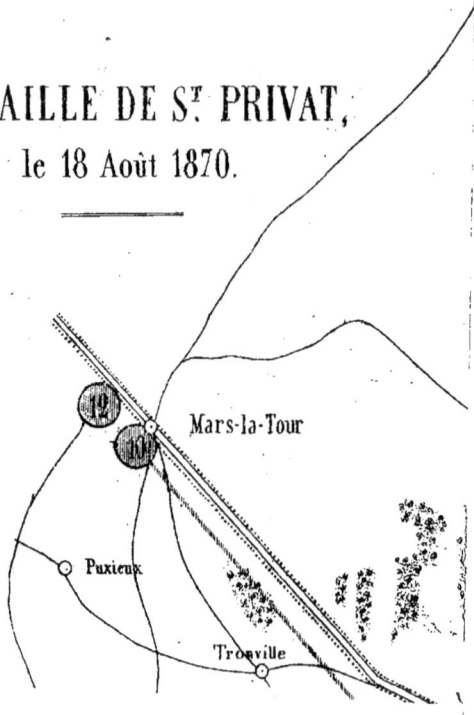

confier la direction de l'artillerie de tout le 6ᵉ corps, et que je dois envoyer mes caissons vides à Plappeville pour en rapporter des munitions. (V. Pièces justificatives nᵒˢ 39, 45, 41.)

Toute la 1ʳᵉ division reçoit l'ordre de décharger les voitures régimentaires, les charrettes à bagages des officiers, et d'en former immédiatement un convoi pour aller à Plappeville chercher des fourrages et des vivres. Les voitures se mettent en marche, les nôtres vont suivre, nous déjeûnons, quand le bruit du canon nous surprend de nouveau. (V. Pièces justificatives nᵒˢ 46, 47.)

C'est inouï ! On n'a pas été averti de la présence des Prussiens, le désordre est extrême ; bagages et effets d'officiers, il faut tout abandonner et marcher à l'ennemi.

18 Août 1870. — Bataille de St-Privat. — Dans le mouvement de retraite opéré le 17, l'armée du Rhin était venue occuper les plateaux de St-Privat-la-Montagne à Leipsick, Moscou et St-Hubert. Le 2ᵉ corps (général Frossard) formait l'extrème-gauche ; à côté de lui, le maréchal Lebœuf, vers Leipsick et Moscou ; le 4ᵉ, général L'Admirault, à Montigny-la-Grange et Amanvilliers ; enfin le 6ᵉ corps, à St-Privat-la-Montagne, formant la droite, qui était assurée par un régiment placé en avant du front, à Ste-Marie-aux-Chênes. (V. Pièces justificatives nᵒˢ 46, 47, 48.)

Le maréchal Bazaine, qui n'avait pris aucune disposition pour connaître les nouveaux projets de l'ennemi, était rentré en-dedans des forts, sous Metz, avec le grand état-major ; il avait établi son quartier-général à Plappeville, chez M. de Bouteiller, député de la Moselle.

Du côté de l'aile droite, on avait reculé par division massée, sans laisser des postes pour s'assurer la possession des villages et sans placer des escadrons de cavalerie, des patrouilles, ni des vedettes éloignées pour renseigner sur les concentrations opposées. Aussi, le 18 au matin, le 6ᵉ corps n'avait pas de notions sur la situation de l'ennemi, et l'état-major était si éloigné de penser à la proximité des Prussiens, qu'il ne voulait pas accepter les premiers avis envoyés de Ste-Marie-aux-Chênes, signalant une attaque prochaine du côté de St-Ail et Batilly.

Les généraux prussiens, au contraire, avec une véritable entente de l'art de la guerre, avaient déployé une activité merveilleuse. Voici, d'après les documents officiels que nous avons pu consulter, ce qu'ils réalisèrent.

Campés le 16 à Vionville, Tronville et dans les bois des Ognons et des Chevaux, ils ne songèrent qu'à se concentrer. Ils appelèrent immédiatement le 12ᵉ corps d'armée saxon resté à Pont-à-Mousson ; celui de la Garde campé à Rambecourt, le 2ᵉ qui était encore à plus de 40 kilomètres en arrière ; puis, renseignés heure par heure et très-exactement sur notre marche rétrograde, ils se décidèrent, le 17, à nous attaquer le 18 pour nous couper définitivement de la route de Metz à Verdun et nous refouler sous Metz.

Prenant la 1ʳᵉ armée Steinmetz, 7ᵉ et 8ᵉ corps campés à Gravelotte, pour pivot, ils changèrent de front, avancèrent l'aile gauche, et l'armée prussienne tout entière se mit en mouvement.

En première ligne, à l'aile gauche marchante, la 2ᵉ armée avec le 12ᵉ corps (Saxons) ; ensuite la Garde ; plus loin, le 9ᵉ corps qui se reliait avec la 1ʳᵉ armée. En seconde ligne, comme troupes de réserve et de soutien, le 10ᵉ corps pour l'aile gauche et le 3ᵉ pour le centre ; en troisième ligne, comme 2ᵉ réserve, le 2ᵉ corps.

Toutes ces troupes, parties à 4 heures du matin le 18, firent halte à 8 heures et demie dans la direction de Jouaville, Verneville, Gravelotte, se reposèrent deux heures, mangèrent la soupe et repartirent à 10 heures et demie pour attaquer. La 1ʳᵉ armée du général Steinmetz ayant pour mission d'aborder de front en avant des bois de Vaux et de Gravelotte, le 9ᵉ corps, en avant de Verneville à Montigny-la-Grange et Amanvilliers ; la Garde, d'enfoncer l'aile droite française pour la repousser sous Metz ; enfin le 12ᵉ corps (Saxons) devant appuyer les efforts de la Garde, déborder l'aile droite française et descendre dans la vallée de la Moselle pour occuper Woippy.

Tous les corps prussiens arrivent sur l'armée française sans être signalés. Le 9ᵉ corps, à midi, surprit le 4ᵉ corps, et ouvrit le feu sur Montigny et Amanvilliers. Le prince de Hohenlohe, général-major commandant l'artillerie de la Garde, précédant tout le corps d'armée, établit successivement au même moment entre Habonville et St-Ail : 9 batteries de la Garde, 2 batteries à cheval de la division de cavalerie de la Garde et plus tard 3 batteries de la division Radisky. Ces 84 bouches à feu couvrirent d'obus les hauteurs de St-Privat. Le prince héréditaire de Saxe, débouchant de Batilly, place 16 batteries vers l'ouest de Ste-Marie-aux-Chênes, faisant converger tous leurs feux avec ceux des deux corps précédents sur les hauteurs occupées par les troupes du maréchal Canrobert et sur leur avant-garde à Ste-Marie-aux-Chênes. De midi à 2 heures, la canonnade fut très-animée. Du côté des Prussiens, 96 bouches à feu saxonnes tiraient sur la droite de St-Privat, et 34 pièces du corps de la Garde sur les crêtes à gauche du même village. Partout les munitions abondantes, le tir incessant, pressé, soutenu, et d'une justesse remarquable.

En résumé, le corps du maréchal Canrobert était attaqué sur sa gauche par 30 bouches à feu de 6 et 54 bouches à feu de 4, soit 84 bouches à feu de la Garde, et sur la droite, par 36 canons de 6 et 60 de 4 : soit 96 canons servis par les Saxons.

Du côté des Français, à gauche de St-Privat, le lieutenant-colonel de Montluisant n'avait à opposer que 6 bouches à feu de 12, batterie Lippman ; 6 pièces de 4, batterie Blondel ; et 4 pièces de 4, batterie Abord : soit 16 pièces.

A droite, les ressources totales de l'artillerie française se composaient : de 6 pièces de 12, batterie Lequeux, et 54 pièces de 4, pour les batteries Bedaride, Jaubert, Charpeaux, Boyer, Grimard, Labrousse, Heiné, Oster et Flottes : soit 60 pièces.

En totalité, le 6ᵉ corps ne pouvait offrir que 76 bouches à feu contre 180 prussiennes ; il n'avait pas son parc, laissé à Châlons ; on ne lui avait pas donné une seule batterie de mitrailleuses ; et les bouches à feu n'avaient plus chacune que 100 coups pour combattre l'ennemi.

Du côté des Français, les munitions ne s'épuisèrent que trop vite. Il devint nécessaire, non-seulement de ralentir le feu, mais de ne plus lancer qu'un projectile par quart-d'heure, enfin de se taire tout-à-fait en ne se réservant que 10 à 15 coups par pièce pour parer aux attaques imprévues de l'avenir.

L'ennemi profita de ces malheureuses circonstances pour dessiner ses attaques ; les colonnes saxonnes se mirent en marche pour exécuter leur mouvement tournant sur Sainte-Marie-aux-Chênes et Roncourt. La Garde déboucha en colonnes profondes en avant de St-Ail, et le général en chef de la 2ᵉ armée, prince Frédéric-Charles, envoya des renforts puissants pour s'assurer d'une manière décisive la possession des bois de la Cusse, en avant d'Habonville.

Les batteries françaises placées à la gauche de St-Privat assistèrent avec rage aux progrès de l'ennemi. Chaque obus de 12 de la batterie Lippman formait une trouée, amenait un désordre inexprimable ; mais les munitions manquaient, et le prince de Hohenlohe avançait toujours par échelon avec ses 14 batteries.

Un seul régiment français résista plus de 3 heures à Sainte-Marie-aux-Chênes ; il ne se mit en retraite, un peu avant 4 heures, qu'après avoir perdu la moitié de ses cadres. La

Garde prussienne voulut en vain le suivre ; son élan fut arrêté par le feu rasant du 9ᵉ bataillon de chasseurs, commandant Mathelin.

Pour faire tomber cette héroïque résistance, le 12ᵉ corps saxon se porta tout entier sur sa gauche, au-delà de Roncourt et Montois ; son artillerie suivit le mouvement et prolongea le flanc des troupes françaises ; enfin, après une heure de mitraille qui détruisit la moitié des défenseurs de St-Privat, la Garde royale de Prusse, appuyée par le feu convergent de 160 bouches à feu, avança par échelon, déborda le village et entoura plus de 2,000 soldats qui ne voulurent ni reculer, ni céder.

L'engagement était décisif. Les 27,000 hommes composant le 6ᵉ corps étaient repoussés par 30,000 de la Garde et 38,000 Saxons, soit 68,000 hommes. Les Français ne commencèrent à plier qu'après un combat de 6 heures et une lutte écrasante contre des forces trois fois supérieures à leurs effectifs réels.

La retraite se fit en bon ordre et au pas par la route de Woippy. Elle fut protégée par une batterie de position établie par le lieutenant-colonel de Montluisant, en arrière de St-Privat, en avant des carrières d'Amanvilliers, composée de 60 bouches à feu placées sur un terrain très-incliné, permettant aux canons de tirer les uns au-dessus des autres. Cette masse imposante d'artillerie, placée à 2,000 mètres environ des hauteurs de St-Privat, arrêta les troupes prussiennes jusqu'à la nuit. Les batteries françaises se dirigèrent ensuite successivement sur Metz, après avoir brûlé leur dernière gargousse, et leur chef ne se retira qu'après avoir vu passer la dernière bouche à feu et le dernier caisson.

Le maréchal Canrobert, qui n'avait pas quitté le champ de bataille et avait offert vingt fois sa vie, approuva toutes les dispositions prises, se retira vers 7 heures, et laissa un régiment pour bivouaquer sur les derrières de l'armée.

L'engagement avait été moins malheureux pour le reste de l'armée du Rhin. Le 2ᵉ corps, général Frossard, avait été peu engagé. Le maréchal Lebœuf, qui avait fait établir des tranchées-abris sur tout le front de ses troupes, perdit peu de monde et fit éprouver des pertes énormes et bien cruelles à l'ennemi. Il ne fut jamais refoulé, et le général Steinmetz ne put maintenir ses attaques qu'en appelant à son aide, vers les 6 heures du soir, les secondes réserves, les 16 batteries du 2ᵉ corps et ce corps tout entier.

Quant au 9ᵉ corps prussien, qui attaqua le 4ᵉ corps français (général L'Admirault), il ne put encore suffire à sa tâche et fut forcé de faire avancer les nombreuses réserves du 3ᵉ corps et ses 16 batteries. Les effets de l'artillerie prussienne furent terribles, et le 4ᵉ corps ne recula pas, mais perdit plus de 3,000 blessés et 400 tués.

Les attaques ne furent donc décisives que contre l'aile droite française; les pertes étaient très-sensibles des deux côtés, et le but du roi Guillaume atteint.

Ce fut le 18 au soir, vers la fin de la bataille, qu'un fait odieux dont on a beaucoup parlé, se passa près de nous.

A 7 heures et demie, un bataillon prussien se présenta les crosses en l'air devant le 6ᵉ régiment de ligne, à 600 mètres en avant de la ferme voisine d'Amanvilliers. Croyant à une reddition avouée, les soldats français laissèrent avancer l'ennemi, qui commença, à 300 mètres, des feux de pelotons. Le 6ᵉ de ligne, exaspéré, décima cette troupe par un feu persistant et bien nourri, et il publia hautement cette ruse de guerre indigne de notre époque civilisée.

Les notables de Plappeville nous ont affirmé que le maréchal Bazaine était resté le 18 août dans son cabinet, à Plappeville. Se jouant des premiers avis qui annonçaient le bruit du canon, il répondait : « Ce n'est rien, je sais que ce n'est « rien. » Il faisait la même réponse à 2 heures et à 3 heures, et lorsque, vaincu par la pression de son entourage, il montait à cheval, à 4 heures, avec l'état-major général et arrivait au galop au col de Lessy, il n'assistait qu'au dernier acte d'une bataille où son armée avait été surprise, et où son absence avait été un effroyable malheur. Tandis que l'armée prussienne engageait toutes ses dernières réserves, nos troupes avaient manqué de tout, et le maréchal pouvait se reprocher amèrement d'avoir laissé dans un repos relatif :

La Garde Impériale ;

La cavalerie de la Garde ;

L'artillerie de la Garde ;

La cavalerie de réserve ;

Et l'artillerie de réserve,

qui ne demandaient qu'à marcher et qui ne perdirent ce jour-là, ni un seul homme, ni un seul cheval.

Le commandant en chef rentra à Metz à 8 heures du soir, pour commencer la nuit du 18, qui fut féconde en émotions et en résultats.

Le maréchal commandant en chef donna d'abord les instructions nécessaires pour le retour des troupes sous les murs de Metz, puis il apprit du général Coffinières la situation exacte de la ville.

On avait fait des prodiges depuis les premiers jours d'août. L'armement du fort Belle-Croix avait été achevé le 12 août. La 8e batterie du 13e régiment, capitaine Blavier, avait armé le fort Moselle en cinq jours ; le corps de place pouvait être considéré comme intact et achevé.

Dans la zône des fortifications,

Sur la rive droite de la Moselle : le fort de St-Julien n'était pas suffisamment fermé à la gorge, ni les escarpes réparées. L'armement était incomplet, les approvisionnements à augmenter ;

Queuleu était plus défendable ;

Quant à l'ouvrage projeté de St-Privat, il était inachevé, et les petites lunettes en avant de Montigny largement ébauchées.

Sur la rive gauche : le fort de St-Quentin, incomplètement armé et approvisionné, pouvait défendre les revers de toutes les hauteurs vers Moulin, Lessy, etc.

Au nord, devant le fort de Plappeville, l'ennemi était à quelques kilomètres ; le camp retranché, entièrement à tracer et à créer. Il était important de savoir la vérité tout entière.

Au moment de la déclaration de guerre, le fort était entièrement désarmé. Les officiers d'artillerie, arrivés le 31 juillet et n'ayant que les pompiers du village de Plappeville pour les aider, montèrent la première plate-forme et la première embrasure vers le 1er août. Depuis cette époque, 30 pièces avaient été mises en batterie, mais le fort était dépourvu de munitions, de poudres et de vivres.

Le fort de Plappeville pouvait donner des feux dans les directions de Saulny et la plaine, mais la vallée de la Moselle était ouverte. Si l'ennemi, débouchant en force du côté de Thionville, s'emparait de Woippy, s'y établissait solidement et offensait le territoire devant les Ponts, l'assiette des troupes devenait de ce côté radicalement impossible, les camps inhabitables et la situation des plus critiques pour tous.

Les mesures les plus actives furent prises pour subvenir aux besoins les plus pressants. Le lieutenant-colonel d'artillerie Protche, commandant le fort St-Julien, et le colonel du génie Merlin, commandant le fort de Queuleu, reçurent la nouvelle invitation de redoubler d'efforts pour parfaire la défense de leurs ouvrages. Le 3e corps, maréchal Lebœuf, dut, en se repliant, établir ses camps au milieu d'eux, avec la mission d'assurer la défense de ce secteur.

Le 2e corps, général Frossard, qui opérait le même mouvement de retraite, eut à défendre tout le secteur du sud, compris de Queuleu à la Moselle.

Le 4e corps, général L'Admirault, établissant ses camps entre les forts de St-Quentin et Plappeville, eut à surveiller la rive gauche de la Moselle, de Moulin à Lorry.

Le 6ᵉ corps, maréchal Canrobert, débouchant par Woippy, resta chargé de défendre tout le territoire compris entre Lorry et la Moselle, de livrer bataille et de refouler l'ennemi sans merci. Il dut camper en avant du fort Moselle.

Enfin, le grand quartier-général fut reporté au Ban St-Martin, ayant à proximité : la Garde, l'artillerie de la Garde, la réserve générale d'artillerie, et la cavalerie de réserve au polygone de Chambière.

19 Août. — Tous les mouvements de l'armée furent rapidement exécutés le 19. Le 6ᵉ corps, replié dans la nuit du 18, dressa ses tentes dans son secteur, adopta une ligne provisoire de défense allant de Chambière au Goupillon et établit quatre batteries rasantes battant la plaine, les routes de Thionville, Briey et les débouchés de Woippy. Tout le territoire militaire fut sondé ; des convois considérables de munitions et de vivres furent retrouvés dans les gares, et l'organisation générale fut reprise et coordonnée sans délai.

L'artillerie du 6ᵉ corps, qui n'avait pas reçu de mitrailleuses, qui avait laissé à Châlons son parc, une partie de ses troupes, son chef, le général de division Labastie, tout l'état-major, etc., reçut une nouvelle formation. Le général de Berckheim en fut chargé ; il prépara tous les détails secondaires et fit tout approuver le lendemain. (V. Pièce justificat. nº 55.)

20 Août. — On signala l'ennemi le 19, et l'on prit encore les armes le 20, lorsque les Prussiens vinrent reconnaître les positions de la rive droite.

On avait attendu l'ennemi le 18. On avait deviné l'ordre que le prince Frédéric-Charles donna trois fois au prince héritier de Saxe, le 18, à 11 heures du matin : « De se prolonger dans la vallée de la Moselle. » Le même jour, à 4 heures : « D'envoyer immédiatement un corps considérable occuper Woippy. » Enfin, le soir de cette bataille, à 8 heures et demie : « D'atteindre sans délai le point de Woippy. » Heureusement pour l'armée française, ces prescriptions si précises ne furent pas suivies, et le général de Berckheim, qui prit le commandement de l'artillerie, eut le temps d'augmenter la défense du Goupillon et de fortifier Woippy, la Maison-Rouge et la Grange-aux-Dames.

21 Août. — On signale, le 21, les troupes prussiennes sur la route de Thionville : elles établissent un camp à Maizières et coupent la voie ferrée. Ce fut ce jour-là et pour cette prise d'armes que l'on réunit pour la première fois la réserve d'artillerie du 6ᵉ corps sous le commandement du lieutenant-colonel de Montluisant (1). (V. Pièce justificative n° 53.)

22 Août. — L'intendant général de l'armée, après avoir constaté que le 6ᵉ corps n'avait jamais été organisé ni approvisionné, fit décider qu'il tirerait ses subsistances des magasins de Metz. (V. Pièce justificative n° 57.)

On supprima, du reste, pour l'armée les allocations proportionnelles ; on réduisit la ration de sel de $0^k,016$ à $0^k,010$, celle de viande de $0^k,400$ à $0^k,250$, celle de lard de $0^k,300$ à $0^k,200$. On accorda aux hommes, en compensation, 25 centilitres de vin 0,12 c. par jour.

Les arbres du glacis du fort Moselle furent destinés aux bois de chauffage.

---

(1) C'est au moment d'aller au feu, le 21, que cet officier supérieur reçut la batterie de mitrailleuses Lauret. Vivement questionné par le capitaine commandant sur les projets de l'ennemi, il répondit devant tout le corps d'officiers : « Les Prussiens, qui nous ont attaqués le 14 et refoulés sur « Metz les 16 et 18, ont investi hier la rive droite ; ils achèvent aujour- « d'hui leur opération sur la rive gauche. Si l'avenir est à la hauteur du « passé, nous irons tous dans deux mois, après être à peu près morts de « faim, finir à Spandau. »

On donna des ordres permanents pour la tenue des troupes et l'assainissement des camps. Enfin, M. le docteur Bruneau, médecin-major de 1ʳᵉ classe au 8ᵉ régiment d'artillerie, attaché à la 1ʳᵉ division, reçut la mission de surveiller la santé des hommes de la réserve, et M. Rey, aide-vétérinaire, celle de soigner les chevaux des batteries et de l'état-major. (V. Pièces justificatives nᵒˢ 57, 60, 61, 62, 59.)

23 Août. — Le 23 août, dès l'aube, les canons du fort St-Quentin se firent entendre ; ils parlèrent encore le soir vers les 5 heures ; des feux de pelotons eurent lieu du côté de Vaux, on ne cessa d'être sur le qui-vive le 22 et le 23, etc.

On apprit que les Prussiens commençaient un chemin de fer reliant Pont-à-Mousson à Remilly, qu'il était déjà tracé jusqu'à Secourt. L'ennemi coupa les eaux de Gorze, etc.

Le général de Berckheim fit achever les premières batteries et consolider toute chose. L'infernal blocus de Metz était commencé.

24 Août. — Je suis convoqué à 9 heures 1/2, avec tous les officiers d'artillerie, chez le maréchal Canrobert. Il nous communique l'ordre général nᵒ 7 du 22 août du maréchal Bazaine. Il nous remercie des efforts que nous avons faits à Rezonville et St-Privat, etc. ; il ajoute : « Notre retraite « sous Metz est momentanée ; elle aura servi à nous réor- « ganiser solidement, à compléter nos cadres, à reformer no- « tre parc, nos approvisionnements. Nous allons bientôt par- « tir, nous allons percer les lignes de fer et de feu qui nous « entourent ; je fais appel à l'énergie de tous. Attendons des « ordres et soyons prêts au premier signal. » (V. Pièce justificative nᵒ 63.)

On prend immédiatement toutes les dispositions de départ, on réduit les bagages, on renvoie dans Metz les cantinières, les malingres, etc.

Le pain sera touché chaque jour. Le foin manquant dans les magasins de la ville, on cessera cette distribution, qui sera remplacée par un supplément d'un kilog. d'avoine.

Les chevaux ne reçoivent plus qu'un peu de paille. On va en acheter et elle va être livrée avec le grain.

Enfin, on organise un petit parc conduit par 73 hommes et 130 chevaux. Il est composé de 20 caissons modèle 1827, contenant 570,240 cartouches 1866, etc. (V. Pièces justificatives n°s 64, 67, 66, 65, 68.)

25 Août. — L'ordre de toucher trois jours de vivres arrive, mais la pénurie des magasins du 6e corps est déjà si grande, que l'intendance ne s'exécute qu'avec difficulté.

On vérifie les munitions, on place dans chaque coffre d'avant-train trois obus munis de fusées percuttantes, on augmente les ressources du petit parc et on attend. (V. Pièces justificatives n°s 70, 69.)

26 Août. — A 2 heures du matin, je suis averti du mouvement que va faire l'armée. Nous allons passer sur la rive droite de la Moselle.

Partis à 9 heures, tous les corps se succèdent sur la même route; l'encombrement est extrême et nous n'arrivons près du fort St-Julien qu'à midi. L'armée entière se masse en avant des glacis. Le temps est affreux, la pluie torrentielle, le froid rigoureux. On bivouaque. (V. Pièces justificatives n°s 72, 73.)

Pendant cette longue station, les opinions se font jour et se croisent. Les uns pensent que le maréchal fait une simple démonstration afin d'attirer les troupes prussiennes sur la rive droite et de les empêcher d'envoyer des renforts du côté de Paris. Les autres espèrent que, la nuit venue, on repassera rapidement la Moselle pour marcher sur Verdun, etc.

Les généraux en chef se réunissent au château Grimont.

Nous avons entendu affirmer que, dans ce conseil, le maréchal Bazaine avait été d'avis de marcher immédiatement sur
Paris ; que le général Coffinières s'y était opposé, la ville n'é-
tant pas encore en état de se défendre seule ; que le général en
chef de l'artillerie avait rendu compte qu'il n'emportait des
munitions que pour deux journées de combat.

Nous nous garderions bien de garantir ces assertions des
camps, et nous nous contenterons seulement d'affirmer que,
le 26 août, le maréchal Bazaine, avec quarante-deux officiers ou employés en uniforme, suivi de l'escorte, a repris
la route de Metz à 6 heures.

Plus tard, nous avons reçu l'ordre de reprendre nos positions de la veille. La route fut si longue, l'encombrement si
complet, qu'on ne fut rendu sur l'emplacement des camps
qu'au jour.

Pour moi, si je résume cette journée si pénible, je ne crains
pas d'affirmer que *le maréchal a réellement voulu partir.*

Il avait, en effet, replié tous les postes, abandonné tous les
camps, réuni tout le monde, et si bien dégarni les zônes en
avant des forts, que les Prussiens vinrent au nord examiner
Woippy, et au sud, dans le Haut-Sablon, brûler la ferme de
St-Ladre, en arrière des lunettes de St-Privat.

En communication avec l'Empereur et avec Mac-Mahon, il
a dû obéir à des indications ou à des ordres que nous connaî-
trons plus tard.

27 Août. — Une nouvelle reconnaissance en avant de
nos lignes est nécessaire. Deux escadrons de chasseurs d'Afrique sont chargés de ce soin ; ils fouillent les débouchés de
Woippy, les bois voisins de Ladonchamp, et se replient, par
un orage épouvantable qui déchire le ciel. La foudre tombe
plusieurs fois autour de nos camps et tue quatre chevaux chez
nos voisins les chasseurs d'Afrique.

Dans la soirée, un bruit envahit nos camps ; le maréchal

Mac–Mahon aurait battu, le 25 août, les Prussiens à Verdun ; il aurait pris 140 bouches à feu, 5 généraux, tué 35,000 hommes, etc. On remonte à la source, et le soldat coupable de cette odieuse invention est traduit devant un conseil de guerre.

Le canon s'est fait entendre toute la journée dans le Sud, c'est une batterie prussienne qui n'a cessé d'offenser les camps du 2e corps et de couvrir de ses obus les ouvrages de St-Privat et les fermes de Brandin et de St–Ladre.

Le général a complété l'organisation du service ; il m'a prescrit de prendre les mesures nécessaires pour conserver une discipline inflexible.

J'installe une petite infirmerie pour les hommes malingres et fatigués.

L'intendant autorise l'achat de musettes mangeoires, et passe une revue générale des effectifs. (V. Pièces justificatives nos 74, 82, 87, 81.)

28 Août. — Je suis appelé, on va partir. Je fais prendre quatre jours de vivres, compléter les munitions des batteries du 6e corps et du parc.

Je reçois 34 voitures, 1,000,000 de cartouches 1866, 1,600 coups de mitrailleuse, 1,200 gargousses pour canons de 4, et enfin une nouvelle batterie de combat, une mitrailleuse, la 9e du 4e régiment, capitaine Bernadac. (V. Pièces justificatives nos 83, 84, 85, 86.)

29 Août. — Tout reste en suspens ; les ordres de départ ne sont point arrivés. Nous en profitons pour coordonner le parc, dont le commandement est donné à un nouveau promu, le chef d'escadron Jaubert. (V. Pièce justificative n° 88)

Les vivres diminuent rapidement : la paille est introuvable ; le sel n'existe plus dans les magasins de la place, on ne peut plus s'en procurer à quelque prix que ce soit chez les épiciers de Metz. J'insiste pour en obtenir ; ce condiment est indispensable à la bonne alimentation des troupes. (V. Pièce justificative n° 90.)

30 Août. — Le maréchal Bazaine reproduit les ordres les plus formels pour que chaque soldat conserve intégralement trois jours de vivres de réserve. Il fait annoncer, à minuit, le départ pour le lendemain à midi ; il invite pour la réduction des bagages au rigoureux nécessaire. (V. Pièces justificatives n°ˢ 92, 93.)

Un contre-ordre arrive dans la matinée, mais nous devons continuer à être prêts. Il y a donc entente avec l'intérieur. Nous obéissons à une impulsion dont on attend les ordres. (V. Pièce justificative n° 94.)

Nous allons donc enfin partir et commencer la lutte à outrance et corps à corps. Notre armée est bonne, nos troupes aguerries par les combats des 14, 16 et 18, nos chevaux ont repris leur vigueur ; les forts doivent avoir reçu leurs approvisionnements de guerre. Enfin la France nous attend ! Où sont nos armées? Mac-Mahon, de Failly, Douay ? Ils nous tendent la main.

Le maréchal Bazaine doit tout savoir ; s'il a hésité, c'est qu'il attend un signal. Que Dieu nous accorde un seul jour de victoire, et nous serons invincibles pour le salut de la patrie.

31 Août. — L'armée se met en marche à l'aube, les quatre batteries de la réserve, à 7 heures du matin ; mais les mêmes difficultés de route se représentent. L'état-major général n'a pas changé les itinéraires, et nous n'arrivons sous le fort St-Julien qu'à *deux heures.* Plus de six heures de marche pour faire un peu plus de trois kilomètres.

L'armée est en bataille ; le 6ᵉ corps en avant du fort St-Julien, le 4ᵉ à sa droite, le 3ᵉ devant Noiseville, Montoy, Borny ; le 2ᵉ corps en seconde ligne et la Garde en réserve.

Depuis le point du jour, les canons de St-Julien ont essayé de réveiller l'ennemi. Des pièces de 24 court, conduites sur la route de Boulay largement en avant de Grimont, ont lancé des obus dans les camps de Ste-Barbe et Cheuby.

Le 18e bataillon de chasseurs (division Montaudon, 3e corps) s'est avancé sur la route de Sarrelouis ; vainement il s'est emparé des bois de Borny après un combat assez vif ; l'ennemi ne veut pas attaquer ; il nous attend. Il est 3 heures et demie ; le maréchal Bazaine donne l'ordre d'avancer, et l'affaire s'engage de la Moselle à Coincy.

A notre droite, le 3e corps débouche de Lauvallière, enlève d'abord un poste fortifié établi sur la route de Sarrebruck, puis le 95e régiment d'infanterie, brillamment conduit par son colonel, Davoust d'Auerstaedt, s'élance à la baïonnette sur les barricades de Noiseville et s'y établit solidement.

Pendant que les Prussiens se retirent en désordre avec leurs batteries de soutien, le 51e régiment se prolonge et occupe le château d'Aubigny. Les dragons de la division Clérembault dépassent Colombey et Coincy, puis, soutenus par la brigade Lapasset qui prend l'offensive, ils assurent l'extrême droite sur les plateaux de Montoy.

Au centre de l'armée française, l'artillerie du 4e corps, protégée par un bataillon de chasseurs, avance par échelon. Vers les 6 heures, son feu redouble d'intensité ; les Prussiens plient, la nuit arrive et le temps presse. Les généraux Changarnier et Lebœuf sont au plus fort de l'action ; ils lancent les troupes, qui enlèvent à la baïonnette le village de Servigny. Le 43e régiment se distingue ; le 6e, guidé par le colonel Etienne, force les barricades, et du même élan s'empare de plusieurs batteries prussiennes.

Sur la gauche, le maréchal Bazaine demande les pièces de 12 de la réserve ; le commandant Brunel amène la batterie Lequeux, que le colonel Vasse-St-Ouen place sur la route de Boulay, en avant de Grimont. Le général Soleille leur prescrit de faire taire les batteries de Poixe et Servigny, et de conserver leur position. Le feu commence à 3 heures et demie ; il est appuyé par celui des batteries Florentin, Leclerc, de Reynaud, Bellorger, etc.

A 4 heures, le maréchal Canrobert engage la 1re brigade Péchot de la 1re division ; appuyée par l'artillerie Vignotti, elle enlève les villages de Chieulles et Vany, et arrive nuit noire sous les murs de Failly.

Le 9e bataillon de chasseurs, placé sur la rive gauche de la Moselle, prolonge les tirailleurs prussiens de la rive droite, les saisit de flanc, et, sous la concentration de ses feux, les repousse au-delà des Maxes, jusqu'au camp de Malroy.

La nuit n'arrête pas la lutte qui se continue partout ardente et acharnée. L'horizon est éclairé par l'incendie des villages de Rupigny, Vrémy, etc.

Les troupes ennemies, averties depuis l'aube, arrivent de de toute part, de Malroy, Retoufay, Cheuby et du sud ; elles se fortifient à Ste-Barbe et Failly, coupent la route de Boulay par de nombreuses batteries. Enfin, à 10 heures, elles réussissent, par un violent retour offensif, à reprendre Servigny, qu'on n'a pas fait fortement occuper, et les bouches à feu prises qui n'ont point été enlevées.

Le calme se fait peu à peu, la nuit se passe sous les armes; mais à l'aube, les Prussiens qui ont reçu de nouveaux renforts de Maizières, Peltre, Ars et Corny, reprennent l'offensive.

A l'aile gauche, les tirailleurs du 6e corps, soutenus par les batteries de la première division et par celles de la réserve, repoussent toutes les attaques.

Au centre, le 4e corps garde ses positions.

A droite, des batteries de position établies pendant la nuit à Ste-Barbe, Servigny, Retoufay et Flanville, écrasent Noiseville.

La situation est grave : deux corps français seulement sérieusement engagés, et trois solutions possibles.

3

Faut-il percer et partir sur Paris ; prendre simplement Ste-Barbe, ou enfin rentrer sous Metz? L'anxiété de l'armée est extrême. Le maréchal Bazaine se décide. Il refuse de prendre Ste-Barbe, qui est à 8 kilomètres et qu'il faudrait abandonner plus tard. Il ne veut pas engager toute l'armée pour forcer le passage vers le nord ; il ordonne la retraite.

Le canon continue à gronder jusqu'à midi, puis il s'éteint. Les troupes prussiennes se retirent vers Malroy, Ste-Barbe et Cheuby, et les divisions françaises reviennent sur leurs anciens camps.

Le soir, sous la tente, les réflexions sont poignantes ! Rentrer sous Metz, c'est diminuer le moral de l'armée ; c'est la mort de nos chevaux, la destruction de nos cadres, la perte de tout le monde, de la place, avec un avenir horrible à bref délai. Partir était donc une nécessité. Que Dieu nous protège ! nous en avons grand besoin.

2 Septembre. — Un général en chef doit être impénétrable ; mais il y a des moments où il doit se mettre en communication avec son armée, vivre de sa vie, se montrer dans les camps, etc. Avant comme après les combats du 31 août et du 1er septembre, le maréchal Bazaine continue à être invisible pour tous. Le maréchal Canrobert essaye de combler cette lacune. Par son ordre du 2 septembre, il félicite les troupes et les compagnies de partisans. Il renouvelle aussi les prescriptions les plus minutieuses pour la salubrité des camps. J'entends dire que les ambulances de Metz sont encombrées ; que nos médecins du 6e corps vont tous les jours, de midi à 5 heures, panser les blessés du Saulcy ; enfin, que la société de Metz se signale par son dévouement et ses sacrifices. (V. Pièces justificatives nos 97, 98.)

Il n'y a qu'un cri dans l'armée : les femmes de Metz sont admirables ! Rien ne leur coûte, rien ne les rebute. Par tous les temps, à toutes les heures du jour et de la nuit, ces êtres faibles, au grand cœur, ne reculent devant rien et pansent les blessés. L'horreur des opérations les plus douloureuses ne les ébranle pas ; elles sont infatigables. Luttant sans relâche avec la mort, elles lui arrachent quelques blessés, adoucissent les derniers moments des autres et soignent tout le monde.

Chaque jour, le général de Berckheim fait connaître notre désir de partir. Il m'envoie chercher à Metz, au dépôt du 1er régiment d'artillerie et à la commission d'achat de Chambières, les chevaux susceptibles d'améliorer nos attelages. J'en prends onze que nous versons dans nos cadres.

Attendre ! toujours attendre ! c'est détruire notre artillerie, c'est la mort lente contre laquelle nous réagissons sans merci.

3 Septembre. — Le général Decaen, l'ancien commandant en chef du 3e corps à la bataille de Borny, est mort hier. Il laisse des regrets universels.

J'apprends par le retour du rapport que les approvisionnements en moutons, vaches et bœufs sont épuisés. Les hommes toucheront dorénavant 350 grammes de viande de cheval. Les animaux, qui ne reçoivent plus de paille et de foin, seront aussi réduits, à partir de demain, à 5 kilogr. d'avoine par jour. (V. Pièce justificative n° 101.)

En arriver là, c'est abandonner l'artillerie de campagne, c'est avouer qu'on est résolu à s'éterniser à Metz, à subir un siége, et qu'on ne veut conserver les chevaux que pour l'alimentation des troupes.

Tout est contradiction autour de nous !

4 Septembre. — Le général de Berckheim est infatigable. Il a examiné aujourd'hui toutes les batteries du 6e corps d'armée, toutes les munitions et les effectifs reconstitués. Il nous a recommandé d'être prêts aux événements décisifs qui ne peuvent tarder. Il m'a engagé à acheter tout ce qui pourrait aider à l'alimentation des hommes et des chevaux. (V. Pièces justificatives nos 100, 99, 102.)

Je me rends dans les villages voisins; je termine par Ti-
gnaumont, Plappeville, et j'acquiers la certitude que tout
achat est devenu impossible.

Un gigot de mouton vient d'être payé 21 fr. 50, la
viande de bœuf 6 fr. le kil., les œufs 6 fr. la douzaine, les
pommes de terre 10 c. la pièce. Le sel et le sucre sont in-
trouvables. Les souffrances et les privations sont déjà bien
grandes pour tout le monde.

Quelques officiers ont acheté directement des denrées à des
prix insensés. Ils sont blâmés. Il faut vivre avec ce que l'on
reçoit. On ne peut pas même recompléter le lard en réserve
qui a été consommé le 31 août et le 1er septembre. Il n'en
existe plus en magasin.

Le maréchal Bazaine fait savoir par le rapport : « Qu'il
« n'accordera à l'avenir de décoration qu'aux officiers qui
« réussiront dans leurs entreprises, ou qui auront obtenu
« un succès, quelque léger qu'il soit. » Cette décision sou-
lèvera des orages, des émotions très-vives; son application
pourra même amener de grandes injustices. Ce n'est ni le
lieu ni le moment de la discuter. Je garde ce document pour
moi seul.

5 Septembre. — Le 5 au matin, on signale une anima-
tion extraordinaire chez les troupes prussiennes; on aperçoit
sur toutes les hauteurs du côté de Gravelotte, Woippy, Ladonchamp, des drapeaux, des signaux ; on entend des coups
de canon dans la direction des camps de Maizières et de
Malroy (1).

Le maréchal Canrobert donne l'ordre à la réserve d'armer
immédiatement la batterie de la croupe de Woippy, située

---

(1) Nous avons appris plus tard, après le siége, qu'ils se réjouissaient
des événements de Sedan.

aux avant-postes. J'envoie le lieutenant Thorel et 60 hommes couper des bois et faire des gabions ; 25 artilleurs, sous les ordres de MM. le commandant Brunel, le capitaine Pesret et le lieutenant Rivot, préparent les embrasures. Les fantassins nous aident ; 4 embrasures franches et 4 autres à barbette avec les plates-formes sont achevées en 4 heures.

Le général convoque à midi le conseil de tous les commandants de l'artillerie. Nous demandons tous à garder provisoirement l'armement que nous possédons. Nous prenons connaissance des pertes subies par les troupes de l'artillerie, depuis le début de la campagne, pour les 2ᵉ, 3ᵉ, 4ᵉ, 6ᵉ corps, pour la Garde. Les officiers ont largement payé leur tribut : 20 p. °/₀ ont été tués ou blessés ; 1,336 hommes, 1,442 chevaux sont hors de combat. On a consommé 10,900 coups de canon de 12 et 3,284,000 cartouches modèle 1866. (V. Pièce justificative n° 108.)

Le général nous annonce que l'on ne tardera pas à marcher à l'ennemi ; il faut donc donner aux officiers sous nos ordres les prescriptions les plus minutieuses en vue des combats que nous allons livrer.

Rentré au camp, je rédige une instruction qui est mise à l'ordre des batteries de la réserve. (V. Pièce justificative n° 109.)

La ration de viande sera réduite à 300 grammes à partir du 6 septembre. (V. Pièce justificative n° 106).

En ville, le beurre frais coûte 24 fr. le kil., le foin plus de 50 fr. les 100 kil.

6 Septembre. — La ration d'avoine est encore réduite à 4 kil. 50 ; c'est avancer la mort de nos chevaux.

On renverse les arbres qui bordent les routes. (V. Pièce justificative n° 110.)

Le général de Berckheim me confie que nous allons enfin attaquer cette nuit du côté de Ladonchamp. Je fais ouvrir plusieurs routes débouchant de nos camps sur la route de Thionville. Nous sommes prêts. (V. Pièces just. nᵒˢ 111, 112.)

A 7 heures du soir, le maréchal Bazaine reçoit un parlementaire qui lui annonce la remise de 600 prisonniers français à Woippy. Il donne l'ordre de suspendre les préparatifs d'attaque. (V. Pièce justificative nº 113.)

7 Septembre. — Les prisonniers français annoncés ont été remis cette nuit aux avant-postes. Je les vois traverser nos camps. Ils annoncent un effroyable désastre. L'armée du maréchal Mac-Mahon, après trois jours de combat, aurait été détruite le 1ᵉʳ septembre sous les murs de Sedan. L'Empereur, après avoir capitulé, serait prisonnier de guerre ; le maréchal de Mac-Mahon serait grièvement blessé. Ce récit est impossible !

8 Septembre. — J'ai demandé à aller à Metz ; j'avais soif de nouvelles. Je rentre écrasé sous le poids de tout ce que je viens d'apprendre. Les prisonniers assurent de nouveau que l'armée de Mac-Mahon s'est battue trois jours ; que le général de Failly s'est encore laissé surprendre ; que l'on a été entouré par deux armées, coupé de la Belgique et écrasé ; que l'Empereur a capitulé et qu'il est prisonnier de guerre en Allemagne.

Un autre bruit se croise avec le premier et s'affirme hautement : à la nouvelle du désastre de Sedan, les Chambres françaises ont déposé l'Empereur, et les Parisiens ont ensuite tout renversé et établi un Comité de défense.

Le Préfet de Metz, M. Odent, et le secrétaire général, M. Provost, ne savent rien d'officiel.

Huit heures du soir. — Je suis seul sous ma tente ; le temps est affreux, il tombe des torrents d'eau ; tout est triste autour de moi.

Pauvre France ! tu avais besoin d'une épreuve ; ta vie politique était si superficielle ; tes législateurs, députés et sénateurs, savaient si peu voir la vérité vraie ! Ils t'ont caché tes plaies, tes imperfections et ta faiblesse.

Pauvre patrie ! mal renseignée, plus mal servie encore, te voilà pour longtemps plongée dans des jours d'angoisses et de douleur.

Que de raisons pour se replier et prier ! C'est aujourd'hui la fête de mon village et du sanctuaire de Notre-Dame de Fresneau. Tous nos amis, toutes nos familles pensent aux malheurs des temps et à nous tous qui sommes loin. Unissons-nous à eux, et, puisque nous croyons à un seul Dieu tout-puissant et préservateur, demandons-lui de sauver la France et ses enfants ; offrons-lui nos efforts, notre vie, et, fortifiés par cet élan du cœur, chassons l'ennemi qui offense notre sol, et relevons le drapeau toujours si ferme dans le passé.

Les temps sont bien durs et difficiles. Les malades meurent par centaines. L'alimentation des soldats et des officiers commence à être un problème. Le beurre coûte 60 fr. le kil.; une belle vache a été vendue hier 2,500 fr., un jambon 90 fr., un cochon 650 fr. On ne peut plus trouver de paille pour les infirmeries et les ambulances.

La situation générale est affreuse.

9 Septembre. — Le maréchal Bazaine, pour utiliser toutes les ressources trouvées dans la ville de Metz, fait ajouter du seigle à l'avoine des chevaux ; la proportion sera de un cinquième ; le mélange sera fait dans les batteries, au moment du repas des chevaux. (V. Pièce justificative n° 115.)

A partir du 10, et jusqu'à l'épuisement du foin qui existe encore dans la place de Metz, il sera donné 1 kil. de foin en remplacement de 1 kil. d'avoine. (V. Pièce justificat. n° 120.)

Les proportions générales seront :

Pour la ration de 4 k. 500 : $\begin{cases} \text{avoine} \ldots\ldots\ldots\ldots & 2,80 \\ \text{seigle} \ldots\ldots\ldots\ldots & 0,70 \\ \text{foin} \ldots\ldots\ldots\ldots & 1 \text{ k.} \end{cases}$

La viande manque ; on donne l'ordre à chaque régiment de cavalerie de fournir 40 chevaux par jour, en commençant par ceux qui sont hors d'état de servir, et en complétant le nombre demandé au moyen des désignations faites parmi les chevaux les moins valides. (V. Pièces justificat. nos 116, 119.)

L'intendance générale de l'armée est chargée de régulariser le service.

Le général de Berckheim me charge de lui indiquer pour les 4 batteries de la réserve : 1° le nombre des chevaux bons ; 2° celui des médiocres à utiliser plus tard pour les vivres-viandes ; 3° le nombre des mauvais à abandonner immédiate-ment aux intendants. (V. Pièce justificative n° 116.)

Une grande partie des Prussiens campés sur la rive gauche de la Moselle s'avance sur la rive droite ; des concentrations nouvelles semblent se préparer en avant de notre front. Le maréchal Canrobert fait envoyer une demi-batterie avec ses munitions faire un service de garde dans notre batterie de Woippy ; puis, comme tout l'horizon reste calme, il la fait rentrer au camp avant la nuit.

La pluie est torrentielle, le temps est affreux ; nous pre-nons notre repas du soir, quand, à 6 heures et demie, com-mence sur toute la circonférence de Metz une canonnade des plus vives.

Les forts répondent de toutes parts et sur tous les secteurs de la défense. Nous prenons les armes, et nous assistons à cette bataille nocturne. Quelques obus arrivent dans les camps de la 1re division ; un projectile touche la toiture de la maison du maire de Plappeville ; puis nos adversaires cessent leur feu. On les imite ; le calme renaît, et nous rentrons dans nos tentes, mouillés et transis.

Effort sans portée! canonnade sans but. Nous ne pouvons deviner le mobile qui vient de guider les Prussiens.

11 Septembre. — Le maréchal Bazaine fait remplacer un tiers de la ration d'avoine par des graines de sorgho, de minette, de millet, etc. C'est la fin de nos attelages ; j'en rends compte, et j'adresse au général la situation exacte de nos chevaux. (V. Pièce justificative n° 122.)

En général, nos chevaux changent beaucoup, et chaque jour la différence est sensible. L'alimentation est insuffisante, et les pluies amènent l'anémie et la décrépitude. Les deux batteries de mitrailleuses dont la remonte a été excellente, sont encore en bon état ; mais, dans les deux autres batteries, il y a déjà beaucoup de mal qui deviendra rapidement apparent. Il faut les ménager ou les améliorer.

Je rends compte de cet état progressif pour qu'on ne soit pas surpris des pertes prochaines qui s'annoncent dans nos effectifs. (V. Pièce justificative n° 123.)

Ces jours derniers, le général L'Admirault, commandant le 4ᵉ corps, a cru pouvoir mettre à l'ordre de l'armée plusieurs officiers. Le maréchal Canrobert a réclamé très-vivement l'exécution du réglement qui ne donne ce droit qu'au général en chef de toute l'armée du Rhin. Le maréchal Bazaine a partagé cet avis, et on a adressé à tous les généraux du 6ᵉ corps la dépêche suivante :

« Général, le maréchal commandant en chef fait connaître, « sous la date du 9 septembre courant, qu'il se réserve « *exclusivement*, à l'avenir, le droit d'user des pouvoirs que « l'art. 138 du réglement du 3 mai 1832 confère, au sujet « des citations, au général commandant en chef.

« En conséquence, lorsque vous jugerez qu'un militaire « sous vos ordres a acquis des droits à une citation à l'ordre « de l'armée, vous voudrez bien me faire parvenir, pour être « transmises au commandant en chef de l'armée, les pièces

« et rapports prescrits par l'article précité. Les citations à
« l'ordre de l'armée prononcées dans cette forme auront
« seules une valeur légale, et pourront seules être inscrites
« sur les états de services.

« Le maréchal de France commandant le 6ᵉ corps.

« CANROBERT. »

Le général de Berckheim, pour satisfaire à ces prescriptions, demande mes propositions. Je les lui adresse pour
quelques officiers, un sous-officier et un sous-chef artificier.

L'état sanitaire de la réserve est encore bon. Je n'ai par
jour qu'un seul homme à envoyer aux hôpitaux et deux autres
à notre petite infirmerie.

Les dyssenteries et les douleurs dominent.

Les nouvelles politiques et militaires s'affirment tous les
jours. Le mal ne doit pas être aussi grand qu'on l'annonce.
La France restera grande, entière et fière.

Mes artilleurs n'osent me questionner. Ils me sondent du
regard. Ils sont unis, disciplinés et bons; ne songeons qu'à
eux et crions-leur : Courage !

Le maréchal Canrobert convoque pour le 13 septembre, à
huit heures du matin, une députation de tous les régiments
sous ses ordres. Je dois emmener avec moi le plus ancien de
chaque grade. Il veut sans doute nous parler des événements
politiques et de l'avenir. (V. Pièce justificative nº 124.)

L'attaque préparée pour le 6 a été remise; qu'allons-nous
faire? Attendons.

13 Septembre. — 10 heures. — Le maréchal vient de
nous parler; voici ce qu'il nous a dit :

« Messieurs, il paraît qu'à Sedan notre armée a encore été
« surprise, et qu'après trois jours de combat elle a été forcée
« de se rendre. L'Empereur serait, dit-on, prisonnier en

« Allemagne ; l'Impératrice, en Espagne ou en Angleterre.
« On ajoute aussi qu'à la nouvelle de ces événements désas-
« treux, tous les pouvoirs publics ont été renversés, et que
« la direction des affaires a été prise par une commission
« dite de la Défense nationale. A la tête de ce gouvernement,
« se trouverait un général honorablement connu, et aussi
« MM. Jules Favre et Picard, etc., et enfin des notabilités
« dont l'appréciation est généralement moins goûtée, MM.
« Rochefort, etc. Nous n'avons point de certitude ; ces affir-
« mations cependant paraissent fondées.

« Pour nous, soldats, nous devons rester unis ; nous avons
« à notre tête un chef connu ; il a ses projets ; c'est un homme
« sur lequel l'armée peut compter. Au moment opportun,
« il saura la diriger. Aujourd'hui, notre rôle est évident ;
« nous n'avons qu'à attendre ; nous représentons une force
« imposante, la seule armée organisée de la France ; nous
« sommes appelés à lui rendre de grands services. Nous avons
« des vivres pour longtemps ; notre présence ici est des plus
« utiles ; nous immobilisons une armée formidable. Du reste,
« les généraux d'artillerie et du génie vont, dans chaque corps,
« tracer de nouvelles lignes de défenses en avant de nos fronts ;
« ils construiront des batteries, et je leur donnerai tous les
« travailleurs dont ils auront besoin. Jamais l'ennemi n'osera
« nous attaquer dans nos positions défensives ; s'il l'osait,
« s'il s'avançait entre les forts St–Julien, St–Quentin, des
« carrières, les redoutes Chambrières et les remparts, nous
« saurions l'écraser.

« Prenons patience ; quoiqu'il arrive, jamais notre armée
« ne subira la moindre humiliation, et nous partirons de
« Metz le front haut, portant glorieusement le drapeau de la
« France. »

L'état–major du 6e corps a ajouté tout bas : que les parlementaires prussiens ont donné à entendre qu'une révolution
sociale a éclaté à Paris ; que des bandes en délire ont pillé et

brûlé les quartiers les plus riches de la capitale, et qu'après
une lutte terrible, semblable à celle des journées de juin
1848, les bourgeois de Paris ont appelé à leur secours le
Prince Royal de Prusse, qui a dû faire son entrée à Paris le
12 septembre, au matin!!!

Ce sont des bruits prussiens dont il faut se défier comme
de déplorables ruses de guerre. Faisons appel à la raison et
à l'avenir.

Tout continue à être contradiction autour de nous. Le
maréchal Canrobert vient de parler en homme de cœur; sa
voix vibrait, il était ému.

Il nous a dit que le maréchal Bazaine avait ses projets,
qu'il fallait savoir attendre....; mais tout cela, c'est l'annonce
d'un changement de plan de campagne; c'est renoncer à
s'éloigner du camp retranché de Metz. Fortifier nos lignes que
les Prussiens ne songent pas à attaquer, s'éterniser devant la
ville, c'est la mort de notre artillerie, de notre cavalerie; c'est,
plus tard, l'affaiblissement des hommes ; c'est, enfin, la destruction certaine de l'armée du Rhin et sa ruine!!

Midi. — L'ordre du 13 septembre arrive. Il réduit la
ration de nos chevaux à 3^k,500, c'est-à-dire à mourir de
faim. (V. Pièce justificative n° 126.)

$$\text{Pour la ration de 3 k. 500} : \begin{cases} \text{avoine} \dots\dots\dots\dots 2 \text{ k.} \\ \text{foin} \dots\dots\dots\dots 1 \text{ k.} \\ \text{son} \dots\dots\dots\dots 0,500 \end{cases}$$

« Le blé sera employé à la nourriture des chevaux, en le
« mélangeant, tant que ce sera possible, soit avec du seigle,
« soit avec de l'avoine, etc. La ration journalière de pain
« sera réduite à 300 grammes, et, par compensation, celle
« de viande sera portée à 400 grammes, tout en maintenant
« la ration de vin. » (V. Pièce justificative n° 126.)

Toutes ces décisions sont contradictoires.

J'envoie au général ma situation exacte ; la voici :

6ᵉ CORPS.

État des effectifs le 13 septembre 1870.

Nᵒˢ DES BATTERIES	EFFECTIF		NOMBRE D'HOMMES				CHEVAUX		VOITURES
			PRÉSENTS		ABSENTS				
	Officiers	Troupe	Officiers	Troupe	Officiers	Troupe	d'Offic.	de Troupe	
Batterie Lequeux. 9ᵉ du 13ᵉ	6	201	6	181	»	20	11	168	24
Id. Lippman. 10ᵉ du 13ᵉ	6	205	5	176	1	29	6	156	22
Id. Lauret... 11ᵉ du 15ᵉ	5	150	5	140	»	10	12	113	18
Id. Bernadac. 9ᵉ du 4ᵉ	5	151	5	146	»	5	12	112	18
	22	707	21	643	1	64	41	549	82
	729						590		

14 Septembre. — Le général de Berckheim s'est conformé à la décision du conseil des maréchaux. Il m'a appelé pour examiner minutieusement avec lui notre ligne de défense de la Moselle à Lorry. Il a écouté sur place les commandants d'artillerie des divisions, arrêté tous les travaux et les batteries à construire. Le lieutenant Thorel dresse le croquis des ouvrages confiés à la réserve.

Le tracé général sera formidable. Deux batteries, dont une de 12, défendront le mamelon de Woippy ; quatre batteries, dont une au Moulin et trois à la Maison-Rouge, assureront le passage à niveau formant le sommet le plus avancé ; deux batteries, dont une de 12 au deuxième point saillant et à St-Eloi, flanqueront la Maison-Rouge et donneront des feux sur le village des Maxes et le hameau de Thury.

Une batterie de mitrailleuses sur un coffre à commandement pourra balayer la plaine. Une batterie de 12 fouillera la vallée, et deux mitrailleuses ou deux pièces de 4, placées sur un petit cavalier final, s'opposeront à toute surprise de l'ennemi sur les bords de la Moselle. Enfin, une batterie de 24, placée sur la rive droite sur la hauteur de Châtillon, surveillera la plaine jusqu'à 4 à 5 kilomètres.

Ces travaux sont bien conçus ; ils rendront notre secteur radicalement inattaquable. L'armée la plus considérable n'osera s'approcher, elle serait écrasée.

Mes officiers disent tout haut que si tous les corps d'armée font partout des travaux aussi sérieux, c'est qu'on est décidé à ne plus s'éloigner. Une garnison de 50,000 hommes serait insuffisante à garder de semblables ouvrages, dont quelques-uns conquis et retournés deviendraient très-offensifs au corps de place.

Le général Coffinières a fait appeler aujourd'hui les journalistes pour leur prescrire de ne pas soulever les passions politiques. Il a publié une proclamation dans laquelle il fait connaître les nouvelles de Sedan, l'établissement d'un Gouvernement provisoire et les résolutions du maréchal commandant en chef.

« Votre patriotisme, le dévouement dont vous donnez déjà tant de preuves ne peuvent faire défaut. Vous saurez vous faire honorer et respecter de vos ennemis par votre résistance ; vous avez, d'ailleurs, d'illustres souvenirs qui vous soutiendront dans cette lutte énergique.

« L'armée qui est sous nos murs et qui a déjà fait connaître sa valeur et son héroïsme dans les combats de Borny, de Gravelotte, de Servigny *ne nous quittera pas ; elle résistera avec nous aux ennemis qui nous entourent*, et cette résistance donnera au Gouvernement le temps de créer les moyens de sauver la France, de sauver notre patrie ! »

15 Septembre. — Les parlementaires prussiens sont le sujet de toutes les conversations de la ville et des camps. Ils sont pleins de prévenance ; ils apportent des nouvelles ; ils reçoivent des lettres des officiers français prisonniers en Allemagne, ils les font passer à leurs familles, ils se chargent des réponses.

On échange 150 à 200 prisonniers aux avant-postes d'Ars.

Des ballons porteurs de dépêches partent au gré des vents.

En ville tout s'organise. On procède au recensement des ressources alimentaires. On affiche les taxes de vente des diverses denrées. L'armée livre aux habitants 50 chevaux par jour, pour faire baisser le monopole des bouchers, et partout et en tous lieux on commence à dire qu'on trahit la France et l'armée. (V. Pièce justificative n° 127.)

16 Septembre. — Les bruits les plus contradictoires continuent à circuler. Un armistice est signé et un parlementaire va partir. Jules Favre a déclaré que la France ne cédera jamais ni une parcelle de son territoire, ni un lambeau de son drapeau.

Ce qu'il y a de certain, c'est que les opérations militaires sont, depuis le 1er septembre, radicalement nulles, et qu'on parle trop des parlementaires prussiens. La population de Metz s'agite ; elle accuse, elle attaque.

Le maréchal Bazaine, par sa dépêche en date du 17 septembre, nous recommande les ménagements les plus grands ; il interdit les courses inutiles, les permissions nombreuses, etc. (V. Pièce justificative n° 131.)

Les maladies deviennent plus graves et plus meurtrières ; le médecin en chef renouvelle les prescriptions sanitaires. (V. Pièce justificative n° 132.)

Nos chevaux changent, ils seront bientôt inutiles, leur misère marche à grands pas. Nous redoublons de soins, nous envoyons chercher des feuilles, de l'herbe, etc. (V. Pièce justificative n° 153.)

Nos hommes sont très-occupés, les lignes de défense se terminent, nos batteries s'achèvent et les plates-formes sont faites avec les bois de l'arsenal de Metz.

17 Septembre. — Les événements militaires sont toujours nuls, les reconnaissances muettes. Le général a visité, ce matin, toutes les batteries construites sur notre front. Il a prescrit de les compléter par des magasins à poudre pouvant contenir 40 à ▓▓▓▓▓ pièce. Nous les armerons cette nuit, et la g▓▓▓▓▓▓ ▓▓nente que nous allons y établir ne devra faire ▓▓▓▓▓▓ pour la défense des positions. (Voir Pièce justificative n° 128.)

Tenant compte des émotions et des plaintes nouvelles de la population de Metz, le maréchal Bazaine consigne la ville, défend aux troupes de s'y rendre désormais, et donne l'ordre formel de n'y faire pénétrer que des corvées régulières commandées par des officiers. (V. Pièce justificative n° 131.)

Il modifie aussi la ration journalière de nos chevaux ; elle sera de 3^k,500, décomposés en son, seigle, foin et avoine. (V. Pièce justificative n° 145.)

Pour la ration de 3 k. 500 :
$$\begin{cases} \text{son} \dots\dots\dots\dots & 0,500 \\ \text{seigle} \dots\dots\dots\dots & 0,250 \\ \text{foin} \dots\dots\dots\dots & 1,000 \\ \text{avoine} \dots\dots\dots\dots & 1,750 \end{cases}$$

Le 6e corps devra, à partir de demain, envoyer à son service des vivres-viandes, 50 chevaux choisis parmi ceux qui sont reconnus hors de service. (V. Pièce justificative n° 144.)

18 Septembre. — Je viens de passer en revue les troupes de la réserve. J'ai réuni tout le monde, je leur ai lu l'ordre du maréchal en date du 16 septembre, qui annonce les événements de Sedan et de Paris. J'ai aussi fait connaître les principaux passages des circulaires de Jules Favre, etc. (V. Pièce justificative n° 137.)

J'ai recommandé d'une manière toute particulière nos chevaux. Dans peu de jours il faudra percer, abandonner la forteresse ; je compte ce jour-là sur la discipline, l'énergie et le courage absolu de tous.

Sur 52 chevaux envoyés ce matin aux vivres-viandes, 22 ont été refusés comme trop épuisés et impropres à l'alimentation. Il a fallu les abattre. Pauvre███████, il ne faut pas songer à leur apprendre à mourir plus len███

Tout le monde souffre, on ne peut plu██████████eter, les provisions sont finies.

La situation politique est aujourd'hui positive et avouée. Non-seulement les canons et les fusils se taisent, mais le général Coffinières a parlé.

Les officiers d'artillerie de la garde nationale sont allés le saluer, et il leur a dit : « Il n'y a, pour le moment, aucun « danger pour la ville, l'extrémité d'un siége est peu proba- « ble ; *le nœud de la guerre va se dénouer plus loin ;* les « destinées du pays vont s'accomplir, selon toutes les proba- « bilités, à Paris ; nous n'avons, nous, qu'à attendre et à « faire des efforts pour immobiliser les troupes ennemies.... »

19 Septembre. — L'armée est mécontente.

Nous voulons partir ; nous ne songeons qu'à renforcer nos attelages pour pouvoir marcher à l'ennemi. J'adresse au général la dépêche suivante :

« Mon général, je me préoccupe beaucoup des batteries « placées sous mes ordres et je cherche le moyen de les con- « server en bon état. Pour cela, je vais moi-même, ce matin, « examiner tous les chevaux à l'aide du vétérinaire, qui, sous « sa responsabilité personnelle, devra indiquer tous les ani- « maux incapables d'un bon service et qui mangent inutile- « ment le peu d'avoine mis à notre disposition. Je crains de « voir dans peu de jours mes effectifs réduits de moitié. Il y « aura lieu alors de décider s'il ne faudra pas fondre une ou « deux des batteries pour reconstituer les autres.

« Dire qu'on a une batterie, c'est affirmer au chef qu'elle

« peut marcher et combattre, et dans mon âme et conscience,
« aujourd'hui mes deux batteries de 12 ne pourraient pas
« faire deux étapes, ni donner des coups de collier dans les
« conditions ordinaires des privations de la guerre, sans lais-
« ser la moitié de leurs voitures en route le long des che-
« mins. (V. Pièce justificative n° 152.)

« Du reste, mon général, ce soir au rapport je vous ren-
« seignerai plus exactement et plus longuement. Je vais pas-
« ser ma journée à me former une opinion sur laquelle vous
« puissiez vous appuyer avec sécurité.

« Je suis, etc.

« *Le L.-Colonel*,

« DE MONTLUISANT. »

20 Septembre. — J'ai été accueilli. Le général a pro-
voqué des ordres, il a obtenu une nouvelle batterie de 12, la
8ᵉ du 13ᵉ régiment, capitaine Blavier. Elle vient de quitter
la réserve générale pour m'arriver ce matin. (V. Pièce justificative n° 155.)

Le général de Berckheim a aussi donné l'ordre à tous les
commandants d'artillerie du 6ᵉ corps de préparer la réorganisation de batteries de combat, composées de 6 pièces, 6 caissons et un seul chariot de batterie. Le travail doit être fini
pour demain. (V. Pièce justificative n° 154.)

Pendant que nos rations diminuent encore, et qu'on nous
retire une partie de notre riz, sucre et café, les habitants de la
ville s'agitent de plus en plus; ils peuvent dire tout haut ce
que nous pensons tout bas; il adjurent le général en chef de
marcher au feu. Le maréchal a semblé céder aujourd'hui devant ce cri public. Le fort St-Julien a tonné et soutenu un
combat d'avant-poste engagé du côté de Borny. Une patrouille
prussienne a été enlevée à Plesnoy, le 84ᵉ de ligne a donné le

même exemple du côté de Magny, etc. (V. Pièce justificative n° 156.)

21 Septembre. — Le général de Berckheim vient de nous réunir en conseil. Il nous a donné tous les bons chevaux de notre parc, qu'on va abandonner. Il a prescrit de refondre nos effectifs en vue du combat. J'ai reçu 147 chevaux nécessaires pour mes batteries ; elles peuvent maintenant partir et faire feu au premier signal.

Réorganisation des batteries de combat de la réserve le 21 septembre 1870.

Nos DES BATTERIES	CHEVAUX PRÉSENTS & ENCORE BONS				Effectif présent	Nombre de chevaux de troupe nécessaire pour atteler imméd.	Nombre de chevaux manquants	OBSERVATIONS
	d'Offic.	DE TROUPE						
		de selle	de trait	Total				
8e du 13e régiment.	4	24	99	123	127	146	23	Il faut au moins
9e id. id.	11	21	69	90	101	146	56	10 chevaux haut
10e id. id.	6	21	73	94	100	146	52	le pied ; c'est
9e du 4e id.	12	22	69	91	103	90	»	donc 147 bons
11e du 15e id.	12	18	66	84	96	90	6	chevaux à recevoir.
	45			482	527		137	

Pas un seul coup de fusil ne se fait entendre sur notre front. Dieu, que cette inaction est longue et pénible ! Force organisée et soumise, l'armée reçoit tout de ses chefs. Pourquoi donc nos généraux ne savent-ils pas vouloir ?

Pour occuper mes hommes, j'ai fait améliorer notre camp, déplacer les chevaux, tracer des routes, etc. Tout est fini. Que faire ? (V. Pièces justificatives n°s 158, 161.)

22 Septembre, midi. — Le général de Berckheim a réuni tous les commandants d'artillerie du 6e corps ; il a organisé le service des batteries de notre secteur. Il a prescrit de former un troupeau et d'envoyer dans les prairies de la Moselle, du côté de St-Eloy, tous les chevaux hors de service destinés aux vivres-viandes. (V. Pièces justificatives n°s 160, 167.)

Il a ordonné pour demain une revue générale des hommes, des chevaux et des munitions, afin de s'assurer une fois de plus que nous sommes prêts à partir. (V. Pièce justificative n° 169.)

On a causé des bruits de la cité. Les Messins affirment que le maréchal Bazaine continue à traiter avec le prince Frédéric-Charles, qu'il est question d'envoyer l'armée du Rhin en Afrique avec armes et bagages et d'abandonner la forteresse. On nous recommande d'empêcher les soldats d'aller en ville.

Pour la première fois, cette nuit, les Prussiens ont essayé de surprendre deux de nos petits postes : la ferme en avant de Ladonchamp et le petit bois de Châtillon sous St-Julien ; ils ont été repoussés.

De notre côté, dans la journée, pendant que nos tirailleurs, sortis de la ferme de Belle-Croix, s'avançaient sur les hauteurs de Vantoux, le colonel Davoust, à la tête du 95e, a enlevé Lauvallières et poussé jusqu'à Noiseville. Le 18e bataillon de chasseurs fouillait les bois de Colombey. La 1re brigade de la division Castagny s'emparait du château de Mercy-le-Haut. Enfin, d'autres détachements marchaient jusqu'aux premières maisons d'Augny.

En résumé, quelques régiments ont été mis sous les armes et ont fait une reconnaissance sur le tiers de l'investissement de Metz. On a ramené du fourrage et de l'orge et on s'est retiré sans être inquiété et sans pertes.

23 Septembre, 8 heures du soir. — J'ai passé ce matin une nouvelle revue ; les cinq batteries de la réserve sont réorganisées, prêtes à marcher.

On a voulu recommencer un fourrage, et la division Aymard, du 3e corps, s'est avancée jusqu'à Nouilly et Vany ;

mais cette fois le prince Frédéric-Charles a exécuté la singu-
lière promesse qu'on lui prête. Il aurait dit qu'il répondrait
si on continuait à l'inquiéter, etc. Il a, sans doute, été prévenu, et il a immédiatement déployé des forces énormes et de
nombreuses batteries à Malroy, Charly, Failly, sur la route
de Boulay, en avant de Servigny, près de Noiseville, etc. Nos
détachements se sont repliés sous une pluie d'obus, qui les a
suivis jusque sous les canons du fort. Plusieurs projectiles
ont touché le château de Grimont, et quelques-uns sont venus
jusque dans l'intérieur du fort St-Julien.

Les journaux saisis le 22 ont appris que les Prussiens sont
devant Paris; que toutes nos villes assiégées, Strasbourg,
Toul, Verdun, Thionville, Schlestadt, résistent avec énergie;
que M. Thiers est parti pour la Russie et l'Angleterre afin
d'obtenir une médiation, etc.

Un cri est sur toutes les lèvres : le moment est venu; partons !

Depuis le 18 août, on n'a rien ordonné ni tenté de sérieux.
Si on retarde encore, la discipline sera impuissante à maintenir l'armée.

24 Septembre. — Le général Bourbaki est parti en mission secrète. Pourquoi ne pas en parler officiellement? On ferait cesser les rumeurs de trahison qui se font jour de toute
part. Les bruits les plus étourdissants circulent. Tout est mystère !

Quelques coups de fusil ont été tirés, cette nuit, aux fermes de Thury et sous Châtillon.

25 Septembre. — C'est aujourd'hui dimanche. Le général de Berckheim a fait défiler la réserve d'artillerie. Il a fait
former le cercle; il a témoigné sa satisfaction et fait appel à
l'énergie de tous. Il a vu, ce matin, toutes les batteries du 6e
corps réorganisées pour le combat.

Le maréchal Canrobert et plusieurs généraux ont reçu des nouvelles de leurs familles.

Le colonel Laffite, commandant la garde nationale sédentaire de Metz, a réuni tout son monde aujourd'hui.

26 Septembre, 11 heures. — Rien de nouveau sur notre front.

Pour faciliter les communications entre les deux rives de la Moselle, et pour relier les lignes de défense, le général de Berckheim a fait établir un service de pontonniers avec des nacelles. (V. Pièce justificative n° 179.)

8 heures du soir. — J'ai envoyé, à 2 heures, le commandant Brunel avec la batterie Blavier en avant de nos lignes, du côté de Ladonchamp. Ils ont fait feu sur les troupes qui semblent se concentrer tous les jours à la ferme des Grandes-Tapes. L'ennemi, qui avait peut-être un seul régiment en armes, s'est replié et nos canons sont revenus au camp.

27 Septembre. — J'adresse au général un nouveau rapport sur nos chevaux. Ils reçoivent encore des rations, des feuilles et de l'herbe; leur dépérissement subit est inexplicable, j'en ai recherché la cause et je crois l'avoir trouvée : ils ne s'assimilent pas leur nourriture. Le maréchal Bazaine leur fait donner, depuis quinze jours, du blé, du seigle et des graines fourragères. Je viens de constater que presque toutes les graines, surtout les grains de blé et de seigle, se trouvent en totalité et en boules compactes dans les crottins. J'ai fait vérifier le fait dans toutes les batteries par le vétérinaire, et je lui ai demandé un rapport, que j'ai envoyé avec le mien. (V. Pièce justificative n° 186.)

Tout le blé que nous donnons depuis quinze jours à nos chevaux est donc perdu, et pour eux et pour l'armée !

Je prescris aux commandants de batterie de passer une nouvelle revue des animaux et de me signaler chaque jour au rapport ceux qui faibliront. Cet examen devra être incessant et permanent.

7 heures du soir. — Dans la journée encore quelques attaques sans importance et sans résultat. J'ai reçu, à 11 heures, l'ordre de faire marcher la réserve. J'ai envoyé la batterie Lippmann servir les pièces de la Grange-aux-Dames. La batterie Blavier s'est portée en avant des lignes, entre les batteries fixes de la Maison-Rouge et du Saillant ; la batterie de mitrailleuses Lauret, à côté de la précédente ; enfin j'ai conservé les deux batteries Lequeux et Bernadac attelées, prêtes à faire feu. (V. Pièce justificative n° 187.)

Le signal donné, après une canonnade très-vive, on a pris, vers une heure et en un instant, les bois de Woippy, les postes de Ste-Agathe et de Ladonchamp, les Grandes et les Petites-Maxes ; mais une demi-heure après, tout a été abandonné ; on s'est replié, et nous étions dans nos camps à 5 heures.

Du côté de la route de St-Avold, à la pointe du jour, la brigade Lapasset, renforcée par le 90e régiment de ligne et le 11e bataillon de chasseurs, a pris le couvent, la gare et le village de Peltre, le château de Mercy et les bois de Colombey. Tout le monde était rentré à midi sans pertes et avec des fourrages assez importants.

28 Septembre. — Les Prussiens semblent furieux de notre résistance et de nos attaques. Partout où nous allons, ils sèment des ruines. Ils sont revenus hier derrière nos troupes incendier le village, le couvent et l'église de Peltre, le château de Mercy, la ferme de la Grange-aux-Bois. L'horizon semblait en feu.

Pourquoi de semblables horreurs ? C'est la barbarie érigée en système. Ils ont aussi, à minuit, brûlé les villages des Maxes visités hier par nos troupes. Ils ont mis le feu successivement à toutes les maisons, à l'église, et on distinguait avec des longues-vues les cordons de soldats, les incendiaires et leurs torches !

Des actes aussi inutiles et aussi affreux sont indignes de notre civilisation et de notre siècle.

29 Septembre. — Cette nuit, les Prussiens ont encore continué leur œuvre de destruction et de ruine. Ils ont achevé de brûler toutes les maisons isolées des villages des Maxes.

Le maréchal Canrobert a convoqué à son quartier-général les officiers récemment promus ou décorés. Après des éloges et des félicitations, il leur a dit : Qu'ils auraient bientôt à faire preuve de force et d'énergie pour réprimer les passions subversives qui se sont fait jour dans les couches inférieures de la société. Il a ajouté : que la France était assez riche pour payer ; que plaie d'argent n'était pas mortelle, etc.

Ce discours rapporté dans les camps et dans la ville soulève des orages. Tous les bruits sont donc vrais ! On traite donc avec le prince Frédéric-Charles ; il y a donc des bases, des négociations avouées, des milliards à payer sans cession définitive de territoire ; on prépare alors une restauration impériale !

Pourquoi tous ces mystères ? Où sont les négociateurs ? Le prince Frédéric-Charles amuse le maréchal Bazaine et se joue de la France et de l'armée.

30 Septembre. — Nous entendons les canons des forts de St-Quentin, de Plappeville, de St-Julien et de Queuleu.

Le 6e corps prend les armes sans marcher.

Le maréchal Bazaine a décidé que tous les hommes démontés de la cavalerie et de l'artillerie verseront de suite à l'arsenal leurs sabres et leurs mousquetons, et recevront en échange des fusils d'infanterie modèle 1866.

On fera ajouter immédiatement aux ceinturons des poches et des cartouchières.

J'ai 294 hommes dans cette catégorie. Voici la situation que j'ai remise au général :

72 hommes pour la 8ᵉ batterie du 13ᵉ régiment.
54   —   9ᵉ   —   —
58   —   10ᵉ   —   —
56   —   9ᵉ   —   du 4ᵉ régiment.
54   —   11ᵉ   —   du 15ᵉ régiment.

On veut savoir l'effectif de mes chevaux. J'adresse le tableau suivant :

Voitures qu'on peut atteler.   *Chevaux.*

Nᵒˢ DES BATTERIES	Pièces attelées à 6 chevaux	à 4 chevaux	Caissons attelés à 6 chevaux	à 4 chevaux	Chariots de batterie à 6 chevaux	à 4 chevaux	Forges à 6 chevaux	à 4 chevaux	Voitures à bagages à 4 chevaux	à 2 chevaux	Chevaux haut le pied	Effectif des chevaux de troupe présents de selle	de trait	Chevaux d'offic. présents	TOTAL des chevaux de troupe
8ᵉ du 13ᵉ.......	6	»	7	»	1	»	1	»	»	1	3	23	95	4	121
9ᵉ id.	6	»	7	»	1	»	1	»	1	1	»	18	96	11	114
10ᵉ id.	6	»	4	»	1	»	1	»	»	1	2	22	110	3	134
9ᵉ du 4ᵉ.......	»	6	»	8	»	1	»	1	»	1	»	21	66	12	87
11ᵉ du 15ᵉ......	»	6	»	5	»	1	»	1	»	1	3	22	57	12	82
Totaux......	18	12	18	13	3	2	3	2	1	5	8	106	424	42	538

Les intendants ont l'ordre d'épuiser les approvisionnements du 6ᵉ corps et de ne conserver que quatre jours de vivres de campagne. Nous allons envoyer demain aux vivres-viandes tout le troupeau des chevaux affaiblis. Ce sont des préparatifs de départ. Dieu soit loué ! Les grands chefs ont peut-être bien fait de temporiser, d'attendre ; mais, depuis longtemps, le moment est venu de nous précipiter tête baissée sur l'ennemi. (V. Pièce justificative nᵒ 204.)

1ᵉʳ Octobre. — Le retour du rapport nous apporte l'ordre d'introduire dans la ration des chevaux, des betteraves, des tourteaux de colza. Nous allons fournir des animaux d'une manière régulière. Le 6ᵉ corps en dévore 55 chaque jour. (V. Pièce justificative nᵒ 192.)

J'ai envoyé ce matin, avant l'aube, une section de la batterie de mitrailleuses Lauret aux avant-postes de la Maison-Rouge. Elle s'est mise en batterie à bras, sans éveiller l'attention de l'ennemi ; puis, à 9 heures, au moment où les officiers prussiens ont l'habitude de se réunir, sur la droite de Ladonchamp, pour recevoir le rapport et examiner l'horizon, le général de Berckheim, qui avait tout prévu, a fait tirer une salve qui a renversé les officiers. (V. Pièce justificative n° 203.)

9 heures du soir. — Je viens d'être appelé par le général et nous avons beaucoup causé. On semble enfin vouloir partir. Il faut s'y préparer. On va reprendre, cette nuit, Ladonchamp et s'y établir solidement. J'ai donné tous les ordres de détail.

Il paraît que les habitants sont plus animés que par le passé ; ils ont fait circuler une pétition dans laquelle ils demandent le départ immédiat de l'armée. Ce document a été remis, le 25, au maréchal Bazaine par le maire de Metz. Voici les principaux passages de la pétition :

« Nous croyons que l'armée rassemblée sous nos murs est capable de grandes choses, mais nous croyons aussi qu'il est temps qu'elle les fasse.

« Faute de nourriture, ses chevaux, réduits à l'impuissance, paralyseront peu à peu ses mouvements et disparaîtront bientôt. Le froid, la pluie peuvent aussi revenir entraver toute opération et amener un cortége de maladies plus redoutables peut-être que les blessures... Nous croyons donc qu'il est temps d'agir. Laisserons-nous venir le jour où, pour avoir fermé les yeux, il faudra reconnaître que les retards nous ont été funestes ?

« *Est-ce la question politique qui se mêle à la question militaire, et qui commande ces lenteurs ? Dira-t-on que c'est à Paris que notre sort doit se décider ?*

« Vous ne le pensez pas, M. le Maire, et avec toute l'énergie que vous donne une autorité que vous tenez de tous, vous direz, comme nous, que c'est à Metz, avec les ressources existant à Metz et sous Metz, que se régleront les destinées de notre ville. Pour celles de la France, *il ne nous appartient pas, il n'appartient à personne, ni à un parti, ni à un homme, de les régler dans le secret.* C'est au grand jour et pacifiquement que le scrutin auquel nous avons été conviés pourra seul en décider. D'ici là, quelle plus noble ambition que celle de sauver notre pays, de prêter la main aux luttes grandioses que soutient notre capitale, et d'imiter l'héroïsme de Strasbourg !

« Il nous a semblé que nous avions le devoir d'élever notre voix, parce qu'elle vous apporte dans sa sincérité le reflet des passions qui agitent notre population, celle de notre responsabilité et d'un patriotisme résolu à tous les sacrifices. »

Le maréchal Bazaine et le général Coffinières ne s'entendent pas très-bien. Ce dernier a offert sa démission et appuyé la pétition de la garde nationale.

2 Octobre. — A minuit, on a enlevé le château de Ladonchamp. On a ensuite, à la pointe du jour, repris les bois de Woippy, Ste-Agathe, et avancé largement.

Les batteries Lauret et Bernadac appuyaient le mouvement, pendant que celle de M. Blavier surveillait la droite. Une seule batterie prussienne est venue, vers les 9 heures, attaquer nos troupes ; prise d'écharpe à 3,200 mètres, elle a laissé deux pièces sur le terrain et s'est vivement repliée. Un retour offensif a été signalé dans la journée ; mais les batteries Lequeux et Bernadac ont aidé à le repousser.

La 12ᵉ batterie du 8ᵉ régiment, capitaine Blondel, a préparé et armé une batterie en avant du château de Ladonchamp.

Du côté du 4ᵉ corps, la division Lorencez, en marche avant l'aurore, a enlevé le chalet Billaudel et la sapinière de Lessy. Le 33ᵉ de ligne a fortifié les positions qui seront conservées.

On a trouvé, hier, dans le sac d'un blessé, un livret qui porte la date du départ, *2 mai 1870*. Les officiers ont tous vu ce document important. Il y avait sur le carnet des détails nombreux..... Il appelait le terrain en avant de St-Privat *le champ de deuil de la Garde prussienne...* On a aussi saisi des journaux étrangers. Ils racontent qu'au début de la campagne, trois grandes armées prussiennes sont entrées simultanément en France.

La première (4 corps, 120,000 hommes), sous les ordres de Steinmetz, réunie dans la vallée de la Moselle, s'est avancée directement sur Metz, ayant pour débouché le chemin de fer de Trèves à Sarrebruck.

La deuxième (5 corps, 175,000 hommes), sous le commandement du prince Frédéric-Charles, a été formée dans le Palatinat, sa droite appuyée à la Nahe.

Enfin le Prince Royal de Prusse a réuni la troisième armée (5 corps, 175,000 hommes) dans la vallée du Rhin, ayant sa droite appuyée sur la deuxième armée et sa gauche au fleuve. Les deux dernières recevant tous leurs approvisionnements de Bingen et Mayence.

Les trois armées ont pénétré en France pivotant sur leur droite, et au moment où la première attaquait, le 14 août, à Borny, les éclaireurs de la deuxième passaient à Pont-à-Mousson et sur la rive gauche de la Moselle, marchant sur Verdun ; et ceux de la troisième arrivaient à Toul.

Il paraît que, dans le premier plan de campagne prussien, Steinmetz devait couper l'armée du maréchal Bazaine de ses communications avec Metz, et le Prince Royal, de celles sur Châlons-Paris, et que tous ensemble devaient nous pousser sur la frontière et nous anéantir.

Steinmetz, qui n'a pas suivi les indications de l'état-major prussien, a été immédiatement disgracié et envoyé à un commandement secondaire en Silésie.

Les mêmes journaux tombés entre nos mains donnent à

penser que nous n'avons devant nous que 160,000 hommes
environ, sous les ordres des généraux prince Frédéric-Charles,
de Manteuffel et du prince de Hesse.

3 Octobre. — Les Prussiens ont essayé de reprendre
Ladonchamp; leur attaque a été faible; je n'ai envoyé au feu
qu'une seule batterie, qui a tiré quelques coups à 3,600
mètres.

Décidément, on songe à partir. Ma réserve est réorganisée,
mes munitions renouvelées; je suis prêt. (V. Pièces justificatives nos 207, 209, 210, 211.)

L'armée est étrangère aux négociations ébauchées; elle
ignore les intrigues mystérieuses de l'ennemi, les messages
apportés, la mission du général Bourbaki. L'opinion publique
s'est prononcée; elle condamne hautement les pourparlers
politiques, qui ne peuvent que retarder les attaques, attiédir
les courages, et désorganiser les forces vives de l'armée.

4 Octobre. — Les Prussiens semblent s'éloigner de nos
positions; ils ne songent qu'à éviter le combat.

La discipline de l'armée du Rhin se conserve bonne, mais
nous voulons partir. La pression de l'opinion est de plus en
plus irrésistible. Le souvenir de la capitulation de Sedan nous
exaspère. On vient de m'annoncer que le conseil des maréchaux est réuni pour une grosse question; c'est sans doute
pour décider la levée du camp retranché et le départ.

9 heures du soir. — J'ai l'ordre; nous allons partir!

5 Octobre. — On a retardé. On veut augmenter nos
préparatifs. Le général de Berckheim a réuni tous les commandants d'artillerie du 6e corps; il a donné ses ordres. J'ai
reçu des chevaux du parc pour renforcer les attelages de la
réserve.

Voici ma situation de départ :

Situation numérique des chevaux, et État des voitures prêtes à partir le 5 octobre 1870.

BATTERIES	Chevaux d'of-fic.	Chevaux de trait	Che-vaux bons de trait	Pièces à		Caissons à		Chariots de batter.		Forges à		Voitures à bagages		Che-vaux haut le pied	Che-vaux de selle dispo-nibles	Effectif des chevaux de troupe	Effectif total d'offic. compris
				6	4	6	4	6	4	6	4	4	2				
8ᵉ du 13ᵉ....	4	88	88	4	»	8	»	1	»	1	»	»	1	4	22	114	118
9ᵉ id......	11	94	94	4	»	8	»	1	»	1	»	1	1	4	19	117	128
10ᵉ id....	4	90	90	4	»	8	»	1	»	1	»	1	1	4	22	116	120
9ᵉ du 4ᵉ....	12	62	62	»	6	»	6	»	1	»	1	»	1	»	21	83	95
11ᵉ du 15ᵉ. ..	12	64	64	»	6	»	6	»	1	»	1	»	1	»	20	84	96
														104	514	557	

J'ai cinq batteries ; 12 pièces de 12, 12 mitrailleuses, 104 chevaux de selle, 43 chevaux d'officiers ; c'est-à-dire plus de 70 attelages pour remplacer les chevaux qui seront tués ou qui tomberont. J'emmène 547 chevaux pour 60 voitures ; c'est plus de trois chevaux haut le pied en prévision et par voiture. Au moment du départ, je prendrai le commandement de la réserve, du parc et des deux batteries de la division de cavalerie Du Barail, commandant Loyer. Nous formerons un petit corps isolé qui aura la mission de combattre et d'emporter le plus de munitions possible. Lorsqu'un caisson sera vide, on le brisera. Chaque capitaine distribuera des clous d'enclouage.

Tout le monde est consigné dans les camps. Nous allons fermer les ambulances et envoyer les malingres à l'hôpital. Les hommes vont se compléter à quatre jours de vivres de campagne et deux jours de biscuit. Malgré la pénurie extrême des magasins, je viens d'obtenir de l'intendance dix sacs de graines, qui contiennent de tout, sauf de l'avoine. Je les donnerai

aux chevaux à la fin de la première étape. (V. Pièces justificatives nᵒˢ 212, 213, 214, 215, 216, 217.)

6 Octobre, 7 heures du matin. — Voici l'ordre de départ que nous adresse le général de Berckheim :

« Le moment de nous mettre en campagne approche ; l'ins-
« tant est solennel. Ce n'est plus l'amour de la gloire, l'es-
« poir des récompenses qui nous font marcher ; cette fois, le
« mobile est plus grave, car c'est le salut du pays qui dépend
« de notre courage.

« Si nous sommes vainqueurs, Paris est sauvé, la France
« délivrée et peu d'Allemands passeront le Rhin.

« Le 18 août, nous avons eu à combattre contre trois cent
« mille hommes, et la journée a été indécise sur bien des
« points. Aujourd'hui, il ne reste autour de Metz que 130 à
« 150,000 hommes, en grande partie de landwehr, mécon-
« tents de n'avoir pas été désignés pour marcher sur Paris,
« éparpillés sur un grand espace et pouvant difficilement se
« réunir.

« Que Dieu nous regarde d'un œil favorable un seul jour,
« et la face des choses est changée.

« Unissons donc tous nos efforts pour délivrer notre pa-
« trie. Que chacun apporte gaiement sa part de sacrifice et de
« dévouement à ce but commun. »

Qu'il soit le bienvenu ce signal de départ. Depuis deux
mois, la France nous réclame. Le maréchal Bazaine a enfin
entendu ce cri de détresse : Partons! arrière les cœurs tièdes !
Si le passage est difficile, nous le forcerons ; s'il est impossible, nous le tenterons ; et s'il faut y rester, nous aurons semé
des vengeurs.

9 heures. — L'ordre arrive de tenir la 1ʳᵉ batterie de 12
prête à marcher.

11 heures. — Il faut dételer et attendre.

2 heures. — Nouvel ordre de se préparer à marcher, puis
nouvel arrêt.

8 heures du soir. — Rien ! rien ! rien !

Tout a été calme autour de nous. Je n'ai entendu aujourd'hui que quelques coups de canon. On a signalé beaucoup de mouvements dans les camps prussiens. Des troupes s'éloignent vers Novéant, d'autres arrivent par le Nord.

Depuis plusieurs jours, un service de reconnaissances confié aux officiers d'artillerie rend compte heure par heure des travaux de l'ennemi.

Le général Coffinières a déclaré, le 29 septembre, aux quinze maires des communes suburbaines, qu'il n'y avait de vivres que pour quelques jours... Et nous ne partons pas !

Que croire ? Que penser ? Nous sommes perdus !

C'en est assez, je ne veux pas dans dix jours partir pour Spandau. La France doit être debout, elle doit être unie ; allons vers elle. Je connais les sentiers de Lorry, où chaque nuit nos paysans risquent leur vie pour rapporter quelques kilos de sel. Je ferai comme eux ; aidé par deux vigoureux officiers, nous pourrons, au besoin, culbuter quelques vedettes et passer...... Je vais tout préparer.

7 Octobre. — Le général Deligny, avec sa division des voltigeurs de la Garde, a attaqué, à midi, en avant de notre secteur. La batterie Blavier a marché avec lui. Ils ont contourné les Maxes, enlevé les Tappes et fait beaucoup de prisonniers. Nos bouches à feu ont tiré à 1,900, à 2,200 et à 3,200 mètres contre les batteries ennemies placées sur toutes les hauteurs entre Olgy et Malroy.

Sur la gauche, la batterie Lequeux s'est mise à la disposition du général Gibbon, commandant la 1re brigade de la 4e division du 6e corps. Ils ont pris Bellevue et St-Remy et se sont repliés sur Ladonchamp. Les Prussiens ont déployé beaucoup d'artillerie, et nous avons eu de nombreux blessés, parmi lesquels le général Gibbon, blessé gravement à l'épaule.

Tout le monde est rentré au camp à 7 heures du soir.

Pourquoi aller en plein midi, au milieu d'une plaine où l'on est dominé de partout par les batteries ennemies? Le but de cette nouvelle attaque m'échappe. Nous venons d'y perdre plus de 1,100 hommes.

Mes batteries ont été engagées pendant sept heures dans les terres labourées ; elles n'ont abandonné ni un cheval, ni une voiture, et ce soir les chevaux ne sont point trop fatigués.

Le général de Berckheim avait bien raison de répondre de sa réserve et de tous.

On ne manquera pas, plus tard, d'attribuer notre ruine devant Metz aux événements et aux malheurs de la guerre. Il ne sera que juste d'affirmer que, pour des raisons mystérieuses et cachées, nous venons de perdre la dernière occasion d'utiliser nos chevaux et notre matériel.

Pauvres soldats! agents intelligents, il était bien facile de doubler leur moral, de développer leur volonté et de les lancer sur l'ennemi.

L'avenir fixera la responsabilité de chacun (1).

8 Octobre, 9 heures du matin. — Les pluies sont arrivées, l'eau tombe à torrent. Je viens de rouvrir notre petite infirmerie. Les hommes restent mouillés et glacés. Le bois manque ; nous déterrons des souches, des peupliers, mais ces ressources sont bien faibles. Depuis longtemps, nous ne trouvons plus de légumes ; les artilleurs arrachent, le long des chemins, sur le bord des fossés et dans les champs, des chardons, des orties, de l'oseille sauvage, du colza, etc. On met le meilleur dans la soupe et l'on donne le reste aux chevaux.

Le vin le plus médiocre coûte 2 fr. 50 le litre, le lard est introuvable.

---

(1) Voir à la fin des pièces justificatives, les tableaux des pertes faites par les armées françaises les 14, 16, 18 et 31 août, 1er, 22, 27 septembre et 7 octobre.

Les officiers ont encore quelques kilogrammes de lentilles.

Notre ration de pain va être réduite à 300 grammes et la ration de viande portée à $0^k,750$. La troupe recevra l'indemnité journalière de $0^f,25$ et de l'eau-de-vie tous les deux jours. Les officiers toucheront la solde de la deuxième quinzaine d'octobre.

On doit abattre les animaux trop affaiblis pour boucaner la viande et essayer de la conserver.

Les soldats m'étonnent ; ils subissent nos épreuves avec un courage et une persévérance à toute épreuve. Une vaillante tête de colonne les conduirait au bout du monde.

7 heures du soir. — Les généraux de division ont tenu conseil aujourd'hui chez le maréchal Canrobert : que s'est-il passé ?

Le service des reconnaissances confié aux officiers d'artillerie a cessé le 6. Il ne sera pas repris. (V. Pièce justificative n° 219.)

9 Octobre. — Depuis le 8 octobre, les Prussiens envoient des obus de 12 sur la batterie de Ladonchamp. Leur feu inoffensif ne cesse ni jour, ni nuit ; toutes les trois ou quatre minutes, un projectile éclate dans le bois ou près du château.

On a signalé ce matin une attaque, nous avons pris les armes et reçu toute la journée une pluie glacée, coupée par des averses de grêle et des torrents d'eau. Nous venons de rentrer ; nos tentes sont dans l'eau. Il faut une volonté de fer pour soutenir tout le monde.

8 heures du soir. — Le maréchal a défendu, par la voie du rapport, de distribuer du blé aux chevaux. Quelques cas de farcin m'ont été signalés ; j'ai fait abattre immédiatement les chevaux malades et appelé l'attention sur ce nouvel ennemi. (V. Pièces justificatives n°³ 228, 226.)

Par suite d'une fausse manœuvre des agents de l'intendance, nos hommes n'ont trouvé, à leur retour au camp, qu'une ration de 100 grammes de pain et pas de viande. J'ai fait abattre deux chevaux et rendu compte. Ces fautes sont déplorables, elles surexcitent les troupes, qu'il faudrait avant tout soigner et aider.

Notre situation s'aggrave, je dois laisser trace des bons et loyaux services de tous. J'ai donné l'ordre aux capitaines commandants de m'adresser des états de propositions fortement motivées. J'examinerai les dossiers ; j'adresserai mes notes aux colonels des régiments et les doubles au général de Berckheim pour les archives de l'armée.

Il paraît qu'hier, le maréchal Canrobert a prévenu les généraux de division que nous n'avions plus de vivres que pour quelques jours, et qu'il fallait prendre un parti. Ils ont tous répondu qu'il fallait obtenir de suite une solution honorable ou abandonner Metz.

Le général Brisson, notre voisin, a demandé à commander l'avant-garde.

10 Octobre, 7 heures du matin. — L'intendance vient de prévenir qu'elle cesse les distributions pour les chevaux ; les magasins sont vides. (V. Pièce justificative n° 234.)

Cet arrêt subit est impossible. On nous aurait avertis. Je viens d'envoyer le commandant Brunel prendre des ordres.

8 heures. — Le général de Berckheim n'a pas été informé de cette décision, il va se présenter chez le maréchal et nous répondre.

9 heures. — Hélas ! la pénurie de nos ressources est réelle. Il n'y a plus rien à donner aux animaux. Il faut aviser ; les conduire tous aux pâturages et envoyer les hommes disponibles ramasser des herbes et des feuilles.

La pluie, qui continue froide et glaciale, décime les chevaux de la cavalerie ; ils meurent par centaines ; j'en vois passer plus de cinquante sur la route de·Briey, traînés avec des cordes ou des palonniers. Nos animaux résistent mieux.

J'adresse au commandement le rapport du docteur Bruneau. Voici la situation sanitaire du 1er au 10 octobre ; elle laisse un peu à désirer :

MALADIES	SOIGNÉS		
	sous la tente	à l'infirmerie	à l'hôpital
Diarrhées, dyssenteries..............	13	10	3
Embarras gastriques	4	2	»
Courbatures, fièvres légères..........	6	»	»
Bronchites........................	2	»	»
Amygdalites.......................	1	»	»
Fièvres muqueuses..................	»	»	6
Rhumatismes articulaires............	6	1	4
Blessures légères	16	1	»
Abcès à l'anus....	»	»	1
Vénériens........................	»	»	4
Totaux..............	48	14	18

8 heures du soir. — Nous pouvons encore partir, le général de Berckheim a reçu l'ordre d'armer immédiatement tous les hommes démontés avec des fusils modèle 1866 ; l'opération a été effectuée dans la journée. (V. Pièce justificative n° 230.)

Le général a pu acheter, il y a quinze jours, quelques sacs d'avoine ; il vient d'en envoyer la moitié aux officiers de la réserve pour soutenir leurs chevaux, dont ils vont avoir besoin ; mais il nous est interdit, jusqu'à nouvel ordre, de vendre nos montures.

Le feu de l'ennemi n'a pas cessé sur la batterie de Ladonchamp ; il est presque inoffensif. Depuis le 8, un seul projectile a éclaté dans l'ouvrage ; il a tué l'adjudant Carroy, de la 12e batterie du 8e d'artillerie, deux hommes et blessé cinq artilleurs.

11 Octobre. — Le tir a continué sur la batterie de Ladonchamp, on y répond coup pour coup.

Nos hommes apprennent le maniement du fusil 1866. Des instructeurs de la 1re division d'infanterie leur donnent deux séances par jour. Ils sauront bientôt le maniement de l'arme et les feux.

Nos chevaux passent toutes les journées aux pâturages. Les hommes disponibles continuent à enlever partout les petites mottes de gazon, ils laissent la terre et mettent dans un sac les petites touffes d'herbe qui soutiennent nos chevaux. Les animaux trop affaiblis ne reviennent pas au camp et sont conduits directement aux fosses.

Avec le mauvais temps, les maladies augmentent. Les hôpitaux de Metz n'ont plus de médicaments; on prend dans nos infirmeries et dans les ambulances les médicaments conservés.

A partir du 12 octobre, le pain sera fait avec du seigle et de la farine blutée au taux le plus bas. Le maréchal a décidé que les hommes recevraient la ration journalière de vin, en nature; que les officiers subalternes toucheraient 1 fr. par jour d'indemnité. (V. Pièce justificative n° 232.)

Malgré toutes les précautions, le service des subsistances laisse beaucoup à désirer. Depuis trente-six heures, la 8e batterie du 13e n'a rien pu obtenir. J'ai réclamé et fait prendre patience en distribuant la viande d'un cheval agonisant de froid et de misère.

8 heures du soir. — Des bruits de victoire ont traversé Metz; ce sont encore des illusions. Les gardes nationaux ont pris les armes et se sont réunis sur la place Fabert; ils ont enlevé l'aigle du drapeau de l'Hôtel-de-Ville et proclamé la République. L'élément militaire est resté étranger à la manifestation; la foule s'est portée au Ban-St-Martin, chez le maréchal Bazaine, pour lui demander des nouvelles et acclamer la République.

12 Octobre, 8 heures du matin. — Le maréchal Bazaine

vient de faire insérer dans les journaux du 12 octobre un communiqué où il déclare qu'il n'a reçu aucune nouvelle de Paris et qu'il ne cache rien. Il adjure les habitants de Metz *d'avoir confiance dans sa loyauté,* et il termine par le cri de : Vive la France !

2 heures. — Le général vient de réunir tous les commandants d'artillerie du 6e corps ; il faut de nouveau tout organiser pour un départ immédiat ; réduire nos batteries, rendre à l'arsenal les voitures devenues inutiles, s'aligner à trois jours de vivres ; et, par tous les moyens possibles, soutenir le moral des hommes et de tous.

Par ordre du maréchal, la réserve livrera, le 13 octobre au matin, 100 chevaux au service des vivres-viandes de l'armée. Au moment du départ, le général se joindra à la réserve et aux hommes armés du fusil modèle 1866 ; nous conserverons nos deux batteries de mitrailleuses et quelques voitures de munitions.

Les maréchaux sont encore en conseil ; il faut attendre leur décision suprême.

8 heures du soir. — Les bruits de négociations recommencent. On dit que le maréchal est d'accord avec le prince Frédéric-Charles, que le général Boyer est parti pour Versailles, que l'armée sortira avec armes et bagages ; ce qu'il y a de certain, c'est que je viens de recevoir, à 8 heures, l'ordre de ne plus faire tirer, sous aucun prétexte, sur l'ennemi, à partir de l'aube du 13 octobre 1870. Le général se réserve seul le droit de commander la reprise du feu.

Tous les officiers doivent se conformer à cette invitation avec la plus extrême rigueur.

13 Octobre, 7 heures du matin. — J'avais hier 492 chevaux ; je viens d'en envoyer 104 aux vivres-viandes, il ne m'en reste plus que 385 ; voici mes situations :

Situation au 12 octobre.   *Situation au 13 octobre.*

	d'offic.	de selle	de trait	TOTAL	d'offic.	de selle	de trait	TOTAL	OBSERVATIONS
8ᵉ batterie du 13ᵉ.	4	22	74	100	4	18	57	79	Différence 107.
9ᵉ id. id...	11	17	88	116	11	15	53	79	sur lesquels 6
10ᵉ id. id...	4	23	75	102	4	21	54	79	sont morts dans
9ᵉ id. du 4ᵉ.	12	19	58	89	12	18	52	82	la nuit.
11ᵉ id. du 15ᵉ.	12	19	54	85	12	15	39	66	
				492				385	

Les canons sont muets. Le général Boyer est parti hier. Le mystère est plus grand que jamais.

On procède à l'estimation des chevaux qui appartiennent aux officiers.

Le conseil municipal de Metz va se réunir et s'adresser au général Coffinières. La population est soulevée.

14 Octobre. — Hier soir, vers les 8 heures, la garde nationale de Metz s'est réunie à la population et elle s'est rendue sur la place de l'Hôtel-de-Ville. Ils ont demandé des explications au conseil municipal et au gouverneur de la forteresse.

Le général Coffinières est arrivé. Il a cherché à calmer la foule. Il a donné sa parole d'honneur, il a juré sur sa croix et sur son épée qu'il ne capitulerait jamais et qu'il défendrait Metz jusqu'à la dernière goutte de son sang. Il a même ajouté qu'il ferait fusiller sur l'heure celui qui parlerait de reddition ou de capitulation ; qu'il aimerait mieux se faire tuer que de signer une pareille humiliation.

Ces affirmations ont été entendues, et la foule s'est retirée après avoir insisté pour aller au feu et servir sur les remparts.

Dans tous les sièges et les blocus, il y a toujours un moment terrible où les éléments civils et militaires sont en lutte.

La crise est arrivée. Que le calice soit doux ou amer, il faut le boire jusqu'à la lie.

2 heures. — Je viens d'apprendre confidentiellement que la mission du général Boyer est exacte. Le prince Frédéric-Charles avait, le 11 octobre, refusé son départ, mais le roi a donné l'ordre de l'expédier à Versailles, et il s'est mis en route, le 12, avec un officier de l'état-major prussien ; il emporte les bases suivantes, avec mission de les accepter : « L'armée « serait autorisée à se rendre avec armes et bagages en Afri- « que et à y rester jusqu'à la fin de la campagne.

« La ville de Metz, dont les intérêts sont séparés de ceux « de l'armée, serait laissée à ses ressources et à ses propres « moyens. »

9 heures. — De 6 heures à 9 heures, une canonnade très-forte et lointaine s'est fait entendre dans la direction de St-Privat. Qui peut venir ainsi combattre dans la sphère d'action de la forteresse ? Sommes-nous secourus ? Nous avons vainement demandé des ordres et le bruit vient de cesser. Que de mystères !

15 Octobre, 11 heures. — La canonnade a repris ce matin à 7 heures, elle était forte et pressée ; c'est une lutte sérieuse qui a recommencé à quelques lieues de nous ; sommes-nous déjà liés par les clauses d'une convention ? Nous n'avons pas pris les armes, et le bruit du canon vient de s'é-teindre peu à peu à 10 heures (1).

8 heures du soir. — Je suis allé, à midi, au quartier-général du 6e corps. On a reçu l'avis officiel que le général Boyer est arrivé hier soir à Versailles.

_____

(1) Nous avons vainement cherché, après le siége, l'explication de cette canonnade très-vive. Les Prussiens n'ont jamais voulu l'expliquer, ni nous répondre. Le Maire de Woippy a assuré que deux corps ennemis, croyant à une sortie des Français, s'étaient canonnés avec rage le 14 au soir et le 15 au matin. C'est un mystère à éclaircir.

J'ai demandé, pour les commandants V. et B. et pour moi,
l'autorisation de quitter Metz lorsque le moment sera arrivé,
et aussi de nous présenter au ministre de la guerre. On exige
encore notre présence à la tête des troupes ; il faut plus que
jamais les soutenir et les diriger.

On persiste à croire que nous allons partir ; plus tard, si
une capitulation arrive, nous serons toujours libres d'aller
rejoindre une autre armée française.

La foule s'est encore réunie à Metz, elle a envahi l'Hôtel-
de-Ville et la demeure du général Coffinières. Le général a
reçu les délégués, il a renouvelé sa promesse de défendre
Metz à outrance et de remplir ses devoirs en homme d'honneur et de cœur.

16 Octobre, midi. — Le général de Berckheim a passé
en revue la réserve du 6e corps. Il a tout vu et fait commander les feux avec le fusil modèle 1866. Puis il a réuni tout le
monde, fait appel aux sentiments les plus nobles et prévenu
que le moment était venu d'offrir à la patrie notre dévouement
absolu et notre vie.

Il nous a si vivement émus, que je n'ai pas pu m'empêcher
de le remercier immédiatement, au nom des officiers et de tous.

Il m'a demandé ma situation de départ, la voici :

État de l'effectif des batteries lors de l'entrée en campagne, et des pièces
et voitures qu'on peut atteler aujourd'hui.

BATTERIES	EFFECTIF à l'entrée en campagne		Pièces et voitures que je puis atteler aujourd'hui										CHEVAUX			
			Pièces		Caissons		Chariots de batter.		Voitures à bagages		Forges					
	hommes	chevaux	à 4	à 6	à 4	à 6	à 4	à 6	à 2	à 4	à 4	à 6	offi.	selle	trait	Total
8e batterie du 13e	194	160	»	4	»	2	»	1	1	»	»	»	4	18	52	74
9e id. id.	194	163	»	4	»	2	»	1	1	»	»	1	10	15	50	75
10e id. id.	194	160	»	4	»	2	»	1	1	»	»	1	4	16	52	72
9e id. du 4e	147	114	6	»	x	»	1	»	1	»	1	»	12	19	48	79
11e id. du 15e	149	112	6	»	»	»	1	»	1	»	1	»	12	11	41	64
	878	709														364

17 Octobre. — Les hostilités sont complétement sus-
pendues depuis le 13. On affirme que le général Boyer, qui
doit revenir ce soir, a dû demander la neutralisation de l'armée du Rhin et son envoi en Afrique.

La situation est aussi tendue que possible. On m'a encore
enlevé ce matin des chevaux pour le service des vivres-viandes,
et je viens de réorganiser mes batteries ; voici ce que je puis
emmener :

BATTERIES	PIÈCES		CAISSONS		CHARIOTS		FORGES		CHARRETTES	
	à 6	à 4	à 6	à 4	à 6	à 4	à 6	à 4	à 4	à 2
8ᵉ batterie du 13ᵉ	3	»	3	»	1	»	»	»	»	1
9ᵉ id. id.	2	»	2	»	1	»	»	»	1	1
10ᵉ id. id.	3	»	2	»	1	»	1	»	»	1
9ᵉ id. du 4ᵉ	»	6	»	»	»	1	»	1	»	1
11ᵉ id. du 15ᵉ	»	6	»	»	»	1	»	1	»	1

Nos petites provisions des batteries sont à peu près intactes ;
voici les réserves de vivres que nous pouvons emporter :

BATTERIES	Sucre, café et riz	BISCUITS ET PAIN		VIANDE ET LARD		AVOINE
		le jour	réserve	le jour	réserve	
	jours	jours	jours	jours	jours	jours
8ᵉ batterie du 13ᵉ	»	1	2	1	2	»
9ᵉ id. id.	2	1	2	1	1	»
10ᵉ id. id.	3	1	2	1	1/2	2
9ᵉ id. du 4ᵉ	»	1	2	1	2	»
11ᵉ id. du 15ᵉ	4	1	»	1	2	2

18 Octobre, 7 heures. — Le général Boyer est arrivé
cette nuit, et le maréchal Canrobert vient de faire appeler le
général Bisson, qui a conseillé de partir et demandé le commandement de l'avant-garde.

L'inquiétude des officiers et l'anxiété des troupes sont extrêmes ; une étincelle enlèverait tout le monde, la discipline seule les domine.

10 heures. — Un coup de canon a été tiré à 8 heures et demie ! le premier depuis le 13 ; il a été suivi d'une canonnade très-forte....; puis, le silence est devenu complet.... Quelles alternatives !

Midi. — Le général de Berckheim réunit tous les commandants de batteries du 6e corps. Il donne l'ordre de n'introduire dans les batteries de marche que les éléments les meilleurs, et d'armer dans la journée le reste de nos effectifs avec des fusils modèle 1866. Les deux batteries de mitrailleuses seront suivies de deux caissons de munitions.

Il ajoute que la mission du général Boyer a échoué, que les maréchaux sont en conseil, et qu'il faut redoubler de courage, de persévérance et d'énergie.

2 heures. — Le maréchal Canrobert a convoqué tous les chefs de corps pour 2 heures. Je me suis placé au 3e rang, puis, avec l'aide du commandant Jaubert, j'ai sténographié, pour ainsi dire, le discours du maréchal qui était impressionné, ému, et qui a parlé lentement. Voici ce qu'il nous a dit :

« Vous connaissez tous la situation de l'armée française,
« ce qu'elle a fait. Après les échecs de Sedan, des armées
« françaises secondaires ont essayé de se constituer, et elles
« ont toutes été repoussées. A Paris, les troupes ont voulu
« sortir, et elles n'ont pu arriver qu'à des engagements sans
« résultats décisifs. Les troupes prussiennes forment un étroit
« blocus, très-rigoureux, autour de la capitale ; il sera con-
« tinué jusqu'à la reddition de notre Paris, que le roi de
« Prusse a déclaré ne pas vouloir bombarder, parce qu'il
« contient des objets d'art et des richesses uniques pour
« l'humanité.

« Les Prussiens ont plus d'un million d'hommes répandus

« partout en France. Une armée d'observation concentrée à
« Châlons-sur-Marne a marché contre l'armée de Lyon,
« commandée par le général d'Aurelle de Paladines. Les
« Français, après deux jours de combat, à Arthenay, près
« Orléans, ont été forcés de se replier et de repasser la Loire,
« et l'armée prussienne victorieuse est allée à Orléans, à
« Tours; elle est peut-être aujourd'hui à Bourges, centre de
« nos établissements importants.

« Le gouvernement de la Défense nationale a dû se diriger
« sur Pau, où il doit être maintenant.

« Le général Boyer, chef d'état-major du maréchal Ba-
« zaine, a été envoyé auprès du Roi, pour lui dire : Tout
« paraît effondré en France, quels sont vos projets? Que
« voulez-vous faire? Voulez-vous une convention utile au
« pays, à cette belle France qui n'a plus personne pour la
« diriger?

« Le Roi a répondu : Je désire vivement traiter et me
« retirer; mais je ne vois aucun pouvoir régulier avec qui je
« puisse le faire. Je prendrai, au besoin, mes quartiers
« d'hiver en France, si personne ne peut me donner les ga-
« ranties loyales d'un traité.

« Le maréchal Bazaine n'avait pas l'autorité de traiter pour
« le pays tout entier, et son aide-de-camp, pas davantage.
« Le maréchal vient donc de renvoyer, hier, son aide-de-
« camp, avec la nouvelle mission de se mettre en rapport avec
« le seul gouvernement que le roi de Prusse veut reconnaître
« et qui existait alors : la Régence. Il va lui dire de traiter
« immédiatement pour la France, ou de nous rendre tous
« libres de nos actions.

« Si ce gouvernement traite, nous irons en France, nous
« sortirons d'ici pour l'ordre de toutes choses. Il faut donc
« attendre; mais pour attendre, il faut expliquer aux troupes
« la situation réelle. Nous avons épuisé toutes nos ressources :
« nous n'avons plus de pain. Il nous reste de la viande, du

« vin, de l'eau-de-vie. Il faut que tout le monde comprenne
« que ce n'est que par une attente de quelques jours que nous
« rendrons possible la reconstitution d'un peu d'ordre dans
« le pays.

« Il faut que tout le monde sache que la France est par-
« tagée en beaucoup de zônes, et divisée partout. Le gouver-
« nement de la Défense nationale était si divisé, que Gambetta
« est parti en ballon pour le rejoindre ; tombé dans l'Artois,
« il s'est dirigé avec ses collègues vers le Midi, et le roi de
« Prusse, qui ne peut bâtir sur le sable, ne saurait les écouter.

« L'ordre matériel est partout troublé ; les uns, comme la
« Normandie, Rouen, le Havre, Versailles, ont appelé à leur
« secours les Prussiens qui y tiennent garnison par moitié
« avec la garde nationale.

« Les autres, comme la Bretagne, sont soulevés contre des
« envahisseurs protestants. A Lyon, règne le drapeau rouge,
« et à Marseille, le désordre et l'anarchie.

« Il ne reste rien debout en France, et tous les gouverne-
« ments localisés, sans force et sans moyens d'action, ne pré-
« sentent qu'une impuissance avec laquelle le roi de Prusse
« ne veut pas traiter.

« Il ne reste donc, pour le moment, qu'une corde à tenter,
« celle qui existait avant le 4 septembre, et que le Roi re-
« connaît seule : la Régence avec les deux Chambres assem-
« blées.

« Le pays parlera plus tard et décidera de lui ; aujourd'hui,
« le peuple n'a pas de représentants nouveaux. Le roi de
« Prusse avait voulu aider aux élections nouvelles ; elles ont
« été arrêtées par ceux qui les avaient convoquées ; le gâchis,
« le cahos régnent partout en France, et, dans cet état, le
« général en chef s'est demandé quelle espèce de service nous
« pourrions rendre au pays ; nous réalisons le seul ordre
« organisé en France, la seule force constituée. Si nous
« croulons, tout est fini, et une révolution sociale, débor-

« dant de toutes parts, va tout livrer sans rémission aux
« envahisseurs.

« La France est seule; les puissances étrangères ne disent
« pas un mot, et nos nouveaux hommes d'Etat, aux belles
« paroles et au beau langage, n'ont su que détruire sans rien
« fonder.

« Nous pouvons pleurer sur notre belle France, tout est
« rasé autour de sa capitale, et tous ses amis l'abandonnent.
« Il n'y a pas jusqu'à l'Italie, qui nous doit son existence,
« pour qui nous avons commencé cette route si rude de dou-
« leurs et d'épreuves, et qui ne nous renie audacieusement;
« elle fait plus, elle ose redemander la Savoie, Nice et la
« Corse, et signer son infamie en nous donnant le coup de
« pied de l'âne.

« En résumé, nous sommes en face d'un océan d'hommes et
« d'une invasion de barbares; il n'y a plus que deux routes
« à suivre :

« Ou bien nous abandonnerons le pays et toute chose pour
« essayer de gagner le Luxembourg, et nous ne laisserons en
« France que des ruines ; ou bien nous essayerons de recons-
« tituer quelque chose.

« Le maréchal Bazaine pense qu'il faut se cramponner à
« cette idée, et qu'il faut attendre que le gouvernement de la
« Régence, le seul accepté et reconnu par le roi de Prusse :
« 1° ait pu traiter avec le roi Guillaume, ou 2° se prononcer,
« pour nous rendre à tous notre liberté absolue. »

Personne n'a pris la parole ni protesté. Resté un des derniers, j'ai déclaré aux aides-de-camp du maréchal, à notre
général, que les officiers peuvent bien accepter la restauration
de la Régence, puisque c'est le seul moyen de sauver la
France et l'armée du Rhin; mais qu'il ne faut tromper ni
l'Impératrice ni personne; qu'il n'est pas possible de parler
aux officiers et aux troupes des projets du maréchal, sans

proclamer bien haut que, la paix conclue et la France libre, le peuple français restera absolument maître de ses sentiments, de sa direction et de ses actes.

Rentré au camp, j'ai reproduit, avec l'aide du commandant Jaubert, mot pour mot, le discours du maréchal ; j'en ai ensuite donné lecture à tous les officiers de la réserve. J'ai ajouté que le maréchal avait terminé en nous demandant, à plusieurs reprises, de tenir encore *trois jours*, etc.

Cette ruine totale du pays, hautement affirmée, nous déchire le cœur sans nous briser. S'il n'y a plus de France, s'il n'y a plus de centre de résistance, il faut faire ici des prodiges, lutter, toujours lutter, tout détruire, et, comme le *Vengeur*, sombrer bravement en face de l'ennemi.

Les officiers sont unanimes pour dire toute la vérité aux hommes. J'ai fait former le cercle, lu le discours du maréchal, et j'ai ajouté :

« En attendant des nouvelles qui ne sauraient tarder, le « général de Berckheim, notre chef direct, nous demande à « tous de rester unis dans un seul esprit de discipline, autour « du maréchal Canrobert, commandant notre corps d'armée.

« Courageux, honnête homme, loyal par excellence, le ma- « réchal Canrobert nous offre toute confiance et nous devons « tous savoir attendre avec lui.

« Les privations sont peu de choses pour les hommes de « cœur, et il faut, avant tout, songer au pays.

« Puissions-nous bientôt voir une convention rapide ren- « voyer loin de nos frontières nos ennemis ; et plus tard, la « France recueillie dans ses comices et instruite par ses « malheurs, pansera ses blessures, songera aux revanches de « l'avenir et disposera de sa direction, de son gouvernement « et d'elle-même dans toute la plénitude de sa volonté. Vive « la France !

« Un mot encore. Nous formons ici cinq batteries, c'est-

« à-dire une famille dans laquelle l'union fait la force ; m'au-
« torisez-vous à dire au général et au maréchal que, malgré
« toutes sortes de privations, nous tiendrons ici huit jours
« encore sans broncher ? »

Un seul cri : « Oui, mon colonel ! » est sorti de toutes les
poitrines, et je suis allé en rendre compte et déposer copie de
ce que j'avais lu au quartier-général du 6e corps.

9 heures du soir.—Pauvre patrie ! pauvre pays de France !
qu'allons-nous devenir ?

Le prince Frédéric-Charles a bien joué son rôle, et les premières négociations sont finies. Le roi de Prusse, étonné de
la résistance de Paris, s'est retourné vers la Régence ; il croit
que l'Impératrice, pour sauver sa dynastie, subira toutes les
conditions du vainqueur. Il espère obtenir sa soumission, en
lui faisant savoir la ruine prochaine de l'armée du Rhin.

Le général Boyer n'est donc reparti que pour presser sur
les déterminations de l'Impératrice, en vue de sauver notre
armée. Cette politique n'a qu'un défaut : celui d'oublier le
pays.

Oser conseiller à l'Impératrice de sauver l'armée du Rhin
en abandonnant deux provinces françaises, c'est la tromper !
Si elle signait cet odieux traité, elle déclarerait la guerre civile et elle ajouterait une page horrible à l'histoire de nos
malheurs.

Non, mille fois non ! Son cœur de femme et de mère sait
que la France a toujours répudié toutes les défaillances et
qu'elle n'a jamais acclamé que ceux qui, comme François Ier,
ont pu tout perdre, fors l'honneur.

19 Octobre. — Le maréchal Bazaine, à la hauteur où
il est placé, ne peut pas nous tromper. Il n'y a donc plus que
des faiblesses en France et des Prussiens partout. Que faire ?
Notre devoir est de résister le plus longtemps possible, de dé-

truire tout ce qui peut être détruit, et mourir en décimant
l'ennemi. J'écris la lettre suivante au général :

« Mon général, faut-il organiser de suite ce que vous aviez
« décidé hier à midi, avant la convocation du maréchal, met-
« tre à pied la batterie Lippmann et désarmer la Grange-aux-
« Dames ?

« J'ai, toute cette nuit, songé à notre situation affreuse.
« J'ai grand'peur que le renard soit plus fin que l'aigle, et
« que le comte de Bismarck ne nous impose, avant huit jours,
« la deuxième édition de Sedan.

« Si le roi de Prusse veut traiter avec nous, pourquoi ne
« pas nous faire passer des vivres? L'Impératrice ne peut si-
« gner si vite, et si elle nous rend entièrement libres, en quoi
« notre position sera-t-elle changée? Le maréchal Bazaine
« n'a pas dû tout dire. Il attend les pouvoirs pour traiter,
« ou il a une seconde convention prête, ou, enfin, c'est aussi
« pour nous le cahos et l'inconnu.

« La France est bien malheureuse, mon général, et je vous
« offre bien tristement, et le cœur brisé, mon affectueux et
« profond respect.

« Le Lt-Colonel, DE MONTLUISANT. »

La réponse du général est de me tenir prêt à partir. Il me
prescrit de désarmer la batterie de position de la Grange-aux-
Dames ; de réorganiser mes effectifs, en sacrifiant tout à la
conservation de nos deux batteries de mitrailleuses ; de rendre
à l'arsenal de Metz toutes les voitures inutiles ; de faire toucher aux officiers la solde de novembre ; de munir sans exception tous les hommes valides du fusil modèle 1866 ; enfin,
de distribuer immédiatement six paquets de cartouches, etc.

7 heures du soir. — Le temps a passé, et nous restons dans
une incertitude qui est la plus mauvaise des politiques et la
plus pernicieuse des situations ; heureusement que nos troupes

6

se groupent de plus en plus autour de nous ; elles ont horreur
du vide et elles attendent des ordres.

En tournant les positions de Fèves, Semécourt, en sacrifiant quelques divisions d'arrière-garde, le long de la vallée
de l'Orne, il serait bien facile de sauver l'armée et de la conduire vers le nord par les vallées de Briey et de la Mance, par
Moyeuvre, Fontoy, etc.

J'ai adressé aujourd'hui, aux colonels des 13e, 15e et 4e
régiments, tous à l'armée de Metz, les états de propositions et
les notes de leurs batteries. Le général a reçu tous les doubles pour les archives de la campagne.

20 Octobre, 7 heures du matin. — Je viens d'envoyer
30 bons chevaux à l'intendance. Il faut maintenant en livrer
tous les matins aux vivres-viandes et réorganiser les batteries.

Le général vient de donner l'ordre d'être toujours prêts à
partir au premier signal. J'ai appelé les capitaines-commandants ; tout sera terminé avant midi.

Je viens d'adresser le rapport médical de la réserve du 10
au 20 octobre 1870.

Le moral des hommes augmente et les nostalgies et les fiè-
vres muqueuses ont complètement disparu.

MALADIES.	sous la tente	infirmerie sous toit	hôpital
Embarras gastrique................	3	1	»
Diarrhée et dyssenterie.............	16	16	2
Amygdalite, angine	1	1	1
Bronchite	2	2	»
Courbature, fièvre légère...........	8	4	»
Rhumatisme articulaire, douleurs sciat..	9	2	1
Varioloïde........................	»	»	1
Blessures légères, abcès.............	24	2	2
Entorse au pied....................	»	»	1
Totaux............	63	28	8

Il n'y a plus de médicaments en ville ni dans les hôpitaux. On est désarmé pour les premiers soins à donner aux malades de l'armée.

21 Octobre, 7 heures du matin. — Rien de nouveau. La trève continue. Les généraux ignorent, comme nous, tout ce qui se passe.

On a désarmé la batterie de Ladonchamp. Le maréchal Canrobert a consulté les chefs de corps sur la possibilité de diminuer la ration de pain. J'ai répondu qu'on pouvait immédiatement la réduire, pour toute la réserve d'artillerie, à 100 grammes par jour et par homme.

3 heures. — J'ai reçu la carte des attaques prussiennes ; c'est celle de l'état-major français, sur laquelle on a indiqué nos lignes et toutes les batteries et tous les ouvrages de l'ennemi. Ces derniers semblent bien combinés et choisis ; mais il y a une lacune : en prenant à revers les batteries de Noroy, Fèves et Semécourt, la route du nord-ouest est libre sur un secteur de plus de 40°.

Le bruit court, au quartier-général du 6e corps, que M. de Bismarck a averti le prince Frédéric-Charles que les négociations entamées directement avec l'Impératrice sont rompues. C'est la clôture des tableaux séduisants présentés par le prince.

Une solution est maintenant forcée ; le départ doit être pour cette nuit : nous sommes prêts.

22 Octobre, 6 heures du matin. — Les ordres ne sont pas venus. On veut donc capituler !

J'ai encore 240 chevaux de combat : 149 de trait, 50 de selle et 41 d'officiers. Les deux batteries de mitrailleuses Lauret et Bernadac sont réorganisées et prêtes....., enfin !

8 heures du soir. — Le maréchal Canrobert a visité, aujourd'hui à 3 heures, le camp de la réserve d'artillerie ; il a

voulu voir nos installations, nos chevaux, nos deux dernières batteries ; il n'a pas ménagé les éloges. Pourquoi cette visite ? Allons-nous partir ?

Le général m'a prévenu, à 7 heures, que le 6ᵉ corps n'a plus de vivres à distribuer aux troupes et qu'il ne peut plus rien obtenir de Metz. J'ai réuni mes officiers, nous avons mis en commun nos ressources, pris nos dispositions, et je viens de répondre que la réserve tiendra encore quinze à vingt jours et même davantage. Voici ce que nous allons faire : deux ou trois hommes par pièce, choisis parmi les anciens cultivateurs, vont aller chercher des feuilles, de l'oseille sauvage, du cerfeuil des champs, des orties, des pissenlits, du colza, etc. ; tout cela passé au feu, dans de l'huile bouillante, forme un plat passable. Une batterie a pu conserver cinq sacs d'avoine, une autre, deux sacs de blé, une troisième, quelques caisses de biscuits. Nous allons tout partager. L'avoine, le blé et l'orge concassés dans nos moulins à café forment un gruau qui, détrempé, réduit en bouillie et cuit dans l'huile, donne des galettes assez bonnes. Nous avons du vin, de la viande de cheval ; on durera tant qu'il le faudra. L'union qui règne dans les batteries de la réserve, l'énergie, la discipline des hommes me permettent de répondre que tout sera réalisé avec élan. Tous les officiers donneront l'exemple.

23 Octobre, 10 heures. — Je viens d'envoyer 20 chevaux aux vivres-viandes ; 4 sont morts dans la nuit. Il ne me reste plus que 216 animaux : 40 d'officiers, 46 de selle et 130 de trait.

J'ai réorganisé les effectifs et passé la revue générale de la réserve. Tous les hommes disponibles ont des fusils modèle 1866 et six paquets de cartouches.

Les chevaux ont beaucoup baissé depuis huit jours ; si le mauvais temps continue, nous n'aurons plus, dans quinze jours, que ceux des officiers. Ces derniers ont moins souffert du froid, de l'humidité ; ils sont encore très-vigoureux.

Midi. — Je suis allé, à 7 heures, chez le sous-intendant, pour lui demander l'autorisation d'acheter quelques sacs de blé, que nous avons découverts à la ferme de St-Éloy. Il a fixé le prix maximum à 60^f les 100^k, qui a été refusé par le vendeur. Derrière moi, le comptable de la 1re division du 6e corps a largement accordé ce qu'on demandait et enlevé les sacs. Voilà notre service des vivres! Nous avons trouvé des ressources, et ce sont nos voisins qui, pouvant payer, profitent de nos labeurs.

Le général est venu voir nos chevaux. Les pluies sont incessantes. Plus de coups de fusil! plus d'alertes! L'horizon est muet; le vide seul nous serre à la gorge. Mes officiers et mes hommes sont pleins d'énergie, de persévérance, de courage. Plus nous avançons dans cette voie douloureuse, plus je m'attache à ces braves cœurs, qui surnagent sur les ruines de la patrie.

8 heures du soir. — Je suis seul sous la tente. Ma douleur est bien amère. Les Français n'ont su que se déchirer. Les plus grandes villes ont appelé l'ennemi! Que de fautes, suivies d'affreuses infortunes!

Ici, les généraux, les officiers, les soldats se redressent; l'armée du Rhin est debout! elle regarde la mort sans broncher.... Pourquoi refuse-t-on son dévouement et son élan? Les maréchaux attendent la Régence; elle ne peut pas venir.

24 Octobre. — Je n'ai plus aujourd'hui que 196 chevaux, dont 114 de trait.

3 heures. — Le général de Berckheim a convoqué, à midi, tous les commandants de batterie du 6e corps. Il a donné l'ordre de classer de suite tous les hommes disponibles dans les batteries à pied. Il a prescrit de livrer progressivement les chevaux affaiblis. Enfin, je dois conserver mes deux batteries de mitrailleuses et leurs 24 voitures de combat, prêtes à marcher au premier signal.

Le général de Berckheim a appris que le général Boyer est arrivé tardivement et difficilement en Angleterre. Le conseil des maréchaux doit être réuni à une heure et demie. Le maréchal Canrobert doit proposer une solution immédiate : le départ ou de commencer une dernière résistance héroïque.

8 heures du soir. — Nos voisins de la 2ᵉ division affirment que le maréchal Canrobert, à son retour du grand quartier-général, a fait appeler les généraux de division, pour leur apprendre la fin des négociations politiques, et le refus très-net de l'Impératrice. Les généraux en chef ont pensé qu'il y avait lieu d'essayer une nouvelle tentative, et d'envoyer le général Changarnier au château de Corny, chez le prince Frédéric-Charles.....

Encore une démarche, au lieu d'agir !

La plume me tombe des mains.

25 Octobre. — J'ai livré, depuis hier, 20 chevaux à l'intendance; il en est mort 6, il m'en reste 170.

Voici la corvée de fourrage pour la journée du 24 (herbes et feuilles).

Nᵒˢ DES BATTERIES.	NOMBRE d'hommes de corvée.	NOMBRE de sacs remplis et rapportés.
8ᵉ batterie du 13ᵉ régiment....................	35	20
9ᵉ — —	46	25
10ᵉ — —	50	25
9ᵉ — du 4ᵉ —	14	9
11ᵉ — du 15ᵉ —	14	20
		99

Hier soir, à 9 heures, une fusillade des plus vives s'est fait entendre à Saulny; nous avons cru qu'on partait. La fusée de *garde à vous* a été lancée de Woippy. Toute l'armée a été prête en un instant. Des officiers sont venus de toute part pour prendre des ordres... Hélas ! tout s'est bien vite éteint et le feu a cessé.

3 heures. — Le général commandant l'artillerie du 6e corps a convoqué, à midi, tous les commandants d'artillerie ; voici ce qu'il nous a dit :

« Le général Boyer n'a pas réussi, et M. de Bismarck, au nom
« du roi de Prusse, a prévenu, hier, que toutes les négocia-
« tions sont rompues avec la Régence, parce qu'elle n'a ja-
« mais voulu sanctionner et accepter une cession de terri-
« toire.

« Le prince Frédéric-Charles a donc rompu les pourparlers,
« et le conseil des maréchaux a été réuni hier 24.

« Il a été décidé que le général Changarnier irait de nou-
« veau auprès du prince. Il y est depuis midi. Il va tenter une
« suprême épreuve et *d'autres négociations*. Si tout échoue,
« *l'armée et la ville que le roi ne veut pas séparer, se*
« *trouveront devant la dure et impérieuse nécessité de*
« *capituler*.

« Il faut donc, dès aujourd'hui, envisager l'avenir si dou-
« loureux qui s'ouvre devant nous ; seulement, pour toutes
« les raisons qui sont au fond de tous les cœurs, il faut du-
« rer autant que la ville elle-même, et, pour cela, attendre
« encore une dizaine de jours. Il reste du cheval pour tout
« ce temps-là, et les Prussiens ont si bien pressé le cercle de
« fer qui nous entoure, qu'il a été impossible à l'autorité mi-
« litaire d'avoir la moindre nouvelle sur ce qui s'est passé en
« France depuis huit jours.... »

Le général de Berckheim nous a encore recommandé de tenir toutes nos armes en parfait état, et d'attendre les ordres défi- nitifs qui ne tarderont pas à arriver.

Tout est donc fini, et on ose demander au maréchal com- mandant en chef de se rendre, et d'entraîner dans sa chute la forteresse que nous devions soutenir et sauver !

Quelle page d'histoire, souillée de douleur et de rage ! Tous mes sentiments de Français se révoltent. L'avenir inscrira, sur le livre de nos ruines patriotiques, qu'au moment où la France sombrait, l'armée du Rhin, si belle d'énergie, de discipline et de dévouement, a été abandonnée, et qu'elle a disparu sans déchoir.

5 heures du soir. — Le feu a repris sur toutes nos lignes. Nous avons été joués, amusés et trompés, et nous voilà meurtris, sans boussole et sans timonier.

8 heures du soir. — Le conseil municipal de Metz a demandé, le 23 octobre, des explications au général Coffinières. Le commandant en chef a répondu qu'il lui était impossible de donner des informations sur l'état actuel de la France et sur les négociations pendantes, et qu'il fallait s'adresser au maréchal Bazaine. Le conseil municipal a chargé le Maire d'y procéder sans délai.

Le médecin en chef a communiqué la statistique médicale de l'armée. Il y a :

1 homme de malade sur 15, dans la cavalerie ;
1   —   sur 50, dans l'infanterie ;
1   —   sur 57, dans l'artillerie.

26 Octobre, 9 heures. — J'arrive de Plappeville où je suis allé embrasser quelques amis. J'ai traversé les camps du 6e corps, de la réserve générale, de la Garde et du 4e corps. C'est épouvantable ! Partout, sur toutes les routes, dans tous les ruisseaux, des squelettes de chevaux pantelants et des soldats occupés à les diviser. Au bas de la montée de Plappeville, un cheval affaibli, conduit à l'abattoir, est tombé devant moi ; il a été renversé, saigné et dépecé par plus de cent personnes. Tout a été fait en un instant, le temps de passer. La faim est partout.

Dans la réserve d'artillerie du 6e corps, nous n'avons plus de pain depuis le 22, et seulement du cheval et des ressources incroyables. Nos hommes vivent de privations, mais rien ne les rebute.

Au milieu de ce spectacle de désolation universelle, sous une pluie persistante, le service marche sans arrêt, sans difficulté, sans murmure. Tout le monde continue à faire simplement son devoir.

Que ceux qui désirent la guerre viennent voir de pareils spectacles, de semblables horreurs! Un champ de bataille avec ses émotions et ses luttes n'est rien auprès du champ de la faim.

Dans des temps aussi durs, il faut l'appui de la Providence pour rester à la hauteur du commandement. Je souhaite à ceux qui me sont chers, de ne jamais traverser d'aussi cruelles épreuves, et de ne jamais ressentir les douleurs morales d'une agonie de trois mois.

4 heures. — Le général de Berckheim a convoqué, à midi, tous les commandants d'artillerie du 6e corps. Il a exposé : « Que le général Changarnier n'a rien pu obtenir ; que le « Prince Frédéric-Charles veut la reddition simultanée de « la ville et de l'armée. »

« Schlestadt et Soissons se sont rendus, toutes les autres « villes vont subir le même sort. Le prince a affirmé qu'ils « sont plus de 1,200,000 hommes en France ; qu'ils veulent « briser notre résistance et notre honneur mal placé qui re- « fuse de céder deux provinces. Une armée de 100,000 « hommes marche sur Lyon et le Midi. Il sait tout ce qui se « passe dans Metz et les camps. Le roi Guillaume a donné « l'ordre de n'accorder que la capitulation des prisonniers de « guerre, etc., etc. Le prince Frédéric-Charles a renvoyé le « général Changarnier et demandé l'envoi d'un autre officier « muni des pleins pouvoirs du maréchal Bazaine. Le général « de Cissey a été désigné et a passé la nuit à Corny. Il est « revenu ce matin sans avoir obtenu des conditions convena- « bles, et il a été décidé ce matin, par le conseil des maré-

« chaux, que l'on ne saurait céder à ces exigences et que l'on
« allait réunir toutes les ressources de la ville et de l'armée,
« pour tenir jusqu'à la dernière limite de la faim. »

Le général a ajouté : Qu'il était plus que jamais nécessaire
de conserver cette discipline qui avait fait notre force, et qu'il
faisait un dernier appel à la bonne volonté de ses collabora-
teurs.

Le général de Berckheim a terminé en nous disant qu'il
était fier d'avoir commandé l'artillerie du 6e corps, qu'il avait
demandé des récompenses et insisté pour obtenir quarante-
deux croix de chevalier de la Légion d'honneur. Le général
commandant en chef l'artillerie de l'armée n'a voulu accepter
que deux propositions, que le maréchal Bazaine a de suite
signées. Des médailles ont été aussi acceptées.

Rentré au camp, j'ai convoqué les officiers, tout exposé, et
rompu le cercle, en pleurant sur les malheurs de la patrie et
de l'armée.

Mes officiers sont venus me demander de ne pas les abandonner ; ils veulent me suivre partout où la destinée me conduira. — Il n'y a plus, en France, de centre de résistance, et
seulement des hommes de cœur sans cohésion et sans chefs.
Je resterai donc à la tête de la réserve, en maudissant ceux
qui nous ont conduits à ces ruines, et condamnant amèrement
l'égoïsme de ceux qui ont empêché le réveil du pays.

6 heures. — L'orage qui règne depuis le jour a redoublé
d'intensité. Les vents sont déchaînés. Hier soir, toutes nos
tentes ont été enlevées ; il a fallu les replacer sous une pluie
torrentielle, le vent nous renversait. Les étincelles des feux de
bivouac venaient, à 200 ou 300 mètres, affoler les chevaux.
Les miens ont brisé double longe en fer ; ils se serraient entr'eux, pleins de frayeur. Le vent n'a molli qu'à minuit, et,
pendant ce véritable cyclone, toute la pluie du ciel nous a
mouillés. Il faut une rude santé pour la guerre et un excès de
volonté pour supporter les fatigues de chaque jour.

7 heures. — Le général de Cissey vient de raconter que le Prince Frédéric-Charles avait cherché à lui inspirer une espèce de terreur, disant que si l'on brisait les armes, toutes les conditions de la capitulation seraient nulles, etc., etc. Les généraux seuls conserveront leurs épées. Tous les officiers seront, sans exception, prisonniers de guerre. Il n'accordera aucune faveur, parce que les officiers de Sedan ont manqué à leurs engagements d'honneur. Le général Ducrot est condamné à mort ; s'il est repris, il sera fusillé. Le fils du général Coffinières, échappé de Sedan et repris, a été passé par les armes, etc., etc.

Le conseil des maréchaux a tout accepté et il a envoyé le général Jarras, chef de l'état-major général, avec tous les pouvoirs, pour arrêter et signer une capitulation qui constitue l'armée prisonnière de guerre.

J'ai reçu, avant la nuit, l'ordre de rendre, demain 27, tout notre matériel à l'arsenal de Metz.

Plusieurs certificats officiels seront remis à tous les excellents serviteurs qui ont été l'objet de propositions de récompenses et qui n'ont point été accueillies.

27 Octobre, 8 heures. — Les magasins de la ville vont se rouvrir. Je viens de recevoir, à 8 heures, l'avis que, demain 28, nos hommes recevront 250 grammes de pain, 10 grammes de sucre, 10 grammes de café et du vin. On distribuera du lard dans l'après-midi. (V. Pièce justificat. n° 235.)

Les conseils des maréchaux se succèdent. Toutes les propositions énergiques ont été écartées, on subira les conditions de l'ennemi.

Je suis allé au quartier-général porter la situation des chevaux, il m'en reste 124. On m'a averti que toutes les armes et objets militaires vont être déposés à l'arsenal de Metz et inventoriés. Lors de la signature de la paix, ces immenses richesses en matériel suivront le sort de la forteresse et reviendront à la France, si la ville de Metz reste partie intégrante de notre territoire.

Midi. — Le général de Berckheim, à qui j'avais demandé de détruire mes mitrailleuses, a revendiqué la responsabilité de cet acte. Il m'a donné l'ordre écrit de détruire immédiatement toutes les culasses mobiles, de manière à rendre ces bouches à feu incapables de servir à l'ennemi. (V. Pièce justificative n° 236.)

L'ordre est exécuté. J'ai envoyé mes bouches à feu à l'arsenal, les coffres chargés, dans les casemates, et les voitures, sur la place Moselle. (V. Pièce justificative n° 237.)

6 heures. — Le général commandant en chef l'artillerie de l'armée a convoqué cet après-midi les généraux commandant l'artillerie des divers corps. Il a donné ses instructions. — Il a blâmé vivement le général de Berckheim d'avoir fait détruire les mécanismes de nos mitrailleuses.

9 heures du soir. — Le conseil municipal de Metz a été convoqué. Le général Coffinières a exposé : « Qu'il n'avait « plus que pour trois jours de vivres ; que le maréchal Ba- « zaine se trouvait forcé de capituler, et que la ville était fa- « talement comprise dans ce désastre ; — que, d'ailleurs, il « était dangereux de continuer la défense, parce que cela ne « pouvait qu'aggraver les conditions imposées à la cité. Le « maréchal Bazaine a tout réglé, tout ordonné, il n'y a plus « qu'à se résigner et obéir. »

Le général a, de plus, fait afficher une proclamation aux habitants, dans laquelle il leur annonce qu'ils sont « *condamnés à succomber.* »

Par ordre du maréchal Bazaine, on doit fermer immédiatement les ambulances. On prévient les officiers qu'ils conserveront très-probablement leurs chevaux propriété. Ils peuvent les vendre dès qu'ils en trouveront l'occasion. Les gardeparcs doivent régler et toucher leurs dépenses. Le prêt va être payé aux hommes jusqu'au 34. Tous les services admi-

nistratifs doivent arrêter leurs situations en finances et matières au jour de la capitulation, etc., etc. (V. Pièces justificatives n°ˢ 242, 241, 243.)

Je reçois, à 9 heures, la lettre suivante :

« J'ai l'honneur de vous prier de donner des ordres pour
« qu'un lieutenant de la réserve d'artillerie soit rendu chez
« moi, demain matin à 7 heures, accompagné de quatre ma-
« réchaux-des-logis, tous à cheval, en tenue, avec giberne. » (1)
(V. Pièce justificative n° 239.)

> « Signé : Général DE BERCKHEIM. »

Je viens de désigner le plus ancien des lieutenants, M. Rivot.

28 Octobre, 7 heures du matin. — Les pluies continuent.
Je possède encore 101 chevaux dont voici la destination :

N°ˢ DES BATTERIES	d'officiers	de selle	de trait	TOTAL	OBSERVATIONS
8ᵉ batterie du 13ᵉ régiment	»	»	6	6	(1) Y compris
9ᵉ id. id....	6(1)	»	6	12	2 au colonel et
10ᵉ id. id....	2	»	6	8	1 au comman-
9ᵉ id. du 4ᵉ id....	6	4	37	47	dant.
11ᵉ id. du 15ᵉ id....	6	2	20	28	
Totaux......	20	6	75	101	

(1) J'ai appris, le lendemain 28, que ce même jour, à 10 heures du soir,
nos deux voisins, les généraux de division Bisson et Tixier, ont reçu la
lettre confidentielle suivante; le général Tixier étant malade, sa lettre a
été remise au général Péchot :

« Général, veuillez donner des ordres pour que les aigles des régiments
« d'infanterie de votre division soient réunies, *ce soir,* dans le logement
« que vous occupez. Demain matin, à 7 heures, elles seront transportées
« par les soins du général commandant l'artillerie, dans un fourgon fermé,
« sous l'escorte d'un officier et de maréchaux-des-logis d'artillerie, à l'ar-
« senal de Metz; elles devront être enveloppées de leurs étuis, et vous
« préviendrez les chefs de corps que ces aigles *seront brûlées à l'arsenal.*

Voici aussi mes effectifs, avec les pertes de toute nature
faites par les 5 batteries depuis l'ouverture de la campagne :

Nᵒˢ DES BATTERIES	EMPLACEMENT	PRÉSENTS sous les armes		INDISPONIBLES				TOTAL des présents		Effectif à l'entrée de la campagne — troupe	Pertes pendant la campagne — troupe
				OFFICIERS		TROUPE					
		officiers	troupe	détachés	malades	détachés	malades	officiers	troupe		
8ᵉ du 13ᵉ....	Camp sous Metz	3	146	»	»	5	3	3	154	194	40
9ᵉ id......		4	160	»	»	»	4	4	164	194	30
10ᵉ id......		3	152	1	»	»	3	4	155	194	39
9ᵉ du 4ᵉ....		5	132	»	»	»	3	5	135	147	12
10ᵉ du 15ᵉ....		5	130	»	»	»	2	5	132	149	17
Totaux...		20	720	1	»	5	15	21	740	878	138

Midi. — Conformément à la lettre d'hier soir, le lieutenant Rivot s'est rendu, à 7 heures, au quartier-général du
6ᵉ corps. Le général de Berckheim avait l'ordre de le conduire à l'état-major, où le général Henry lui a donné une
dépêche écrite, portant : « MM. les généraux de division sont
« invités à remettre, à M. le lieutenant Rivot, les aigles et
« étendards des régiments, pour être conduits à l'arsenal de
« Metz, où ils seront brûlés. La mission achevée, cet ordre
» devra être rapporté au quartier-général. »

M. Rivot n'a reçu qu'un fourgon du train des équipages, conduit par un homme de l'administration, et il

───────────────

« Le directeur de cet établissement les recevra et en délivrera récépissé
« aux corps.

« Le maréchal commandant le 6ᵉ corps,

« Par ordre :

« Le général chef d'état-major général,

« Signé HENRY. »

s'est rendu successivement chez **MM**. les généraux de division du 6ᵉ corps.

Les 4ᵉ, 3ᵉ et 2ᵉ divisions ont remis leurs étendards; mais, à la 1ʳᵉ division, le général Péchot, remplaçant le général Tixier, malade, est sorti, les larmes aux yeux, et il a dit avec une émotion extrême : « *Je ne les ai plus, ils sont brûlés.* »

M. Rivot s'est alors rendu à l'arsenal, où il a été rejoint par le lieutenant-colonel d'artillerie Lanty, envoyé par le général de Berckheim, pour assurer la destruction des insignes.

Le colonel directeur de l'arsenal a lu l'ordre du général Henry; il a paru très-surpris et très-contrarié. Il a affirmé n'avoir aucune connaissance de ces instructions, ni reçu aucun avis. Il a résisté aux instances des deux officiers; il n'a pas même voulu signer des reçus. On a été obligé de se contenter de récépissés certifiés par les gardes, et **M.** Rivot est revenu au quartier-général rendre compte de toute chose, et du refus de brûler les étendards.

L'état-major du 6ᵉ corps a de suite envoyé au général Péchot l'ordre impératif d'envoyer immédiatement à l'arsenal les étendards de la 1ʳᵉ division. On a obéi, et ces derniers drapeaux sont arrivés à l'arsenal, où ils sont, comme les autres, conservés intacts.

En résumé, on a fait réunir confidentiellement, hier soir, à dix heures, les drapeaux des régiments du 6ᵉ corps, pour les brûler, et ce matin, on n'a pas exécuté cette promesse d'honneur. Si ces nobles débris, qui n'ont point été vaincus, deviennent des trophées de l'ennemi, c'est un acte de déloyauté qu'il faudra stigmatiser sans merci.

2 heures. — Le général a convoqué, à midi, tous les commandants d'artillerie du 6ᵉ corps. Il nous a annoncé que la capitulation est conclue pour le samedi 29, à midi ; que nous devons verser aujourd'hui, à 2 heures, les armes portatives, au fort de Plappeville; que nous conduirons demain nos troupes aux avant-postes, et que les officiers rentreront en-

suite dans nos lignes ou dans la ville, à la disposition des autorités prussiennes. Il nous adresse, dans la journée, les instructions du maréchal, etc. (V. Pièces just. n°s 245, 246.)

J'ai embrassé le général et je suis sorti en pleurant.

L'armée est folle de douleur! Depuis 24 heures, tous les officiers demandent des ordres, une direction, un centre, un point de ralliement. Tous les soldats sont prêts, ils attendent. L'esprit de discipline domine ; l'indignation est extrême ; la rage déborde, *mais on obéit*, et l'on subit sans sédition une situation honteuse et inouïe.

4 heures. — Je viens de fermer notre ambulance ; j'avais 19 hommes malingres et souffreteux, ils ont refusé d'entrer à l'hôpital ; ils veulent tous finir avec nous. Il ne me manque personne. (V. Pièce justificative n° 244.)

7 heures. — Les hommes sont de retour ; ils reviennent de Plappeville ; la remise des armes a été bien longue ; elle a été rendue bien pénible par une forte pluie.

J'ai fait partager le boni des ordinaires, et je viens de recevoir les textes de la capitulation, du protocole, et les circulaires du commandant.

Voici ces documents :

1° Texte de la capitulation. (V. Pièce justificative n° 248.)

2° Protocole. (V. Pièce justificative n° 249.)

A. Circulaire explicative du protocole. (V. Pièce justificat. n° 247.)

B. Circulaire pour les états nominatifs. (V. Pièce justificat. n° 250.)

C. Ordre. (V. Pièce justificative n° 251.)

D. Ordre. (V. Pièce justificative n° 252.)

E. Ordre général d'adieu du maréchal. (V. Pièce justificat. n° 253.)

9 heures. — Tous mes officiers refusent les concessions de l'ennemi ; ils resteront avec leurs troupes jusqu'au bout ; ils repoussent avec indignation la capitulation ; ils sont désespérés de la subir.

Notre jeune vétérinaire du 8e régiment, M. Rey, vient aussi de m'apporter sa décision : « Je suis parti avec l'armée, je « demande à en subir le sort. Plutôt la captivité, qu'une « brèche à mon honneur. »

La ville de Metz est révoltée ; le tocsin sonne ; la garde nationale refuse de donner ses armes ; le général Coffinières est, depuis quelques heures, injurié et entouré par une foule en délire.

Que de ruines !! que de douleurs !

10 heures. — Presque tous les bataillons de chasseurs et les régiments de l'armée du Rhin ont protesté. J'ai lu la lettre du 9e bataillon du 6e corps, celle du 44e de ligne du 3e corps, etc. Elles se ressemblent toutes ; voici celle du colonel Saussier :

« Queuleu, 28 octobre 1870.

« Au maréchal Lebœuf, commandant le 3e corps d'armée « à St-Julien.

« Les officiers soussignés du 44e régiment de ligne, quoi-« que n'ayant pas encore reçu la communication officielle « d'une capitulation sans condition, croient néanmoins devoir « considérer comme vrai cet immense désastre. Ils se font un « devoir de protester de la façon la plus solennelle contre la « reddition entière d'une armée qui n'a pas encore été battue « par l'ennemi ; ils vous prient de vouloir bien être assuré de « leur concours, et si vous voulez bien faire un appel à leur « dévouement pour un acte énergique, ils se déclarent tous « prêts à combattre. »

(Suivent les signatures du colonel Saussier et de 42 autres officiers de son régiment.)

29 Octobre, 11 heures. — Je viens de recevoir les dernières circulaires.

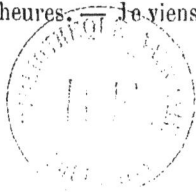

7

On a conduit au Ban-St-Martin le reste de nos chevaux et de notre matériel.

Voici l'ordre d'adieux du général de Berckheim et ma réponse :

Ordre du 28 octobre 1870.

« Officiers, sous-officiers et soldats d'artillerie du
« 6ᵉ corps,

« Avant de quitter un commandement dont j'étais fier, je
« tiens à vous faire mes adieux.

« Adieux tristes et pénibles, car nous avons tous le cœur
« navré des malheurs de la patrie.

« La seule consolation qui nous reste, c'est la conscience
« d'avoir fait notre devoir, chacun dans sa sphère ; la seule
« idée qui puisse nous soutenir, c'est l'espoir d'une revanche
« dans l'avenir.

« Nous avons été vaincus par la faim, et quoique cette
« dernière soit souvent mauvaise conseillère, vous avez été
« disciplinés et courageux jusqu'au bout.

« Il vous reste un dernier devoir à remplir : c'est de faire
« honorer et respecter le nom français à l'étranger. Rappe-
« lez-vous, pendant votre captivité, au milieu d'un peuple
« ennemi qui vous observera et sera heureux de vous trouver
« en défaut, que nous sommes tous solidaires de l'honneur
« français. Ne soyez ni outrecuidants, ni abattus, et surtout
« ne faites rien que vous ne puissiez avouer à votre retour.

« Conservez toujours, au fond du cœur, l'amour sacré de
« la patrie, et ne vous endormez jamais sans soupirer tout
« bas : Vive la France, encore et toujours !

« *Le général commandant l'artillerie du 6ᵉ corps,*

« Signé : DE BERCKHEIM. »

Réponse et adieux des officiers de la réserve au général.

« Mon Général,

« L'ordre que je viens de recevoir et vos adieux ont été au
« fond de nos cœurs. C'est bien, et c'est ainsi que parlent
« les cœurs nobles et généreux comme le vôtre. Tous mes
« officiers et moi nous vous remercions.

« Nous vous disons adieu, les larmes aux yeux. L'honneur
« sera sauf pour les prisonniers de guerre ; mais l'histoire
« ne sera jamais assez sévère pour ceux qui, sans rien pré-
« voir, et sans rien savoir des préparatifs effroyables de l'é-
« tranger, nous ont lancés dans une guerre où la masse de-
« vait nous écraser.

« Tristes choses que les passions politiques ; elles ont tout
« divisé, tout désorganisé et empêché l'union et la cohésion,
« qui, seules, pouvaient assurer le réveil du pays.

« Où sont, bon Dieu ! nos vieux francs Gaulois ? où sont
« nos pères du siècle dernier ? où sont enfin tous ceux qui
« disaient que nous savions tout sacrifier au drapeau et à la
« patrie ? Hélas ! tout est vide.

« Enfin, ici même, que dira l'histoire de notre blocus de
« trois mois ? Nous étions trop loin du chef suprême pour
« juger les choses, mais un fait aujourd'hui domine tout :
« 120,000 hommes armés se rendent après avoir été à moitié
« morts de faim..... Horreur ! !

« Il ne faut pas récriminer ni blâmer sans tout savoir,
« mais je suis navré ; mes officiers sont tous en pleurs, et
« nous gémissons avec des larmes de sang sur les malheurs
« de la patrie et sur les nôtres.

« Au revoir, mon Général, au revoir ! au nom de tous. Je ne
« puis que vous remercier encore de la confiance que vous
« vouliez bien nous témoigner et des éloges que vous adres-
« siez à notre réserve. Nous étions heureux sous vos ordres,

« et nous aurions voulu y mourir avec joie, si cela avait pu
« éloigner de notre patrie la cruelle épreuve qu'elle va subir,
« et la blessure dont elle se relèvera toujours trop tard.

« Je vous offre, mon Général, nos derniers adieux au nom
« de tous.

« Le Lt-Colonel, DE MONTLUISANT. »

5 heures du soir. — A 11 heures, nous avons pris notre
dernier et bien frugal repas. Nous avons assisté, à une heure,
au départ des troupes du 6e corps ; enfin, à 2 heures, j'ai vu
défiler, pour la dernière fois, ma belle réserve d'artillerie du
6e corps.

Le temps est abominable, la nature est en deuil ; tout le
monde est présent.

Les adjudants, les sous-officiers, les hommes énergiques,
résolus, dévorent leurs larmes et leur douleur. J'ai embrassé
les sous-officiers, salué le plus grand nombre, serré la main
de ceux que j'avais pu apprécier. Tout a été bientôt fini, et il
ne m'est resté que le souvenir d'une poignante et indescriptible tristesse et l'adieu de l'artificier Barrault : « Au revoir,
« mon Colonel, nous méritions mieux que cela ; pourquoi
« ne nous a-t-on pas conduits? Pourquoi sommes-nous
« abandonnés et si malheureux? »

J'ai embrassé ce vieux soldat, qui, après avoir traversé
Sébastopol et l'Afrique, venait de finir en exhalant sa douleur.
Le commandant Brunel et mes officiers ont remis leurs hom-
mes aux autorités prussiennes, et j'ai quitté nos camps.

Les vautours humains partageaient déjà nos dépouilles :
200 misérables se disputaient les mille riens sans noms laissés par les soldats. C'était l'image de la désolation succédant
à notre ruine !

La réserve d'artillerie du 6e corps était détruite et anéantie.

Minuit. — Recueilli chez des gens de cœur, j'ai pu, pour

la première fois depuis trois mois, m'isoler pendant de longues heures, penser à la famille, à mes enfants, à ceux qui me sont chers, et pleurer...

Je commençais à peine à revoir l'image du passé, quand j'ai été dérangé par les troupes prussiennes et par le major Schweinichen, qui est venu, avec cinq hommes, prendre possession de notre toit.

La captivité est commencée. Il faut fermer mon journal et signer.

CLOTURE DU JOURNAL

La réserve d'artillerie du 6e corps a été livrée, ce matin, à l'ennemi. Un dernier devoir me reste à remplir, c'est celui de rendre compte au Ministre.

Mon journal de marche fera connaître les ordres que j'ai reçus, les efforts de mes troupes, leurs combats et leur ruine. Groupés aujourd'hui autour de moi, ils ont subi une capitulation humiliante et honteuse qui est une trahison.

Placé bien loin dans la hiérarchie militaire, j'ai ignoré bien des choses, rarement commandé, et presque toujours obéi. Je dois cependant à l'honneur de mes officiers et de mes troupes, de repousser de toutes mes forces une capitulation sans précédent dans l'histoire.

Deux ordres de faits ont dirigé la campagne : le *commandement* et *l'exécution*.

Le commandement a toujours été sans plan de campagne, sans prévisions, sans portée et sans but. Surpris aux batailles de Borny, de Rezonville et d'Amanvillers, le maréchal commandant en chef n'a jamais deviné nos luttes, ni dirigé leur marche, ni amené un lendemain. Revenu sous Metz, le maréchal Bazaine a d'abord voulu obéir, puis, effrayé par les événements de Sedan, il s'est abandonné sans énergie, sans patriotisme et sans grandeur.

Longtemps immobile, caché à tous les yeux, séduit par les mirages trompeurs de l'ennemi, il a caressé l'idée de restaurer la Régence, d'être le pivot de l'avenir ; et quand le pays, sombrant de toute part, s'en allait en ruines, sans armée et sans chef, il n'a songé qu'à s'isoler de plus en plus, à repousser les ardentes prières de ses soldats et à adoucir les épines d'une route dont sa conscience n'a apprécié ni la flétrissure, ni l'étendue.

Au-dessous du maréchal Bazaine, le maréchal Canrobert, son lieutenant du 6ᵉ corps, est resté lui-même. Le premier au feu les jours de Rezonville et de St-Privat, il a été brave, honnête et droit. Dévoué personnellement à l'empereur Napoléon, il a eu le tort involontaire de laisser commencer des négociations politiques. Plus tard, il n'a plus osé arrêter des pourparlers qui étaient la seule planche de salut de ceux qu'il avait aimés.

Enfin, quand le calice d'humiliations est venu, il a eu le tort grave d'écouter le maréchal Bazaine, de croire la France perdue, de livrer notre matériel, nos drapeaux, nos armes, et de ne pas demander à conduire les troupes à l'ennemi. Le maréchal Canrobert, homme de cœur et d'élan, serait mort mille fois pour son armée et pour le pays.

Après avoir caractérisé le commandement, il nous reste à parler de l'exécution, du soldat.

Toujours au 6ᵉ corps, à l'artillerie de la 1ʳᵉ division et à la réserve, mon regard n'a pu embrasser qu'un horizon des plus restreints. Je ne dois parler que de mes troupes, et j'ose affirmer que les ordres reçus ont toujours été exécutés avec discipline, avec élan, avec un dévouement absolu.

Dirigé par notre chef direct, le général de Berckheim, grand cœur, infatigable dans les conseils comme au bivouac, l'honneur de ma vie et de ma carrière militaire sera d'avoir commandé à des soldats admirables, qui ont conservé, jusqu'au dernier moment, le culte du devoir. Ils se seraient fait tuer jusqu'au dernier pour la patrie et son drapeau.

En résumé, la belle armée du Rhin vient de disparaître en prononçant le mot de trahison. Les habitants de Metz sont plus sévères encore, et la France entière redira pendant des siècles : Trahison! trahison !

J'ignore les décrets de la Providence, mais si la clémence de Dieu pardonne à notre belle France ses fautes, ses faiblesses, sa vie factice qui a amené tant de douleurs ; si la France se retrouve entière, grande et fière comme nous la voudrions au prix de notre sang ; si quelques lambeaux surnagent, le maréchal Bazaine, commandant en chef l'armée du Rhin, passera au crible de nos réglements militaires, et la postérité enregistrera le jugement de son armée : M. le Maréchal, vous n'avez su ni commander, ni servir la patrie, ni mourir !

CAPTIVITÉ

Première annexe. — Captivité. — Je n'ai conservé aucune notion précise sur les événements qui se sont succédé à Metz pendant les journées des 30, 31 octobre et 1er novembre. Alité par une très-forte inflammation d'entrailles, je n'ai pu me lever que le 2 novembre, pour partir avec le convoi affecté au 6e corps.

Plus de 800 officiers et leurs ordonnances ont été mis dans d'indignes wagons à bestiaux, et expédiés en Allemagne. J'avais autour de moi les officiers des cinq batteries de la réserve.

M. D.-V. Lesquau, lieutenant au 55e régiment prussien, commandait le train, qu'il fit passer par Forbach, Saarbruck, Bingen, Mayence, Darmstadt, Aschaffenbourg, Wursbourg, Lisemfelt, Bamberg, Cumback, March-Schorgast, Hof, Planen, Altembourg, Leipzitg, Wursen, Rieza et Dresde.

Brisé et meurtri par trois nuits et trois jours de route dans des wagons impossibles, je suis descendu, le 5 novembre, à l'hôpital de Dresde, avec M. le commandant Brunel, MM. les capitaines Lequeux et Rivot et M. le lieutenant de Bréban.

Conduit devant S. Exc. M. le Ministre de la guerre saxon, général von Fabrice, j'ai été accueilli avec une bienveillance parfaite, et j'ai obtenu, au bout de quelques jours, l'autorisation de séjourner en ville. Nous avons loué un appartement, où nous vivons dans l'isolement et le travail. Le nouveau ministre, M. Brandenstein, et le Gouvernement saxon, nous ont accordé les respects et les égards dus à nos malheurs, et j'ai saisi les occasions d'en témoigner ma gratitude.

Les officiers de la réserve d'artillerie du 6e corps sont aujourd'hui disséminés en Allemagne. Nos troupes, livrées à Ladonchamp, après avoir beaucoup souffert, ont été en grande partie dirigées sur Dantzig, en passant par Cologne, Minden, Hanovre, Brunswick, Magdebourg et Berlin.

J'ai entendu affirmer qu'il y a, en Saxe, 20,000 prisonniers de toutes armes : 18,000 à Dresde, 1,500 à Leipzitg et 500 à la forteresse de Kœnigstein. Malgré des abus et quelques évasions, les consignes sont peut-être trop sévères. J'ai traversé souvent la grande caserne, visité deux fois le camp de l'Alaun-Platz ; j'ai causé librement avec les hommes, et j'ai vu qu'ils sont vêtus, chauffés et nourris convenablement. Les plus à plaindre sont ceux qui arrivent maintenant de France, dans un dénument absolu, et ceux qui sortent des hôpitaux.

Il y a là une lacune que la bienfaisance n'a pu encore combler.

Des hommes de cœur, envoyés par le Comité lyonnais pour secourir les prisonniers, ont apprécié la situation des Français en Prusse et en Silésie ; ils ont séjourné à Dresde en retournant en France, et ils ont constaté, comme nous, que le Gouvernement saxon fait les plus louables efforts pour adoucir, dans la limite du possible, le sort des prisonniers.

Deuxième annexe. — ATTITUDE ET OPINION DES OFFICIERS. — Le public s'est si souvent occupé des officiers français prisonniers en Allemagne, que je crois devoir, M. le Ministre, ajouter encore quelques mots pour vous renseigner sur les pensées et les actes de ceux qui vivent avec moi.

Six mois de guerre ont aujourd'hui éclairé toutes les situations.

Le peuple français n'a pas désiré la guerre ; il ne s'y est pas préparé, il ne l'a pas cherchée, il ne l'a pas voulue. Lancée sans mesure sur la pente des jouissances faciles et dans une civilisation trop raffinée, la France ne savait plus la vérité sur les hommes et sur les choses, sur ses faiblesses et sur les forces de ses plus proches voisins.

Le désir de paix était si universel, qu'on résista aux besoins d'une réorganisation militaire, qu'on condamna, comme trop rigoureuses, les lois déjà si insuffisantes de 1868, qu'on refusa leur exécution intégrale.

Le souverain, trop fidèle à sa devise : *Tout est heur et malheur en ce monde*, s'abandonnait aux événements ; il suivait leur marche sans les diriger. Mal renseigné, plus mal servi encore, il ignorait la vérité vraie. Il croyait commander aux vieilles armées du premier Empire, posséder des armements nouveaux et irrésistibles, des places fortes à l'abri des insultes, des approvisionnements inépuisables. Il écoutait ses familiers qui, trop souvent, dans leur zèle exagéré, trouvaient la solution de toutes les difficultés politiques dans un cri irrésistible de : Guerre ! guerre !

La France, qui a successivement aidé avec élan à la formation de la Belgique, à la régénération de la Grèce et de l'Italie ; la France, qui a subi avec douleur l'expédition du Mexique, n'aspirait, en 1870, qu'à la paix universelle. Elle conviait l'Europe à l'établir, loyale, facile, sans aigreur, sans susceptibilité, sans arrière-pensée.

La justice éternelle nous donne le droit d'affirmer hautement que la France n'a ni appelé ni désiré le duel de 1870. Depuis 1866, des défis nombreux venus de l'Allemagne du Nord, avaient péniblement impressionné l'opinion. Plus tard, les hommes d'Etat prussiens, merveilleusement renseignés et servis, ont voulu achever l'unité de l'Empire germanique par la guerre, ce sont eux qui ont lancé le défi d'un prince prussien sur le trône de Charles-Quint.

Un nouveau ministère français, peu maître de lui-même, sans réflexion, sans examen de nos ressources, s'est élancé à la tribune ; il a caractérisé l'insulte et trompé la France devant l'ennemi, en ajoutant : Il faut combattre, nous sommes prêts !

Enfin, le peuple français, mal renseigné et déjà engagé, a acclamé ses aigles et marché à l'ennemi.

Voilà, M. le Ministre, la vérité vraie ; voilà ce que l'Europe entière peut vérifier depuis six mois.

En résumé, malgré les plus hautes assertions contre lesquelles nous ne saurions trop réagir, nous soutenons, partout et en tous lieux, que la France a été précipitée dans une guerre dont elle n'est pas responsable. Nos épreuves, les douleurs de nos ennemis, toutes les ruines consécutives de pareilles luttes, pèseront d'un poids incalculable sur la mémoire de ceux qui les ont longuement préparées, savamment dirigées et voulues ; et aussi sur ceux qui les ont follement acceptées et conduites.

Retenus loin de la mère-patrie par les lois de l'honneur, qui ont été le culte de notre vie, nous ne cessons de demander à être échangés, et nous puisons dans nos sentiments patriotiques la force de crier à tous nos frères : Courage et toujours courage ! Nous répudions toute lutte politique intestine qui pourrait affaiblir nos efforts, et nous voudrions encore offrir mille fois notre vie, pour que la France, régénérée par d'aussi cruelles souffrances, se retrouve entière, et reprenne la tête d'une civilisation pratique et sage, sous l'égide d'un repos et d'une paix qui sont dans les aspirations de toutes les nations de l'Europe.

Dresde, le 11 janvier 1871.

Le L.-*Colonel*, DE MONTLUISANT.

FIN DE LA PREMIÈRE PARTIE

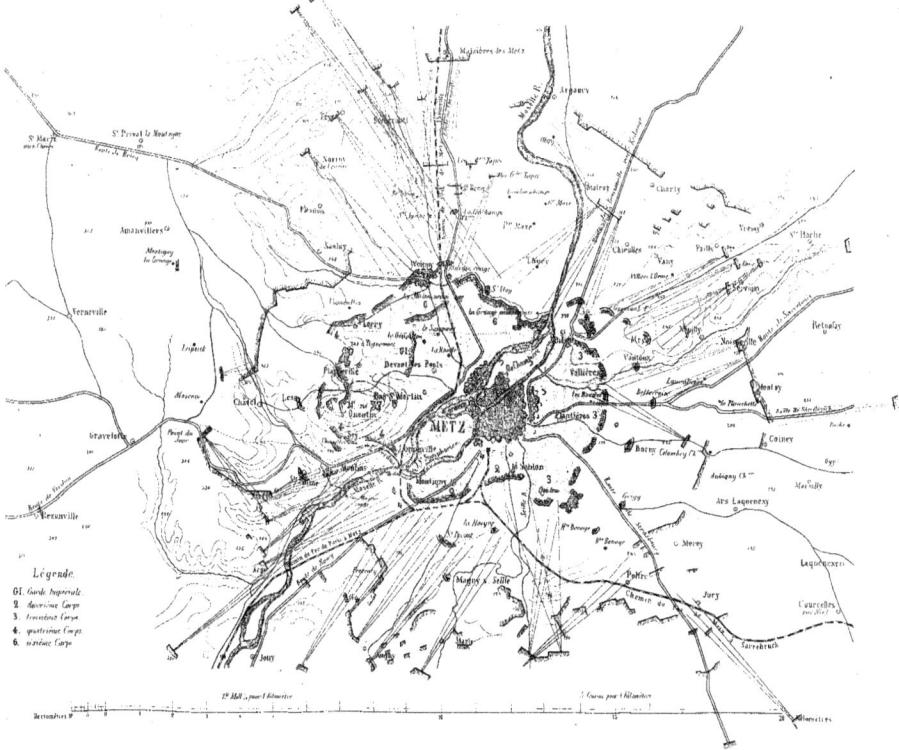

ENVIRONS DE METZ

Croquis indiquant les positions de l'Armée du Rhin dans le camp retranché, les travaux de l'ennemi ses Batteries, &c. &c.

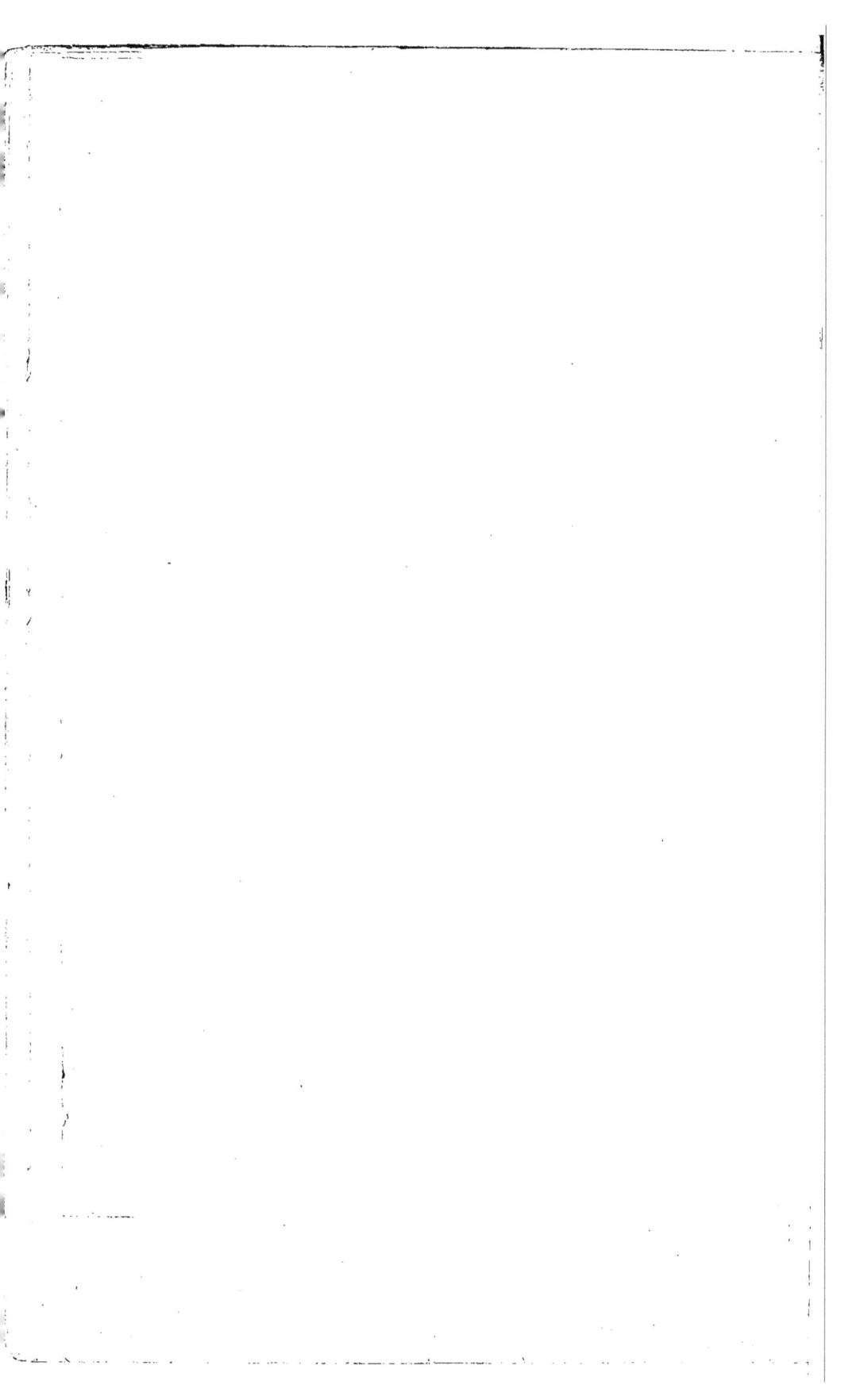

ARMÉE DU RHIN

SES ÉPREUVES

LA CHUTE DE METZ

DEUXIÉME PARTIE.

PIÈCES JUSTIFICATIVES

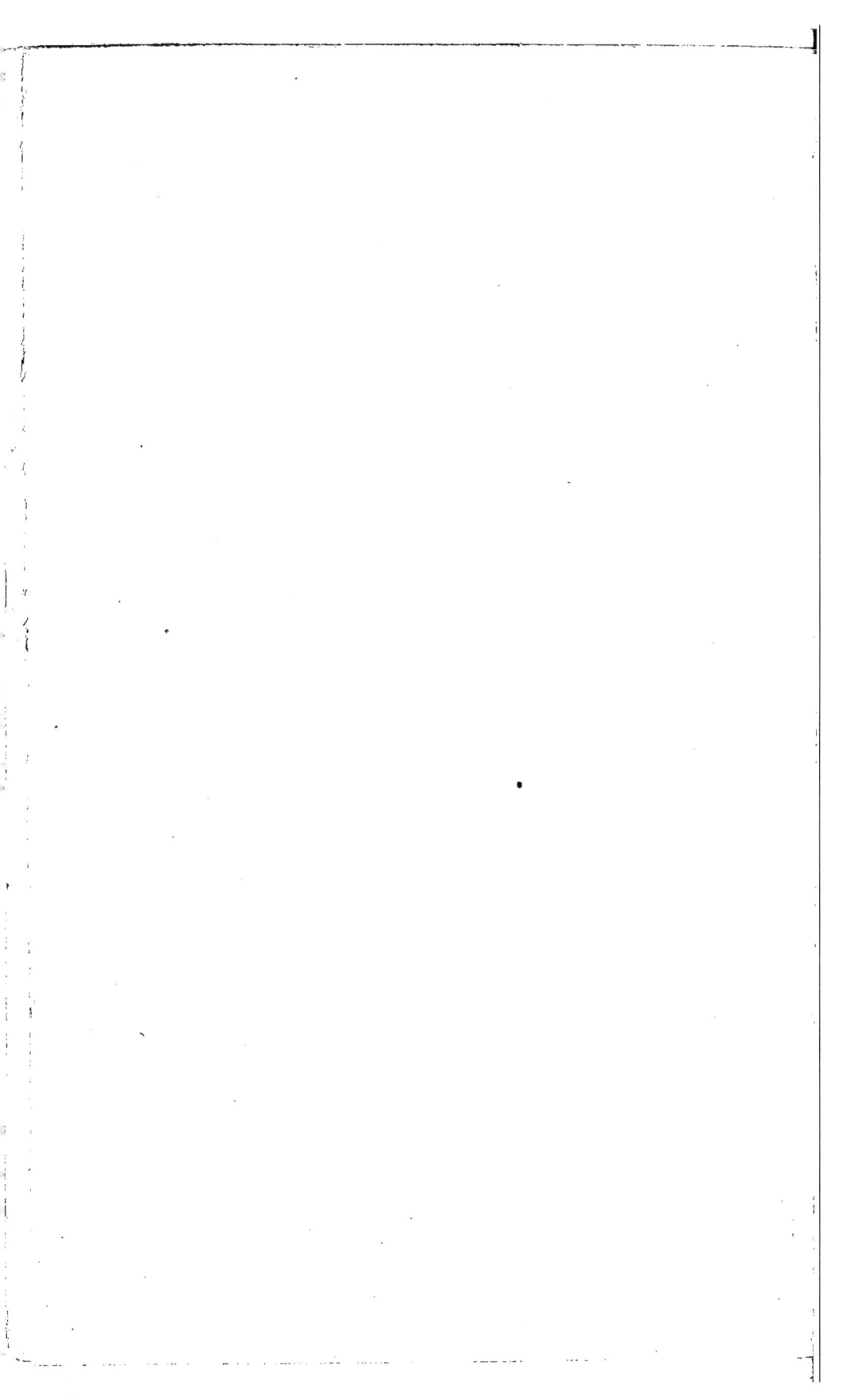

PIÈCES JUSTIFICATIVES

1. — *6 Juillet.* — Déclaration aux Chambres du duc de Grammont.

2. — *7 Juillet.* — Lettre au général chef du service de l'artillerie.

« Mon général, la déclaration du ministre faite hier à la Chambre peut amener des luttes terribles, où la France et l'Empereur auront besoin du dévouement absolu de tous. J'aime mon pays pardessus toute chose ; si donc les événements se dessinent et si vous pensez que je puisse être utile, je me mets modestement et immédiatement à vos ordres. Je suis, etc.   DE MONTLUISANT. »

3. — Ouvrages à consulter pour l'organisation militaire de la Prusse :

1860. — *Études sur l'armée prussienne,* par le capitaine de La Barre Duparq. Publié chez Ténara. Paris, 2 volumes.

1868. — *Organisation, effectifs des armées,* etc., par Samuel. Publié chez Dumaine. Paris.

1869. — *Conférence du Ministère de la Guerre,* par Fay. Publié chez Dumaine. Paris.

1869. — *Comparaison des États militaires des diverses puissances de l'Europe,* conférence par Hugues. Publié chez Dumaine.

1868-69-70. — Articles de Cherbuliez, publiés dans la *Revue des Deux-Mondes,* sur la Prusse et l'Allemagne.

1869-70. — *L'Art de combattre l'armée française,* par le prince Frédéric-Charles de Prusse.

Critique de l'ouvrage précédent. — *Journal de l'armée,* nᵒˢ 156 et 174.

1869. — *Infanterie prussienne, son perfectionnement, son avenir,* traduit par Schenck.

1861. — *Ordonnances prussiennes sur les grandes manœuvres officielles du 29 juin 1861.*

4. — *17 Juillet.* — La Fère. Ordre du régiment. Le colonel porte à la connaissance du régiment les ordres du ministre de la guerre en date du 16 juillet 1870 :

« ..... Les 5e, 7e et 8e batteries seront attachées à la 1re division d'infanterie du 6e corps d'armée ; elles serviront des canons de 4 rayés de campagne. Ces trois batteries seront sous les ordres de M. le lieutenant-colonel de Montluisant, avec M. Vignotti pour commandant en second.   Le colonel, C. PICOT DE LAPEYROUSE. »

5. — *23 Juillet.* — Dépêche. L'intendant militaire à Châlons au sous-intendant à La Fère :

« Informez le 8e régiment d'artillerie que j'ai donné l'ordre de lui expédier du magasin du camp de Châlons ce qui est destiné à ses batteries à pied. Les batteries montées viendront au camp ou iront à Soissons, et alors on leur expédiera ce qui leur sera nécessaire, ou on le leur remettra ici.   VIGO-ROUSSILLON. »

6. — *20 Juillet.* — Dépêche. Intendant-général au ministère de la guerre :

« Il n'y a à Metz ni sucre, ni café, ni riz, ni eau-de-vie, peu de lard et de biscuit. Envoyez d'urgence au moins un million de rations sur Thionville. »

7. — *21 Juillet.* — Général Frossard au ministère de la guerre :

« Le dépôt envoie d'énormes paquets de cartes inutiles pour le moment ; nous n'avons pas une carte de la frontière de France ; il serait préférable d'envoyer en plus grand nombre ce qui serait immédiatement utile et dont nous manquons complètement. »

8. — *Juillet.* — Le général Coffinières, envoyé à Metz par le ministre pour inspecter les fortifications, examine toute chose et il adresse le 19 juillet au maréchal Lebœuf un rapport détaillé dans lequel il annonce qu'il faut encore une année de travaux pour mettre les forts en état de défense et achever les défenses du camp retranché. Ce document se croise avec le décret qui nomme M. Coffinières commandant supérieur de Metz, et aussi la déclaration officielle de la guerre.

Ces faits étaient de notoriété publique à Metz au mois d'août 1870.

9. — *26 Juillet.* — Intendant en chef au ministre de la guerre :

« Par suite du manque absolu de boulangers et de l'impossibilité d'en trouver dans la classe civile, malgré les marchés passés pour fourniture à la ration, les nombreuses troupes en dehors de Metz sont obligées, pour vivre, de consommer le biscuit qui devrait servir de réserve, et qui n'arrive pas d'ailleurs dans une proportion suffisante. Il n'est arrivé, avec les 120,000 hommes de l'armée, que 38 nouveaux boulangers. »

10. — *26 Juillet*. — De l'Empereur, à St-Cloud, au ministre de la guerre :

« Je vois qu'il manque du biscuit, du pain à l'armée. Ne pourrait-on pas faire cuire le pain à la manutention de Paris et l'envoyer à Metz ? »

11. — *28 Juillet*. — Visite de l'Empereur au fort des Carrières, dit de Plappeville.

L'Empereur vient visiter le fort de Plappeville ; il est accompagné par le général Coffinières et par trois autres généraux, MM. Canu, de Béville, etc. Il est reçu par le capitaine Gillet, qui commande le fort, et par M. L. Viausson, maire de Plappeville. Le souverain fait le tour du fort, qui est complètement désarmé. Il n'existe ni embrasure, ni plate-forme, ni bouche à feu; tout est en état de construction inachevé. L'Empereur se retire sans donner un ordre ni aucune indication.

Les officiers d'artillerie n'arrivent que le 1er août ; ce sont MM. Robert, chef d'escadron, et Bert, capitaine. Ils sont détachés de Vincennes pour l'armement de l'ouvrage. Ils se servent des pompiers du village de Plappeville, qui, sous la direction immédiate d'un vieux sous-officier de l'arsenal de Metz, montent sur les remparts et placent en batterie les seize premières pièces venues de la ville.

Le 15 août, il y avait 30 pièces en batterie, et à la fin de septembre, 84, presque toutes du calibre de 24. Avant le 1er septembre, il n'y avait pas le moindre approvisionement dans le fort, ni en poudre, ni en munitions.

(Affirmation du maire de Plappeville, M. C. Viausson.)

12. — *2 Août*. — Camp de Châlons. Ordre de verser tous les schakos de la troupe et des officiers et de les expédier au régiment à La Fère. La tenue ne comportera désormais que le képi.

13. — *4 Août*. — Camp de Châlons. Les réserves divisionnaires arrivent demain. Le général de division commandant l'artillerie rappelle à MM. les commandants des divisions que les réserves sont sous leurs ordres directs, et que, dans les marches et combats, elles doivent être placées sous les ordres d'un capitaine en second, ainsi que les voitures de batteries autres que les voitures de combat, etc.

14. — Composition du parc d'artillerie du 6ᵉ corps d'armée de quatre divisions d'infanterie (y compris une batterie de canons à balles) :

11 batteries divisionnaires de 4 rayé de campagne ;

1 — de canons à balles :

Réserve { 6 de 4 rayé de campagne ;
{ 2 de 12 rayé de campagne ;

82 caissons, modèle 1858, pour munitions d'artillerie ;

24 — 1827 — de 12 rayé ;

22 — — pour cartouches, modèle 1866 ;

4 réserves divisionnaires pour munitions d'infanterie, constituées une à Bourges et trois à Toulouse.

En résumé, le parc du 6ᵉ corps, y compris toutes les voitures diverses, devait comprendre :

85 voitures à 6 chevaux ;

100 — à 4 —

8 — à 2 —

_____

197 voitures.   (Officiel).

15. — Composition de la 1ʳᵉ division d'infanterie du 6ᵉ corps :
Général de division Tixier.

Général   9ᵉ bᵒⁿ de chasseurs, commandant Mathelin;
de la 1ʳᵉ brigade :   4ᵉ de ligne, colonel Vincendon ;
Péchot.   10ᵉ — — Ardant du Pic ;
Général de la 2ᵉ brigade :   12ᵉ de ligne, colonel Lebrun ;
Leroy de Days.   100ᵉ — . — Grémion.

Composition de l'artillerie de la 1ʳᵉ division :

Lieutenant-colonel commandant, M. de Montluisant ;

Commandant en second, M. Vignotti, chef d'escadron.

5ᵉ bʳⁱᵉ, capitaine en 1ᵉʳ, Abord ;   Effectif :
  — en 2ᵉ, Lethierry ;   4 officiers ;
Lieutenant en 1ᵉʳ, Varloud ;   145 hommes, dont 42 arrivant de la réserve ;
  — en 2ᵉ, Nouette ;
Adjudant, Sabathié ;   120 chevaux ;
Mᵃˡ des logis chef, Chabert, etc.   19 voitures.

7ᵉ bʳⁱᵉ, capitaine en 1ᵉʳ, Oster ;   8ᵉ bʳⁱᵉ, capitaine en 1ᵉʳ, Flottes ;
  — en 2ᵉ, de Laroque ;   — en 2ᵉ, Dupuy ;
Lieutenant en 1ᵉʳ, Oemichen ;   Lieutenant en 1ᵉʳ, Tournier ;
  — en 2ᵉ, Samin ;   — en 2ᵉ, Boussu ;
Adjudant, Beulac ;   Adjudant, Bouvrie ;

M^{al} des logis chef, MULLER. M^{al} des logis chef, LÉGER.

Effectif : 4 officiers ;   Effectif : 4 officiers ;
    150 hommes ;   146 hommes ;
    125 chevaux ;   120 chevaux ;
    19 voitures.   19 voitures.

Réserve divisionnaire d'infanterie.

Lieuten. commandant, VINCOT.

Effectif : 1 officier ;
    47 hommes ;
    76 chevaux ;
    21 voitures.

Résumé de nos ressources au 4 août 1870 :
    3,804 coups pour canons de 4 ;
    289,872 cartouches, modèle 1866, etc.   (Officiel).

16. — *4 Août.* — L'Empereur au ministre de la guerre. — Metz, 4 heures 85 soir.

« Il est de toute nécessité que le maréchal Canrobert vienne à Nancy avec ses trois divisions par le chemin de fer ; mais que faire de la garde nationale mobile ? »

17. — *5 Août.* — L'Empereur au maréchal Canrobert. — Metz, 5 août, 8 heures 35 du matin.

« Faites venir l'infanterie de vos trois divisions par le chemin de fer, directement à Nancy. L'artillerie et la cavalerie suivront par étapes. »

18. — *5 Août.* — Camp de Châlons. « En exécution de l'ordre du maréchal commandant en chef le 6ᵉ corps d'armée, les divisions d'infanterie partiront aujourd'hui pour Nancy dans l'ordre de bataille. Les batteries divisionnaires des trois divisions présentes au camp formeront un train spécial, qui suivra aussitôt que toute l'infanterie sera partie. Le quartier-général sera encore le 7 au camp ; à partir du 8, il sera à Nancy.   Général DE LABASTIE. »

19. — *6 Août.* — « A onze heures du soir, ordre de partir avec ma réserve divisionnaire par grande vitesse, le 7, à 10 heures du matin. Le 7 au matin, contre-ordre, on ne bouge pas de Châlons ; les deux divisions d'infanterie déjà à Nancy vont revenir. » (Officiel).

20. — *9 Août.* — Major-général au ministre de la guerre. — De Metz :

« Le maréchal Bazaine est, par décret impérial, nommé comman-

8

dant en chef de toutes les forces réunies en avant de Metz. Le général Decaen prend le commandement en chef du 3ᵉ corps. »

21. — *10 Août.* — Major-général au ministre de la guerre. — De Metz :

« L'Empereur ordonne de continuer, sans interruption et sans aucune perte de temps, le mouvement de toutes les divisions du camp de Châlons sur Metz ; que la compagnie de l'Est fasse tous ses efforts pour hâter le mouvement par tous les moyens possibles. Je préviens le maréchal Canrobert, entendez-vous avec la compagnie. »

22. — *11 Août.* — Au camp de Châlons. Ordre de partir pour Metz en quatre trains se suivant, la 7ᵉ batterie, dans la nuit ; la 3ᵉ batterie s'est embarquée le 11, à 3 heures ; la réserve divisionnaire, le même jour, à 5 heures ; la 8ᵉ batterie, le 12, au petit jour. On n'est arrivé que le 13 au matin à Metz.

23. — *13 Août.* — Debains au ministre de l'intérieur. — Metz, 13 août 1870, 2 heures 1/2 du soir.

« Les renforts attendus sont arrivés. Le maréchal Bazaine, après avoir pris les ordres de l'Empereur, a conféré avec les chefs de service. Les volontaires affluent. Les communications avec Frouard sont momentanément interrompues. »

24. — *13 Août.* — Le général Tixier, commandant la 1ʳᵉ division du 6ᵉ corps, prescrit aux officiers d'artillerie de la division et au lieutenant du train, de ne recevoir des ordres que du lieutenant-colonel de Montluisant ou de lui-même. Il les rend responsables de la moindre infraction à cette consigne, et il entend qu'on lui rende compte de toutes les démarches ou de toutes les mesures qui pourraient se présenter dans le sens opposé à ses ordres.

25. — *13 Août.* — Ordre pour l'artillerie. « Attendu qu'il n'y a aucun service établi pour éclairer et renseigner sur la position de l'ennemi, qui est signalé par les cultivateurs affolés ; attendu que les vedettes d'infanterie ne sont pas à plus d'un kilomètre en avant du camp, une batterie de combat sera toujours prête à aller au feu, le service roulant sur les trois batteries qui se relèveront de douze heures en douze heures. Si le combat s'engage, tout le monde sera prêt dans le plus bref délai, les tentes levées, les réserves attelées, les bagages repliés.   DE MONTLUISANT. »

26. — *13 Août, à 4 heures.* — « Par ordre du maréchal commandant en chef l'armée du Rhin, toute l'armée se tiendra prête à se mettre en mouvement demain, 14 du courant, à 5 heures du matin. A cet effet, on prendra aujourd'hui des vivres pour les journées des 14, 15 et 16, etc.

« Veuillez prendre les mesures les plus sévères, pour que ce soir, dès l'heure de la soupe, officiers et soldats soient présents à leur poste. »

27. — *13 Août.* — Ordre. « L'artillerie renverra immédiatement dans la ville les hommes et chevaux malingres et éclopés. Les ordres pour le départ seront renvoyés ultérieurement. Ne pas faire dresser les tentes. Tous les bagages et impédiments seront massés à St-Privat ; ne conserver que les batteries de combat et leurs réserves. »

28. — *14 Août, à 9 heures du matin.* — « Depuis l'ordre que vous avez reçu hier soir, la division n'a reçu aucune autre instruction de la part du quartier-général. Faites savoir aux chefs de corps qu'il y a lieu de laisser reposer les hommes. Dans le cas où, à 10 heures, de nouvelles dispositions ne vous seraient pas annoncées, vous feriez dresser les petites tentes, etc. Général TIXIER. »

29. — *14 Août, 11 heures du soir.* — « Par ordre du maréchal commandant le 6e corps d'armée, tous les bagages sous les ordres de M. le Prévôt seront immédiatement dirigés sur Metz ; ils traverseront le Pont des Morts, sortiront par la porte de France, et prendront la route de Longeville, etc. Général TIXIER. »

30. — *15 Août, soir.* — Communication verbale faite par le général commandant la division.

« Les Prussiens sont déjà à gauche et en avant de nous, du côté de Mars-la-Tour. La division Forton s'est déployée, et ses deux batteries viennent d'avoir un feu très-vif avec les bouches à feu ennemies.

« Les deux brigades du général Forton se sont maintenues dans leurs positions ; elles n'ont donné aucun renseignement sur l'importance de la force de l'armée ennemie qui vient de franchir la Moselle. Il est probable que l'Empereur, qui couche à Gravelotte, partira de grand matin pour Conflans-Verdun, sera escorté, et que le 6e corps suivra le mouvement. » (Note prise par M. de Montluisant.)

31. — *16 Août.* — Ordre reçu à 9 heures du matin. « 1° Les troupes de la division iront toucher aujourd'hui un jour de vivres sur la droite de la route, entre les divisions Lafont de Villiers et Levassor-Sorval.

« 2° On devra s'assurer immédiatement que les hommes ont leur complet de cartouches, et s'il n'en est pas ainsi, on leur en fera distribuer, en en prenant dans les réserves divisionnaires, qui doivent être complétées elles-mêmes par le parc.

« 3° L'ennemi étant à proximité, des reconnaissances de cavalerie sont faites pour s'assurer de sa position.

« Les troupes devront rester prêtes à prendre les armes, mais sans s'astreindre aux alignements et sans prendre le fourniment et les sacs. On se gardera de loin, et des vedettes seront jointes aux grand'gardes ; elles seront placées par deux. Dans aucun cas, les grand'gardes et les petits postes détachés ne doivent faire de feu la nuit, etc. Il est probable que, si l'ennemi n'attaque pas, on se mettra en marche cet après-midi, etc. »

32. — *16 Août.* — Empereur à Impératrice. — Etain, 16 août.

« Je viens d'arriver à Etain avec deux régiments en avant de l'armée, afin d'être plus tôt à Verdun ; nous allons bien, l'armée est réunie et pleine d'ardeur ; nous t'embrassons tendrement. »

32 bis. — MARCHE DE LA DIVISION FORTON. — Partis le 14 août, à 1 heure de l'après-midi, arrivés, le soir, à 7 heures, en avant de Rezonville ; le 15 au matin, on est parti pour Mars-la-Tour, faisant le coup de fusil avec les éclaireurs prussiens.

Le 1er régiment de dragons tenait la gauche, il est arrivé à 4 kilomètres de Mars-la-Tour. Un combat d'artillerie a eu lieu de midi à 3 heures ; l'artillerie de la division Forton était en avant du village. On s'est replié le soir, et on est venu camper en avant de Vionville, sans laisser à Mars-la-Tour ni un poste, ni un homme de garde.

Dans la journée du 15, le 2e peloton du 3e escadron du 1er régiment de dragons a fait 12 à 15 prisonniers, et parmi eux un sous-officier parlant à merveille le français ; il a avoué qu'avant la guerre il était garçon de ferme dans les environs de Mars-la-Tour, et qu'il était là pour guider les troupes prussiennes.

Dans la nuit du 15 au 16, les grand'gardes du 1er régiment de dragons placées en avant de Tronville, signalent les uhlans. Au jour, elles signalent l'arrivée de troupes qui se massent. Enfin le 16, à 9 heures, l'officier commandant là grand'garde envoie prévenir directement le général de division qu'il y a une armée qui arrive.

Le général de Forton, qui déjeûne à Vionville avec ses deux généraux de brigade, charge le général Murat d'aller voir ce qu'il y a de vrai dans les avertissements des dragons. Cet officier général s'avance sur le front de bandière ; il s'y trouve au milieu des chevaux que l'on vient de desseller et des escadrons en marche successivement du côté de l'ennemi aux abreuvoirs. Il est surpris par des obus ennemis. On monte à cheval comme on le peut, on se forme... L'artillerie repousse par des coups à mitraille une charge de cavalerie qui s'avance.

Enfin au bout de dix minutes, et sous un feu très-vif, on se replie en assez bon ordre.

M. de Grammont, duc de l'Espare, commandait le 7e et le 10e cuirassiers ; M. le prince Murat, le 1er et le 9e dragons. (Note d'un officier supérieur du 1er dragons.)

33. — *16 Août.* — Bataille de Rezonville. Rapport du lieutenant-colonel commandant l'artillerie de la 1re division.

« Le 16 août, j'étais campé avec les trois batteries Abord, Oster et Flottes et avec la batterie Blondel, placée provisoirement sous mes ordres.

« Surpris, à 9 heures et quart du matin, par des coups de canon en avant et à gauche, nous avons levé le camp. Notre division était bien loin sur la droite.

« Voyant l'artillerie prussienne déboucher et se placer en batterie en face de nos positions, j'ai, en un instant de galop, reconnu l'importance des plateaux de la position centrale qui nous dominait, et la nécessité absolue de la conserver pour sauver les troupes placées autour de nous et en contre-bas. Abandonné de tout le monde, et ne pouvant recevoir des ordres, j'ai fait ce que j'ai cru le plus utile à l'intérêt de tous, et j'ai placé la batterie Abord sur le sommet, avec l'ordre de s'y faire hâcher si cela devenait nécessaire, mais de ne pas abandonner ce point culminant.

« J'ai placé ensuite la batterie Blondel à côté de la première, et j'ai envoyé le commandant Vignotti placer la batterie Oster sur notre droite, pour voir tous les plis de terrain et flanquer notre position centrale.

« Je me suis tenu, avec le chef d'escadron Vignotti, à portée de la voix, entre les deux batteries Abord et Blondel.

« Connaissant la puissance et la justesse de l'artillerie prussienne, j'ai fait placer les pièces en échelon et à 30 mètres de distance. Je les ai fait avancer ou reculer toutes les demi-heures, pour tromper l'ennemi et l'empêcher de régulariser son tir.

« Le feu a été ouvert à 10 heures du matin, après le premier coup lancé par la batterie prussienne.

« L'ennemi, étonné de notre résistance, a augmenté l'importance de son artillerie, qui a été bientôt de plus de 40 bouches à feu de gros calibres.

« Distance de tir, 2,200 mètres, et nous n'avions que du 4 admirablement pointé ; heureusement les terres étaient meubles, les obus s'enfonçaient et nous couvraient d'une mitraille très-pressée, et peu meurtrière. Mon cheval a eu plus de dix atteintes et pas une seule grave, ce qui prouve l'exactitude du fait.

« Si le combat avait eu lieu sur un terrain ferme, nous aurions été écrasés.

« Les batteries Blondel et Abord souffrant énormément, j'envoyai le commandant Vignotti, à travers tout le champ de bataille, prévenir et demander du renfort. On nous envoya les batteries du commandant Clerc, de la division de cavalerie de la réserve Forton.

« Les Prussiens ne pouvant nous faire taire, firent agir des mitrailleuses qui amenèrent beaucoup de mal. Le capitaine Abord fut en ce moment renversé par une balle de mitrailleuse. Je donnai le commandement de cette batterie au lieutenant Varloud, officier vigoureux, énergique et calme ; et plus tard, lorsque M. Dupuis, mon adjoint, revint de porter mes instructions à M. Oster, je le chargeai de remplacer M. Abord. La mitraille était si pressée, que cet officier eut immédiatement son cheval tué sous lui. Relevé, il continua à diriger tout le monde avec un calme remarquable. Une charge prussienne fut enfin dirigée sur nos deux batteries pour les écraser, et elle arriva au moment où les batteries Clerc, de la division de cavalerie Forton, se mettaient en batterie. La charge prussienne, belle d'élan, passa dans mes pièces ; mais saisie de flanc par la cavalerie française, elle fut anéantie devant nous, aux cris de : Vive l'Empereur !

« Pendant cette première partie de l'affaire, la batterie Oster nous avait bien servis par son tir bien conduit.

« Le lieutenant en premier Oemichen s'y fit remarquer par un entrain extraordinaire.

« M. Samin, lieutenant en second, dont l'énergie était grande, eut son cheval tué et reçut deux blessures.

« La grande batterie prussienne cessant le feu, je renvoyai immédiatement les restes des batteries Blondel et Oster se reformer en première ligne, en leur prescrivant de se reconstituer immédiatement un approvisionnement entier avec les débris de la cinquième et les voitures brisées.

« Je profitai de ce moment de calme, au milieu de ce centre de bataille, pour enlever nos blessés. J'arrivais à peine au sommet, quand je fus ému d'apercevoir la fameuse batterie prussienne reformée, et derrière elle une colonne profonde d'infanterie, flanquée de batteries, s'avançant avec rapidité.

« Je plaçai immédiatement la batterie Blondel, avec l'ordre de tirer sur cette colonne d'attaque, et j'envoyai de nouveau le commandant en second Vignotti prévenir et chercher du renfort. Le colonel Défaudais voulut bien venir nous en conduire de sa personne, et le colonel X.., qui avait de son côté aperçu le retour offensif, nous envoya des bouches à feu.

« Il y eut donc, d'abord, la batterie Blondel, et plus tard, deux et trois autres qui, prenant d'enfilade toutes les masses prussiennes profondes, arrêtèrent subitement le mouvement. Mais elles attirèrent sur elles un océan de mitraille dont on ne peut se faire une idée, quand on n'y a pas assisté. Les projectiles étaient d'un calibre énorme, produisant beaucoup d'éclats.

« En résumé, le tir dura de 10 heures à 2 heures et demie, et de 3 heures et demie à 7 heures.

« J'avais sous mes ordres directs les trois batteries Abord, Blondel et Oster. Quant à la batterie Flottes, détachée depuis la veille avec le général Péchot de la 1re brigade, elle a été aussi vivement engagée, mais elle a peu souffert.

« Voici maintenant quelques détails que j'ai vus passer sous mes yeux.

« Dans la batterie Abord, le capitaine, qui avait l'ordre de s'y faire tuer au besoin, l'a simplement et bravement exécuté. M. Varloud, son lieutenant en premier, légèrement touché à la face par un éclat d'obus, a suivi l'exemple de son capitaine et a montré un sang-froid remarquable.

« M. Nouette, lieutenant en second, a eu ses vêtements plusieurs fois traversés par des éclats de projectiles ; il a servi admirablement. Enfin, M. Sabattier, adjudant, blessé d'un éclat d'obus, a continué son service. Le maréchal-des-logis Cugulières, au moment de la charge prussienne, a sauvé sa pièce en attelant son cheval à la lunette de bout de crosse.

« Dans la 12e batterie, le capitaine Blondel, doué d'un esprit vigoureux, calme, a admirablement dirigé sa batterie.

« Le lieutenant en premier Contresty, après avoir vu tomber son chef de pièce Beyegaz, broyé par un obus, et le brigadier Vissocq, a été lui-même renversé sans blessure, et il a continué à servir lui-même la pièce.

« Le sous-lieutenant Coffinet a reçu, au commencement de l'action, un éclat d'obus et une plaque de plomb sur l'abdomen. Il a continué à diriger sa section avec entrain. L'adjudant Carroy, les maréchaux-des-logis Gueux et Brucker, tous légèrement contusionnés, sont restés inébranlables à leurs postes.

« Dans la 7e, le capitaine Oster mérite des éloges spéciaux, par la grande habileté avec laquelle il a dirigé sa batterie. Engagé d'abord contre la grande batterie prussienne, il a conduit une deuxième fois au feu la batterie, pour battre d'écharpe une autre batterie qui se formait sur la route de Metz. Enfin, sur le soir, il aida une batterie de mitrailleuses, engagée contre l'ennemi.

« Un coffre d'avant-train a sauté et tué le cheval du lieutenant Samin, qui, plus tard, a reçu lui-même deux blessures.

« M. Oemichen, lieutenant en premier, vers la fin de l'action, et pendant que les mitrailleuses éloignaient les fantassins de première ligne, s'est jeté au-devant d'eux et les a ramenés au combat.

« Cette bataille a été superbe ; elle aurait été décisive, si l'armée française avait pu servir des pièces de gros calibre, douées d'une plus grande puissance.

« Je suis fier d'avoir eu l'honneur de commander à de pareils soldats qui, sous une pluie de mitraille, ont continué et soutenu leur feu sans un mot, sans un cri, avec calme et sang-froid, exécutant mes commandements minute par minute.

« Le commandant en second Vignotti mérite une mention particulière : actif, énergique, il a, au milieu des plus grands dangers, placé la batterie Oster, et deux fois traversé le champ de bataille pour nous amener des renforts. Sans son aide, il m'aurait été impossible d'être secouru. Admirable d'élan et de dévouement, il a mérité une récompense hors ligne.

« Enfin, on aurait peut-être pu mieux faire, je l'avoue simplement, mais nous avons été surpris et obligés de prendre des décisions immédiates ; et, dans le choix des positions, je ne me suis laissé guider que par le désir d'être utile au gain général de l'engagement.

« Au bivouac de St-Privat, le 18 août 1870.   DE MONTLUISANT. »

34. — *18 Août.* — Lettre d'envoi du rapport sur la bataille de Rezonville.

« Mon général, j'ai l'honneur de vous adresser mon rapport et mes états de proposition pour les troupes d'artillerie. J'ose vous prier de vouloir bien les appuyer de votre haute influence.

« Je vous demande aussi, mon général, de ne pas parler de moi. Je n'ai rien fait, et je n'ai eu que l'honneur de commander à des troupes admirables.

« Récompensé dans le passé bien au-delà de mes modestes services, c'est à moi à payer, longtemps encore, de ma personne et de mes soins. Enfin, dans cette lutte que nous soutenons contre l'ennemi, il n'y a pas un seul de mes camarades qui n'eût, sans aucun doute, aussi bien rempli son devoir.

« Je suis, etc.   DE MONTLUISANT. »

35. — *16 Août.* — 13ᵉ régiment d'artillerie monté (9ᵉ et 10ᵉ batteries).

« Le 13 août 1870, la 3ᵉ division du 13ᵉ régiment d'artillerie (9ᵉ et 10ᵉ batteries), appartenant à la réserve générale de l'artillerie, a été détachée à la 2ᵉ division du 6ᵉ corps d'armée. Cette division se compose d'un seul régiment. Tout le reste n'a pu rejoindre.

« Le 16 août, le général Bisson, commandant la 2ᵉ division du 6ᵉ corps, me donne l'ordre, au moment de l'attaque de l'ennemi, de mettre mes deux batteries en position de combat sur la hauteur en arrière du village de Rezonville. Le 9ᵉ régiment de ligne, le seul de sa division, était placé en bataille à 200 mètres en avant des deux batteries.

« Vers midi, le 9ᵉ régiment de ligne reçut l'ordre de se porter en avant, et le général Bisson m'envoya son chef d'état-major, le colonel Grévy, pour placer les deux batteries près de la route de Metz à Verdun, afin de contre-battre les batteries de position prussiennes, et empêcher les colonnes de s'avancer vers la route.

« Les deux batteries étaient placées dans l'ordre de bataille : la 9ᵉ, capitaine Lequeux, à droite. Longtemps décimées par le tir bien réglé de l'ennemi et le feu des tirailleurs, je fis retirer les deux batteries pour les replacer à 300 mètres en arrière. C'est dans cette position que mes batteries reçurent de flanc une charge de uhlans et de cuirassiers prussiens.

« Promptement réorganisées, je reportai mes batteries vers le village de Rezonville, du côté de Metz, où je fis prendre les ordres du maréchal Canrobert. Il me laissa en bataille jusqu'à la fin de la journée.

« Je ne suis rentré au camp qu'à 9 heures du soir. Dans ces divers engagements, la batterie Lequeux a perdu 1 tué, 1 disparu et 12 blessés ; la batterie Lippmann, 1 tué et 9 blessés.

« Officiers, sous-officiers et soldats, ont rempli dignement leur devoir.

« Le chef d'escadron, E. BRUNEL. »

36. — *16 Août.* — Rapport du capitaine de Martre, commandant les compagnies de soutien fournies par le 9e bataillon de chasseurs, pour l'artillerie de la division.

« Mon colonel, tout le monde a fait son devoir, mais je crois devoir vous signaler d'une manière toute particulière M. le lieutenant Martin Gallepier de Mierry, qui a commandé la 2e section placée à la gauche de la 12e batterie du 8e régiment d'artillerie. Cette section a contribué, par un feu bien nourri et bien dirigé, à repousser la charge de cavalerie ennemie. Cet officier a été fortement contusionné à l'épaule par un éclat d'obus. M. le sous-lieutenant Cavaignac, qui a, par son calme, inspiré la plus grande confiance aux hommes, malgré le feu nourri des batteries ennemies. Le sergent-major Goutturègre, les sergents Abache et Rochetin, les caporaux Fombonne, Brunet et Clary ; le clairon Barbier et les chasseurs Ortensio et Lin, blessés tous les trois. Le chasseur Beaumont, blessé très-grièvement, et le chasseur Leroux, qui tous deux ont aidé à différentes reprises les artilleurs à changer les roues des caissons, brisées par les projectiles ennemis. Enfin les chasseurs Six, Carnot, Buatoir, Terville, Danguin, Chabert, Gavon, Garnier, Lerrendon, Lebourg, qui ont montré le plus grand sang-froid. MARTRE. »

NOTA. — M. le capitaine Martre, officier très-distingué, a été tué le 18.

37. — *16 Août.* — Rapport du maréchal Canrobert sur la bataille de Rezonville.

« Le 16 août, au matin, le 6e corps était en position à droite et en avant de Rezonville ; son front, comprenant la division Lafont de Villiers, un régiment, le 9e, de la division Bisson, et la division Tixier, s'étendant jusqu'au village de St-Marcel, qu'occupait la 1re division.

« La 4e division Levassor-Sorval, placée en arrière de Rezonville, parallèlement à la route, surveillait les ravins et les massifs de bois considérables qui s'étendent de Rezonville jusqu'à Ars et Novéant, bois dans lesquels on avait signalé la présence de l'ennemi.

« Vers 9 heures et demie, les Prussiens débouchant en même temps du village de Vionville, des hauteurs boisées qui se trouvent à gauche et des crêtes qui s'élèvent à sa droite, attaquaient de front les 2e et 6e corps.

« Nos troupes, couvertes par leurs avant-postes, eurent bientôt pris les armes et soutinrent énergiquement nos attaques.

« La 1re division détacha de St-Marcel la brigade Péchot, qui occupa le bois traversé par la voie romaine, sur la droite de Vionville, et arrêta le mouvement offensif de l'ennemi.

« En même temps, la division Laffont de Villiers soutenait courageusement une canonnade meurtrière, et faisait occuper par la brigade Colin la ferme de Flavigny, où cet officier général se maintint solidement.

« L'ennemi ayant voulu prononcer un mouvement offensif, le général Bisson se porte en avant avec le 9e régiment, le seul de sa division présent à la bataille et l'arrête. Dans ce mouvement, cet officier général eut plusieurs chevaux tués sous lui, et presque tous les officiers qui l'entouraient furent blessés.

« Une vigoureuse canonnade s'engagea entre les deux armées. Vers 2 heures, le feu de l'ennemi sembla s'éteindre du côté de Vionville et de Flavigny ; il y avait lieu de croire que, de ce côté, l'ennemi cessait son attaque.

« Nos troupes prirent alors l'offensive, et se portèrent en avant sur toute la ligne de St-Marcel à Rezonville, avec leur entrain habituel. Mais ce mouvement ne put se prolonger, en raison de l'importance que prenait l'attaque venant du bois des Ognons, laquelle montrait clairement que ce qui avait paru au premier abord n'être qu'une démonstration devenait l'attaque principale. L'ennemi voulait tourner Rezonville par sa droite. Le combat de ce côté se maintint longtemps avec des chances égales ; de nombreuses réserves sortaient à tout moment, mais vainement, des bois.

« La division Levassor-Sorval gardait énergiquement ses positions. Cette résistance, à laquelle sans doute l'ennemi ne s'attendait pas, permit à la Garde impériale, qui était en position à Gravelotte, de prendre l'offensive. A ce moment, l'ennemi était arrêté, ce qui me permit de disposer d'une brigade de la division Levassor-Sorval, pour la porter sur les crêtes, en face de Vionville, dont l'ennemi cherchait à nous déloger. Cette manœuvre fut couronnée de succès, et les Prussiens, qui nous faisaient subir des pertes sérieuses, par une attaque d'artillerie supérieure à la nôtre en nombre et en calibres, ne purent gagner de terrain.

« Le village de Rezonville, qui était devenu le centre de la position, était mis en état de défense, et se trouvait à l'abri des efforts de l'ennemi.

« Votre Excellence connaîtra, par les rapports de la Garde impériale, les différentes phases de la lutte à laquelle ce corps d'élite prenait une si glorieuse part.

« Vers 2 heures, une division du 3e corps était venue appuyer notre droite ; ce mouvement, combiné avec celui que le 4e corps prononçait sur Mars-la-Tour, aurait infailliblement déterminé la retraite de l'ennemi vers la Moselle, si la nuit n'était venue l'arrêter.

« Le 6e corps avait vaillamment conservé, pendant 10 heures de combat, ses premières positions, en faisant subir à l'ennemi des pertes considérables, tout en en éprouvant lui-même de très-sensibles.

« La position de Rezonville, formant le sommet de la ligne brisée de notre ordre de bataille, avait une importance que je n'ai pas besoin de faire remarquer à Votre Excellence ; aussi l'ennemi dirigea-t-il contre elle les feux d'une grande partie de son artillerie. La nôtre, inférieure en nombre et en calibres, éprouvant des pertes sérieuses, résista inébranlablement ; je ne saurais trop me louer des services rendus par cette vaillante arme dans la journée du 16.

« Vers 2 heures, au moment où, sur toute la ligne, nous prenions l'offensive, la cavalerie prussienne fit une vigoureuse charge pour percer notre centre. Elle comptait sans notre cavalerie qui, saisissant à propos le moment d'entrer en action, se précipita sur son front. Cette brillante manœuvre fut décisive ; la cavalerie ennemie, parmi laquelle se trouvaient les régiments des cuirassiers du roi, fut ramenée en un instant, et, se retirant en désordre, laissa derrière elle de nombreux cadavres. Un étendard de cette puissante cavalerie de réserve resta entre nos mains.

« Cette journée, dans laquelle l'artillerie a eu une si grande part, a dû être meurtrière pour l'ennemi. De notre côté, nos pertes ont été sensibles ; elles s'élèvent à 5,258 tués, blessés ou disparus, officiers et troupes, parmi lesquels M. le général de Marguenat, commandant la 1re brigade de la 4e division, tué ; le colonel Amadieu, du 75e, tué ; le colonel Daguerre, du 91e, blessé ; le chef d'escadron Boussemard, un de mes aides-de-camp, blessé (bras emporté).

« Signé : CANROBERT. »

38. — *16 Août.* — Rapport du maréchal Bazaine sur la bataille de Rezonville. (Publié à Bruxelles, chez Auguste Decq, rue de la Madelaine, no 9, 1870.)

« Après le brillant combat de Borny, les troupes qui y avaient pris part avaient reçu l'ordre de continuer, dès le lendemain matin 15 août, leur mouvement de retraite sur Verdun, par les deux directions qui leur avaient été indiquées, le 2e et le 6e corps suivant la route du sud par Rezonville, Mars-la-Tour et Manheulles ; le 3e et le 4e corps se dirigeant au nord sur Conflans et Etain ; la grande réserve et les parcs marchant derrière le 6e corps.

« La 1re colonne était couverte par la 1re division de cavalerie de réserve du général de Forton ; la 2e, par la division de chasseurs d'Afrique du Barrail, etc. . . . .

« Au moment où l'ennemi prononçait son attaque sur Rezonville, il tentait de tourner notre droite avec sa cavalerie. Trois de ses régiments, les cuirassiers du roi et deux régiments de uhlans, traversaient la droite du 6e corps, nos batteries, et dépassant la crête que nous occupions, tentaient de se rabattre sur les derrières de notre infanterie. La division du général Forton, dont ils ne soupçonnaient pas la présence, les prend en flanc et en queue, et cette masse de cavalerie est complètement anéantie, sous le sabre de nos dragons et de nos cuirassiers, etc. . . . .

« Le 2e chasseurs d'Afrique et la brigade de la Garde (lanciers et dragons), qui étaient accourus au canon, après avoir escorté l'Empereur jusqu'à Etain, etc. . . . .

(Citations puisées dans le Rapport).

39. — *16 Août.* — Lettre du général commandant en chef l'artillerie. — Du camp de Gravelotte, 16 août 1870, à M. le colonel de Montluisant.

« J'ai l'honneur de vous inviter à m'adresser aussi promptement que possible : 1° L'état des consommations en munitions et en matériel des batteries placées sous vos ordres, faisant ressortir l'existant actuel en munitions, etc.

« J'attache la plus grande importance à ce que le premier de ces renseignements me parvienne immédiatement, et je vous prie de me l'adresser dès ce soir, aussitôt que vous aurez pu réunir les rapports des commandants de batteries, etc.

« Vous devrez enfin, d'ici à demain matin, faire faire, entre les batteries de votre division, la répartition des munitions à canon, restantes.

« Par ordre, le colonel chef d'état-major général,

« VASSE DE ST-OUEN. »

40. — *16 Août, 11 heures du soir.* — Dépêche du lieutenant-colonel de Montluisant au lieutenant-colonel Fourchaud, chef d'état-major de la 1re division.

Il demande où sont, la 7e batterie, Oster ; la 5e, Abord ; la 8e, Flottes. Il faudrait pouvoir réorganiser plusieurs de ces batteries, recevoir des munitions, etc. . . . .

Le lieutenant-colonel répond : qu'il n'a reçu aucun renseignement sur la situation de ces batteries, et qu'il faut s'adresser au général en chef d'artillerie pour tout le reste. Il ajoute : « Je n'ai pas besoin de vous dire que la manière dont se sont comportés vos officiers et vos canonniers n'a point échappé à mon observation, et que j'ai souvent moi-même, dans la journée, admiré le calme, le sang-froid et l'habileté de nos officiers d'artillerie.

« Par ordre, pour le général, le colonel,   FOURCHAUD. »

41. — *17 Août.* — Au camp de Plappeville. Le général commandant en chef l'artillerie, au lieutenant-colonel de Montluisant. Dépêche n° 316, reçue le 18, à 9 heures.

« J'ai l'honneur de vous prier de m'adresser immédiatement, par un officier ou par un ordonnance à cheval, à mon quartier-général de Plappeville, les états que je vous ai demandés par ma lettre d'hier, des consommations en munitions, et des pertes en hommes et en chevaux, survenues dans les batteries sous vos ordres, à la suite de la bataille d'hier.

« Vous voudrez bien envoyer demain, à 8 heures du matin, sur le plateau en avant du fort de Plappeville, où est parqué le convoi de munitions, venu de Metz, des caissons attelés pour recevoir la part de munitions à canon et de cartouches d'infanterie, qui revient à vos batteries, dans le peu de ressources dont nous pouvons disposer. Cette répartition ne pourra être faite que sur les états qui m'auront été envoyés.

« Le général commandant en chef l'artillerie,   J. SOLEILLE. »

42. — *17 Août.* — Ministre de la guerre à S. M. l'Empereur, au camp de Châlons.

« L'Impératrice me communique la lettre par laquelle l'Empereur annonce qu'il veut ramener l'armée de Châlons sur Paris. Je supplie l'Empereur de renoncer à cette idée, qui paraîtrait l'abandon de l'armée de Metz, qui ne peut faire en ce moment sa jonction à Verdun. L'armée de Châlons sera avant trois jours de 85,000 hommes, sans compter le corps de Douai, qui rejoindra dans trois jours et qui est de

18,000 hommes. Ne peut-on pas faire une puissante diversion sur les corps prussiens, déjà épuisés par plusieurs combats ?

« L'Impératrice partage mon opinion. »   (Officiel).

43. — *18 Août.* — L'Empereur au ministre de la guerre. — Du camp de Châlons. . . . .

« Le maréchal Bazaine a aussi besoin de munitions pour les canons et les mitrailleuses. »

44. — *18 Août.* — L'Empereur au ministre de la guerre. — Du camp de Châlons.

« Je me rends à votre opinion. Ne retardez pas le mouvement de la cavalerie. Bazaine demande avec instance des munitions. »

45. — *18 Août.* — Billet envoyé par le lieutenant-colonel Jamet au lieutenant-colonel de Montluisant. Ecrit au crayon ; reçu à 11 heures au 2e bivouac de St-Privat-la-Montagne.

« Par ordre du commandant adjoint au général en chef, commandant l'artillerie de l'armée, le colonel de Montluisant devra envoyer à Plappeville un caisson de 12 vide, pour recevoir les obus de 12 qui lui reviennent pour les batteries Brunel du 13e régiment.

« Un ordre du général Soleille me constitue, en attendant l'arrivée du général Labastie, pour remplir par intérim les fonctions de commandant de l'artillerie du 6e corps.

« Au camp, 9 heures 15 minutes du matin.

« Le lieutenant-colonel, C. Jamet. »

46. — *18 Août.* — Bataille de St-Privat. Rapport du lieutenant-colonel de Montluisant.

« Mon général, avant-hier 18 août, le 6e corps d'armée était campé à St-Privat-la-Montagne, et nous déjeunions, quand les cris : Aux armes ! mirent tout le monde sur pied. Un nouveau combat s'engageait.

« J'envoyai immédiatement le commandant Vignotti, avec la batterie de 12 Lequeux et deux batteries de 4, aux ordres du maréchal Canrobert, qui les fit placer en avant du village de St-Privat, sur la route de Briey, pour contre-battre de puissantes batteries ennemies qui commençaient à décimer nos troupes. Je me portai de ma personne sur les crêtes à gauche, avec mes autres batteries. Le commandant Brunel tenait la tête de mes colonnes, et dirigeait la batterie Lippmann.

« L'artillerie prussienne était partout nombreuse, bien servie, son tir était assuré, vif et soutenu, les bouches à feu placées derrière des épaulements naturels.

« De notre côté, la canonnade fut, au contraire, lente et trop mesurée.

« Mes pièces n'avaient plus, au commencement de la bataille, que 100 projectiles disponibles. Je fus même forcé de donner l'ordre de diminuer l'intensité de notre feu, à cause de l'épuisement des munitions ; je prescrivis enfin à toutes les batteries, de conserver absolument 15 projectiles par bouche à feu, pour parer à toutes les éventualités et aux imprévus de l'avenir.

« Je chargeai le commandant Brunel de se transporter sur les attaques de droite, d'y transmettre mes instructions, et de recommander aux commandants de batteries de durer le plus longtemps possible, en ménageant leurs ressources.

« La marche de la bataille forçant le 6e corps à obliquer peu à peu sur la droite, je me trouvai bientôt seul sur les crêtes, pour relier les hauteurs d'Amanvillers avec celles de St-Privat.

« L'ennemi commença, vers 4 heures, à s'ébranler lentement, mais sur tout son front ; son mouvement tournant se dessinant de plus en plus, j'essayai, avec les 6 pièces de 12 de la batterie Lippmann, d'arrêter les têtes des colonnes. Notre tir à 2,700 mètres environ était bon. Nos projectiles faisaient des trouées énormes, jetaient le désordre, mais nos caissons étaient vides, l'ennemi se reformait et avançait toujours.

« Je vis de loin la prise de Ste-Marie-aux-Chênes, les masses écrasantes de l'adversaire, et je pris immédiatement mes précautions de retraite.

« Une seule route était libre pour rentrer sous Metz et abriter le corps d'armée, celle de Woippy ; je disposai de suite les 3 batteries Lippmann, Blondel et Abord en étages, les unes au-dessus des autres, sur une pente très-inclinée, aboutissant aux carrières d'Amanvillers, et permettant à toutes les bouches à feu de tirer les unes pardessus les autres. Je m'assurai par moi-même qu'il existait au sommet un large débouché sur la route de Metz. J'appelai successivement toutes mes batteries et celles qui passèrent à ma portée, pour les placer à côté des premières, et je prescrivis à tout le monde de ne faire feu que quand je le ferais commencer au point culminant, d'où je voyais l'ensemble des mouvements de l'ennemi, et la marche rétrograde de nos troupes.

« Le maréchal Canrobert, qui passa quelques instants après près de moi, voulut bien assurer toutes mes dispositions et me donner un régiment de soutien pour arrière-garde.

« Le tir commença à 6 heures, au moment où les Prussiens cernèrent le village de St-Privat, couronnèrent les crêtes, et mirent en position, à gauche et à droite, plus de 60 bouches à feu, qui firent pleuvoir sur nous une grêle d'obus.

« Je voudrais pouvoir citer les noms de tous les officiers qui avaient bien voulu m'aider et accepter ma direction.

« Une batterie du 19e régiment, sous les ordres du commandant Loyer, était la plus rapprochée. J'envoyai cet officier supérieur porter partout l'ordre de se replier rapidement sur la route de Metz, au fur et à mesure de l'épuisement complet des munitions.

« La canonnade ne cessa qu'à la nuit noire ; et, pendant toute sa durée, le corps d'armée se retira en ordre et se massa dans les bois, laissant la route libre pour les canons.

« Enfin, l'ennemi arrêté et l'engagement terminé, je me mis en retraite, et je vis passer devant moi ma dernière bouche à feu et mon dernier caisson.

« Cette fois encore, mon général, n'ayant pas reçu d'ordre, j'ai essayé, dans ces malheureuses circonstances, d'utiliser nos pièces, dans l'intérêt du corps d'armée et de tous.

« Je n'ai que des éloges à adresser à tout le monde, les artilleurs sous mes ordres ont été admirables. Le chef d'escadron Vignotti, mon commandant en second, a montré de nouveau une merveilleuse énergie, et le chef d'escadron Brunel, une ténacité et un courage à toute épreuve. Le capitaine Flottes, de la 8e batterie du 8e régiment, a été remarqué. Il a fait honneur à l'arme et a reçu sur le champ de bataille les éloges du maréchal.

« Bivouac sous Metz, le 20 août.   Le lieutenant-colonel,

« DE MONTLUISANT. »

46 *bis*. — Rapport sur la part prise par la 2e armée (Frédéric-Charles), à la bataille devant Metz, le 18 août 1870. (Texte du *Journal officiel* de Berlin, traduction *in extenso*, document très-remarquable. copié chez le maréchal Bazaine, commandant en chef l'armée du Rhin.)

« Dans la nuit qui suivit la bataille de Vionville, les corps suivants bivouaquèrent sur le terrain : le 10e corps et la division de cavalerie Rheinbalen, près Tronville ; la 6e division d'infanterie (du 3e corps), général Buddenbreck, à l'ouest de Vionville ; la division de cavalerie (duc Guillaume de Mecklenbourg), au sud de Flavigny ; la 5ᵉ division d'infanterie (du 3ᵉ corps), général Stülpnagel, à l'ouest du bois de Vionville ; l'artillerie du 3ᵉ corps, à l'ouest de la division Stülpnagel ; les détachements du 8ᵉ corps, qui avaient combattu dans la journée du 16, à Côte-Mousa ; les fractions de la 25ᵉ division (Hesse Grand'Ducale), dans le bois des Chevaux et celui des Ognons, sur lesquels furent dirigées, pendant la nuit, les autres troupes de cette division déjà en marche.

Le commandant en chef, prince Frédéric-Charles, avait quitté le champ de bataille à 9 heures du soir pour se rendre à Gorze. L'opiniâtreté avec laquelle l'ennemi s'était battu le 16, dans le but de forcer le passage sur l'ouest, autorisait l'hypothèse de la continuation de la lutte pour le lendemain ; d'un autre côté, il fallait, ou bien empêcher cette marche, ou bien tirer partie, par une offensive décisive, des chances d'une marche de flanc.

Le 16 août, les corps prussiens avaient lutté contre la grande supériorité du nombre ; ils étaient affaiblis par les pertes de la journée. Le but à atteindre en premier lieu était donc une concentration de toutes les forces disponibles pour le 17. Les corps non engagés de la 2ᵉ armée avaient atteint, le 16, les positions suivantes : le 9ᵉ corps avec la 18ᵉ division, Onville et Arnaville ; l'artillerie du corps, la vallée au-dessous de Gorze ; le 12ᵉ corps (Saxe-Royale), Pont-à-Mousson ; l'avant-garde, Regneville-en-Haye ; la Garde, Bernecourt ; l'avant-garde, Rambucourt ; le 4ᵉ corps, le Saizerais-Marbache ; l'avant-garde, Jaillon. Le 2ᵉ corps était à Buchy et en arrière de ce point. On pouvait compter, le 17, sur l'arrivée des troupes suivantes : la 18ᵉ division d'infanterie et l'artillerie du 9ᵉ corps, après une marche faite de grand matin ; le 12ᵉ corps, après une marche de 25 kilomètres ; la Garde, après une marche de 33 à 34 kilomètres. On ne pouvait pas compter sur l'arrivée des 2ᵉ et 4ᵉ corps pour le 17, l'un et l'autre étaient éloignés de 38 kilomètres environ.

Dans ces circonstances, les ordres suivants furent expédiés par des officiers d'ordonnance du grand quartier-général de Gorze.

A 11 heures et demie du soir, 1° au général Manstein (9ᵉ corps), à Novéant : « Le 9ᵉ corps prendra position, si c'est possible, au point du jour, à un et demi mille (3 k. 750) au nord-ouest de Gorze, sur le plateau. »

2° Au prince héritier de Saxe, à Pont-à-Mousson : « Le 12ᵉ corps partira sur-le-champ pour Mars-la-Tour, en passant par Thiancourt. »

3° Au prince Auguste de Wurtemberg, à Bernecourt : « La Garde partira immédiatement pour Mars-la-Tour, en passant par Beney, St-Benoît-en-Noëvre et Chambly ; le corps prendra position à la gauche du 12ᵉ, en formation de rendez-vous. »

En même temps, le Roi fut informé des événements du 16 et des dispositions prises. Il ne fut pas donné d'ordres ni au 2ᵉ, ni au 4ᵉ corps ; pour eux, l'ordre général de marche, donné à l'armée le 16, à midi, disposait la marche en avant du 4ᵉ corps dans la direction de Saucey-Boussu ; éventuellement il devait prendre l'offensive sur Toul ; pour le 2ᵉ corps, marche sur Pont-à-Mousson. Vers minuit, arriva un ordre de S. M. le Roi, faisant part de la coopération du 7ᵉ et 8ᵉ du corps pour le lendemain. Ces corps suivraient de près le 9ᵉ corps, en traversant la Moselle, et seraient dirigés directement sur l'ennemi.

Le 17 août, à 4 heures du matin, le prince Frédéric-Charles se rendit sur le champ de bataille. Les troupes étaient dans les positions indiquées. Du côté de l'ennemi, on entendait beaucoup de signaux, et une ligne de tirailleurs se déploya vis-à-vis de notre front, en passant devant Rezonville. Cependant, sous la protection de ces troupes, l'ennemi avait levé le camp et se retirait en grande partie sur Gravelotte. A 6 heures, les têtes de colonnes du 6ᵉ corps s'avancèrent, et le corps prit position de rendez-vous, couvert à l'ouest par le bois de Vionville, au sud de la route de Gorze-Vionville. Peu de temps après 6 heures, le Roi arriva sur le champ de bataille ; le départ de l'ennemi, constaté par les patrouilles lancées dans sa direction, on put donner aux troupes le temps de faire la soupe.

A midi, l'ennemi avait pris position avec son arrière-garde à l'ouest de Gravelotte ; l'après-midi, ses colonnes étaient visibles sur le plateau de Leipsig et de Moscou. Dans la direction de Conflans, on avait vu des nuages de poussière et constaté la marche de détachements de force moindre ; des troupes ennemies paraissaient aussi se diriger sur Verneville.

Une attaque semblait peu probable ; on renonça pour aujourd'hui à prendre l'offensive de notre côté, afin de laisser à l'armée le temps de se concentrer ; seule la 1ʳᵉ armée constata, par des rencontres, la présence de l'ennemi au sud de Gravelotte. Le 12ᵉ corps avait, dès le 16 au soir, reçu de Sa Majesté l'ordre de départ, qu'il effectua le 17, à 3 heures du matin. Mais à la suite de l'ordre expédié le 16 de Gorze, à 11 heures, le corps était prévenu de se tenir prêt ; il laissa un bataillon à Pont-à-Mousson et commença la marche à 2 heures. Il arriva au bivouac, entre Mars-la-Tour et Puzieux, vers 2 heures de l'après-midi. La Garde, à qui la bataille de Vionville était connue officiellement, s'était concentrée par division entre Richecourt et Flirey ; l'ordre de marche, qui arriva à 3 heures du matin, trouva donc la Garde préparée au départ, et, à 5 heures, elle quittait ces points de concentration.

Après 3 heures de l'après-midi, le corps avait occupé ses bivouacs entre Mars-la-Tour et Hamonville, au passage, à la gauche du 12e corps.

En conséquence, les corps destinés à reprendre la lutte étaient prêts, le 17, dans l'après-midi. La bataille avait-elle lieu le 18, on pouvait compter encore sur le 2e, comme réserve. Aussi l'ordre fut-il expédié, le 17, à une heure de l'après-midi, de quitter, le 18, à 4 heures du matin, Pont-à-Mousson, et de marcher par Anaville, Bayonville, Suville-sur-Bussière, où le corps devait se masser et faire la soupe. L'ordre général donné le 17, l'après-midi, réglait la position des bivouacs et celle des avant-postes, à une heure. Ceux-ci se mirent en communication, au bois des Ognons, avec les avant-postes de la 1re armée, et s'étendaient, ayant Rezonville devant eux, jusqu'à la forêt qui est au nord-ouest de Vionville, et puis jusqu'au ruisseau d'Yron. Le 12e corps, qui fournissait les avant-postes de l'aile gauche, observait la route de Hamonville à Verdun.

Les dispositions prises, par ordre du Roi, sur la hauteur au sud de Flavigny, par le général de Moltke, étaient ainsi conçues :

« Demain matin, 18 août, à 5 heures, la 2e armée marchera en avant par échelons entre les ruisseaux d'Yron et de Gorze (en général entre Ville-sur-Yron et Rezonville). Le 8e corps participera au mouvement sur l'aile droite de la 2e armée. Le 7e corps aura d'abord pour objet de couvrir les mouvements de la 2e armée contre des entreprises éventuelles de l'ennemi du côté de Metz. D'autres décisions du Roi dépendront des mesures prises par l'ennemi. Jusqu'à nouvel ordre, les rapports du Roi seront expédiés sur la hauteur au sud de Flavigny. »

A 3 heures de l'après-midi, le prince établit son quartier-général à Buvière pour la journée du 17.

Le 18 août au matin, le prince Frédéric-Charles donna verbalement ses ordres pour la journée aux généraux commandant en chef le corps de la Garde, les 10e et 12e corps, dans le bivouac au sud de Mars-la-Tour ; à 5 heures, aux généraux en chef du 3e et du 9e corps, à la sortie occidentale de Vionville, à 5 heures et demie.

Voici ces dispositions de combat :

« La 2ᵉ armée continue aujourd'hui sa marche en avant, dans le but de couper l'ennemi de sa ligne de retraite Metz-Verdun, et de le battre là où elle le rencontrera. »

L'armée s'avance en échelons ; à la gauche, les Saxons (12ᵉ corps), qui prennent, à 5 heures, la direction de Jarny ; à sa droite, la Garde, la direction sur Doncourt. Le 9ᵉ corps, en arrière de la droite de la Garde, part à 6 heures et s'avance entre Rezonville et Vionville, laissant, en continuant sa marche, St-Marcel juste à sa gauche. En arrière, à la droite du 9ᵉ corps, le 3ᵉ corps se joindra à ce mouvement par échelons. En seconde ligne suivent le 10ᵉ corps, avec la division de cavalerie Rheinbaden, en arrière du 12ᵉ corps ; le 3ᵉ corps et la division de cavalerie du duc de Mecklenbourg, entre le 9ᵉ et la Garde.

La marche aura lieu non pas en colonne de marche, mais par divisions massées sur elles-mêmes. Le commandant en chef se tiendra à la tête du 3ᵉ corps. Le Prince sera d'abord à l'ouest de Vionville, en tête de la division Buddenbrock. S. M. le Roi était arrivé, à 6 heures du matin, sur la hauteur qui se trouve au sud de Flavigny.

Les rapports arrivés dans les premières heures de la matinée disaient que Gravelotte n'était pas occupé par l'ennemi ; qu'à l'est de Gravelotte se trouvait un camp ; qu'il y avait du mouvement dans les camps de Moscou et de Leipsig, et qu'enfin les camps de Bruville et de St-Marcel étaient abandonnés. Ces renseignements donnaient la certitude que le gros de l'ennemi n'était pas parti par la route de Conflans. On fut obligé de faire halte à la hauteur de la route de Gravelotte-Conflans, jusqu'au moment où l'on aurait acquis la certitude que l'hypothèse émise de la présence de l'ennemi sur les hauteurs d'Amanvillers était fondée.

Conformément aux ordres reçus, le 9ᵉ corps avait fait halte, à 8 heures et demie, à la ferme de Caultre. La Garde et le 12ᵉ corps reçurent l'ordre maintenant de s'arrêter à Doncourt et à Jarny.

Le 10ᵉ corps devait s'arrêter à Bruville. Le 3ᵉ corps n'était pas encore en mouvement, quand les différents corps eurent atteint les points désignés. La probabilité de la résistance de l'ennemi sur le plateau d'Amanvillers devint de plus en plus manifeste.

Les ordres suivants furent donnés en conséquence :

10 heures du matin. — « Le 9ᵉ corps se mettra en route et se dirigera sur Verneville et La Folie ; si l'ennemi s'y trouve avec sa droite, le corps engagera le combat en ne déployant d'abord qu'une masse

considérable d'artillerie. — 10 heures et quart. La Garde continuera sa marche par Doncourt et Verneville, et y prendra position pour soutenir le 9ᵉ corps, qui marche sur La Folie, contre l'aile droite ennemie. Il est à désirer qu'on reconnaisse le terrain, à gauche par Amanvillers et St-Privat-la-Montagne, et que les rapports soient envoyés promptement. »

Ce n'est qu'après les renseignements, arrivés à 10 heures et demie, qu'il fut hors de doute que l'ennemi acceptait la bataille sur le plateau Amanvillers-Leipsig-Moscou. C'est de cette hypothèse que partait l'ordre suivant de Sa Majesté, écrit à 10 heures et demie. « D'après les renseignements donnés, on peut admettre que l'ennemi veut se maintenir sur le plateau entre le Point-du-Jour et Montigny. Quatre bataillons ennemis s'avancent dans les bois des Genevaux. Sa Majesté est d'avis qu'il faut mettre en marche le 12ᵉ corps et la Garde dans la direction de Batilly, afin d'atteindre l'ennemi à Ste-Marie-aux-Chênes, dans le cas où il voudrait partir sur Briey; afin de l'attaquer par Amanvillers, dans le cas où il resterait sur la hauteur. L'attaque aurait lieu simultanément par la 1ʳᵉ armée (Steinmetz), par Bois-de-Vaux et Gravelotte ; par le 9ᵉ corps, par le bois des Genevaux et de Verneville ; par l'aile gauche de la 2ᵉ armée, par le nord. »

D'après cela, les ordres suivants furent expédiés :

1° A 11 heures et demie, au général de Manstein, chef du 9ᵉ corps : « La Garde reçoit en ce moment l'ordre de s'avancer pour l'attaque par Verneville sur Amanvillers, et de là, le cas échéant, sur l'aile droite ennemie. Un engagement sérieux du 9ᵉ corps doit être retardé, dans le cas où la ligne de front ennemi s'étendrait plus au nord. jusqu'au moment où la Garde attaquera par Amanvillers. »

2° Au prince Auguste de Wurtemberg, 11 heures et demie : « L'ennemi paraît rangé en bataille sur les hauteurs de Bois-de-Vaux, au-dessus de Leipsig. La Garde hâtera sa marche en avant, par Verneville, la poussera jusqu'à Amanvillers, et de là fera un mouvement d'attaque sérieux et tournant contre l'aile droite ennemie. En même temps, le 9ᵉ corps attaquera La Folie. La Garde peut aussi prendre la route de Habonville. Le 12ᵉ corps marche sur Ste-Marie. »

3° 11 heures trois quarts, au Prince héritier de Saxe : « Le 12ᵉ corps reçoit l'ordre de continuer sa marche sur Ste-Marie-aux-Chênes ; de se garder avec de la cavalerie du côté de Briey et au-delà de Conflans, et de lancer, si c'est possible, de la cavalerie dans la vallée de la Moselle, pour couper le chemin de fer et le télégraphe vers Thionville. Les 7ᵉ, 8ᵉ et 9ᵉ corps et la Garde attaqueront dans deux heures l'ennemi, qui a pris position sur les hauteurs de Leipzig jusqu'au Bois-de-Vaux, le dos tourné à Metz. En seconde ligne, s'avancent en soutiens le 3e, le 10e. ainsi que le 2e corps. »

4° 12 heures, au général de Voigtt Rehtz : « L'ennemi est en bataille sur les hauteurs de Leipzig et du Bois-de-Vaux, où l'y attaque aujourd'hui, la Garde, par Amanvillers ; le 9e, par La Folie, les 7e et 8e, de front. En seconde ligne, l'attaque est soutenue par le 12e corps dirigé sur Ste-Marie-aux-Chênes, le 10e sur St-Ail, le 3e sur Verneville, le 2e sur Rezonville. »

5° 12 heures, au général Fransecky : « Le 2e corps marche de Buxières à Rezonville, pour servir de réserve à l'aile droite. La 1re et la 2e armée attaquent aujourd'hui l'ennemi dans sa position en-deça de Metz. »

Le 9e corps avait fait la soupe à la ferme de Caultre, et il déboucha à 10 heures et demie, conformément à l'ordre qu'il venait de recevoir, par une éclaircie du bois sur Verneville. La 18e division d'infanterie (de Wrangel) en tête, l'artillerie du corps (c'est-à-dire la réserve, 4 batteries montées et 1 ou 2 à cheval), puis la 25e division (prince Louis de Hesse). Verneville fut occupé par l'avant-garde de la 18e division. Sur les hauteurs d'Amanvillers et de Montigny-la-Grange, on voyait des campements ennemis. Quelques bataillons ennemis s'avançaient d'Amanvillers sur Verneville.

Le général de Manstein fit avancer l'artillerie divisionnaire (24 pièces) du général Wrangel (18e division) jusqu'à la hauteur de Champenois et ouvrir le feu contre le camp ennemi (12 heures). Dans les épais fourrés du bois de la Cusse que l'ennemi n'avait pas occupés, deux bataillons de Wrangel furent envoyés pour s'établir sur l'extrême lisière. L'artillerie de réserve du corps eut l'ordre de prendre position à la gauche de l'artillerie divisionnaire. Avant qu'elle ait eu le temps de se mettre en batterie, l'ennemi riposta sur notre front par plusieurs batteries établies à Montigny-la-Grange et à Amanvillers ; plus tard, sa ligne d'artillerie s'étendit jusqu'à St-Privat. En outre, nos pièces furent criblées par les balles des mitrailleuses et la fusillade de l'infanterie. Le front oblique de notre artillerie était nécessité par la nature du terrain et amené aussi par la circonstance qu'on ne s'aperçut de la prolongation des batteries ennemies jusqu'à St-Privat, que par le feu qu'on reçut de cette direction. L'artillerie de réserve du corps se trouvait ainsi à bonne portée avec son aile, mais elle s'était presque trop rapprochée de la ligne ennemie. Elle éprouva de très-grandes pertes. La batterie à cheval du capitaine Kœnig perdit 100 chevaux, mais elle n'en continua pas moins le feu.

Le prince Frédéric-Charles s'était, au commencement du feu, rendu à Verneville où il arriva à une heure. A ce moment, la Garde continuait sa marche en avant avec sa 2e division (de Budritzky) le long de la lisière orientale du bois d'Oscuillons sur Verneville avec sa 1re division (de Pape) et la réserve d'artillerie du corps, par Jouaville sur Habonville. La division de cavalerie de la Garde n'avait pour le moment, au corps, que la brigade de grosse cavalerie du comte de Brandebourg Ier. La brigade de dragons rejoignit le corps l'après-midi sur le champ de bataille; la brigade de lanciers était sur la Meuse, près de St-Mihiel. La division de la Garde Budritzky (la 2e) fut, avant d'être arrivée à Verneville, dirigée par le commandant en chef sur Habonville. L'infanterie de l'avant-garde de la 1re division de la Garde (Pape), régiment des fusiliers de la Garde, bataillon de chasseurs à pied, et 1re batterie légère, était arrivée, peu de temps après 12 heures, au nord de Habonville, et avait occupé St-Ail; l'artillerie de la division se mettant entre Habonville et St-Ail. Quand le prince Frédéric-Charles arriva, à 2 heures, sur la hauteur à l'ouest d'Habonville, l'artillerie de réserve de la Garde et l'artillerie de la 1re division de la Garde avaient été conduites à bonne portée de la position ennemie par le général major prince de Hohenlohe, en batterie entre St-Ail et Habonville. Le gros de la 1re division s'avançait sur St-Ail, et la 2e division avait atteint Habonville. La position ennemie s'étendait, par Amanvillers et St-Privat, jusqu'à Roncourt; devant son front de bataille, l'ennemi occupait Ste-Marie-aux-Chênes.

Les têtes de colonne du 12e corps étaient visibles dans la direction de Batilly, au nord de cet endroit. Le prince Auguste de Wurtemberg reçut l'ordre de n'engager provisoirement que son artillerie et de ne faire usage de son infanterie que lorsque le 12e corps prendrait une part active au combat. A 2 heures, le Prince Royal de Saxe fit le rapport suivant : « Le 12e corps va attaquer Ste-Marie avec la 24e division et tourner l'aile droite des Français avec la 23e division, en passant par Coinville et les petits bois situés entre cette localité et Roncourt. » En ce moment, plusieurs batteries saxonnes étaient en ligne, à l'ouest de Ste-Marie, et elles dirigèrent leur feu sur ce village encore occupé par l'ennemi. Pendant que la 47e brigade (1re de la 2e division saxonne no 24), colonel Léonhardi, se déployait au nord-ouest de Ste-Marie pour l'enlever, l'avant-garde de la division Pape (1re de la Garde) s'était avancée vers le village. Après un court combat, le général Pape fit savoir, à 3 heures et demie, la prise de Ste-Marie-aux-Chênes. Alors, l'artillerie de réserve saxonne prit position au nord de Ste-Marie, vis-à-vis de St-Privat et de Roncourt. Les neuf batteries de la Garde qui se trouvaient entre St-Ail et Habonville, et auxquelles se joignirent bientôt deux batteries à cheval de la division de cavalerie de la Garde, et plus tard trois batteries de la division Budritzky, étaient parvenues à éteindre le feu de l'artillerie ennemie. A 4 heures, le général major prince de Hohenlohe rapprocha cette masse d'artillerie par échelons de St-Privat. De son côté, l'artillerie de réserve du 9e corps avait fait taire l'artillerie ennemie près de Montigny et d'Amanvillers ; mais elle avait des pertes considérables et 15 canons hors de combat. La ferme de Champenois avait été enlevée par le bataillon de chasseurs hessois ; la division Wrangel se maintenait, à Chantereine, contre des attaques que l'ennemi dirigeait sur elle de La Folie ; elle occupait Verneville et avait deux bataillons dans le bois de la Cusse. La 25e division (Hesse Grand'Ducale) avait la 49e brigade dans le bois de la Cusse et la 50e entre ce bois et celui d'Oseuillons, en réserve ; à côté d'elle, la brigade de cavalerie hessoise. Pendant toute l'après-midi, l'ennemi cribla le bois de la Cusse avec ses mitrailleuses et sa mousqueterie ; les troupes qui y combattaient éprouvèrent ainsi des pertes cruelles. Le 3e corps était arrivé, à 3 heures, à Verneville, plaçant, sur l'ordre du commandant en chef, son artillerie de réserve en batterie entre Verneville et le bois des Genevaux. Le 10e corps avait atteint, à 2 heures, Batilly et y avait fait halte. La position critique des bataillons du 9e corps dans le bois de la Cusse détermina S. A. R. le commandant en chef à retenir comme réserve spéciale la 3e brigade d'infanterie de la Garde (régiments de grenadiers Alexandre et Elisabeth, le bataillon de tirailleurs et une batterie).

A 5 heures, le 12e corps n'avait encore atteint que la ligne Ste-Marie-Jœuf. L'heure avancée du jour ne permettait pas d'attendre l'exécution du mouvement commencé de Montois à Roncourt ; il parut, au contraire, nécessaire de décider dès lors du sort de la bataille. Cette considération fit commencer l'attaque du prince Auguste de Wurtemberg. Le corps de la Garde s'avança sur la ligne Habonville-Ste-Marie contre les hauteurs de St-Privat, à droite, la 4e brigade de la Garde sur le côté, à gauche, partant un quart d'heure après le reste ; la 1re division d'infanterie (Pape) des deux côtés de la chaussée Ste-Marie-St-Privat. L'avant-garde de ce corps avait été tenue provisoirement en réserve à Ste-Marie. Les brigades se précipitèrent, avec une bravoure qu'on ne saurait dépasser, contre les hauteurs fortement occupées et battues par un feu rasant. Mais les pertes considérables subies par les bataillons déterminèrent le commandant du corps à interrompre l'assaut et à attendre l'action du corps saxon sur le flanc de l'ennemi. Le régiment des fusiliers de la Garde fut, pendant ce temps, amené sur l'aile gauche. Le 12e corps avait continué son mouvement sur Roncourt et atteint cet endroit à 6 heures et demie. La 45e brigade d'infanterie (général-major Cranshaar) se déploya contre St-Privat, soutenue par les batteries de la 23e division (prince Georges de Saxe) et l'artillerie de réserve du 12e corps. C'est à ce moment que le prince Auguste de Wurtemberg ordonna la reprise de l'attaque. A 6 heures trois quarts, les premiers bataillons de la Garde pénétrèrent dans St-Privat par le sud et par l'ouest ; simultanément, la 45e brigade y pénétrait par le nord. St-Privat était enlevé, l'ennemi en pleine retraite sur Metz.

Le 10e corps avait mis en batterie, à 6 heures, son artillerie de réserve, pour soutenir l'attaque de St-Privat ; en même temps, le commandant en chef faisait diriger la division Kratz sur St-Privat. La division trouva l'occasion de soutenir efficacement la Garde dans son attaque sur St-Privat.

Pendant que cette lutte décisive avait lieu à l'aile gauche, le général de Manstein s'avançait par Amanvillers, avec des fractions de son corps et la 3e brigade d'infanterie de la Garde, mise à sa disposition par le prince Frédéric-Charles, et il parvint à s'établir solidement à l'ouest de ce village, sur les hauteurs. A l'aile droite, le général Blumenstal, en présence de forces ennemies supérieures, n'avait pu gagner de terrain en avant de Chantereine ; mais il avait constamment maintenu sa position. Le 3e corps n'avait engagé que son artillerie de réserve, augmentée jusqu'au chiffre de 10 batteries.

Les pertes de plus en plus considérables du 9e corps dans le bois de la Cusse avaient, à 7 heures du soir, déterminé le prince Frédéric-Charles à mettre à la disposition du général de Manstein une brigade du 3e corps, laissant au général Alvensleben le soin d'appuyer ce mouvement avec la réserve de son corps, si les circonstances l'exigeaient.

Le général Alvensleben était sur le point d'accorder le secours demandé d'abord, avec toute la 6e division, quand des rapports firent supposer un mouvement offensif de l'ennemi contre le bois de Genevaux ; le général suspendit donc le mouvement en question déjà commencé.

La 1re armée avait combattu à Gravelotte, et repoussé l'aile gauche de l'ennemi. C'est au 2e corps qui, après une marche de 37 kilomètres et demi, exécutée sur un ordre direct de Sa Majesté, avait pu prendre à 6 heures une part active au combat, que revient une part considérable dans ce succès. La nuit était venue, quand le feu cessa sur toute la ligne.

Le terrain et l'obscurité ne permirent pas la poursuite de l'ennemi battu, qui, dans la nuit, opéra sa retraite sur Metz. Cependant, dès 4 heures de l'après-midi, et sur un ordre du prince Frédéric-Charles, deux escadrons de la division de cavalerie saxonne avaient été envoyés en aval de l'Orne, dans la vallée de la Moselle, pour détruire le chemin de fer et le télégraphe du côté de Thionville, et faire connaître les mouvements de troupes qui auraient lieu de ce côté. Ces escadrons trouvèrent les routes boisées conduisant dans la vallée de la Moselle barricadées, et ne purent avancer qu'avec peine. Néanmoins, l'œuvre de destruction à eux confiée fut accomplie à la tombée de la nuit.

En outre, le prince Frédéric-Charles avait chargé le Prince Royal de Saxe d'envoyer un détachement plus considérable dans la vallée de la Moselle, à Woippy. A 8 heures et demie, sur le champ de bataille près de Verneville, le prince Frédéric-Charles dicta l'ordre du jour suivant : « Les corps établiront leurs bivouacs à la place même qu'ils occupaient à la fin du combat ; on placera des grand'gardes d'infanterie, qui maintiendront les communications entre les différents corps, et qui devront s'attendre, de la part d'un ennemi désespéré, à des tentatives de forcer le passage pendant la nuit. Le 12e corps est encore une fois averti de l'opportunité qu'il y aurait d'atteindre le point de Woippy. »

La 2e armée avait eu à combattre, le 18 août, les corps ennemis Canrobert, Ladmirault et Frossard, qui occupaient une position choisie et renforcée par des fortifications, tandis que la 1re armée avait probablement à combattre deux autres corps, Decaen et la Garde.

Après une bataille de 8 heures, l'ennemi était expulsé de sa forte position et coupé de ses communications avec la France.

En général, l'ennemi ne combattit pas le 18 août avec la même opiniâtreté que le 16, et il ne prit pas aussi souvent l'offensive que ce jour-là. Son artillerie se retira tôt du combat, peut-être par suite du manque de munitions.

Nos pertes (1), non comprises celles du 2e corps, se montent à 520

---

(1) Le rapport ne parle que de la 2e armée ; il reste à connaître les pertes de la 1re.

officiers et à plus de 13 mille hommes de troupe ; celles de l'ennemi ne peuvent être évaluées à un chiffre inférieur.

47. — *18 Août.* — Rapport du général Tixier de la 1re division sur la bataille de St-Privat.

« . . . .

« A midi et demi, les Prussiens ayant ouvert le feu, deux batteries de 12 montent sur la crête, pour répondre à l'artillerie ennemie. Les autres batteries s'engagent successivement à la gauche des premières.

. . . .

« Après une canonnade de 1 heure et demie qui marque la première phase de la bataille, et qui est signalée par l'explosion d'un de nos caissons, le feu de l'ennemi se développe vers la droite . . . . . .

« Vers 4 heures du soir, un mouvement tournant de l'ennemi vers notre droite est signalé, soutenu par une grande batterie prussienne, établie près de l'entrée du village de Sainte-Marie-aux-Chênes. Une des batteries de 4 de ma division, portée sur notre droite à quelque distance de Roncourt, essaie vainement d'arrêter la marche de l'ennemi. . . . .

« Prise du village, mouvement de retraite sous la direction du lieutenant-colonel Fourchaud, chef d'état-major. . . . .

« M. le lieutenant-colonel de Montluisant avait réuni et placé en étages, sur la côte, à droite de la route, **7** batteries dont 6 attachées à ma division et une du 19e d'artillerie. Le feu de cette masse formidable empêche les Prussiens de sortir de St-Privat-la-Montagne et Roncourt . . . .

« L'artillerie, comme dans la journée du 16, s'est fait remarquer par son calme et son sang-froid dans l'action, son adresse et sa précision dans le tir. . . . .

« Le 21 août 1870.   « Le général, Tixier. »

48. — *18 Août.* — Affaire du 18 août. — Le 18 août, le maréchal Bazaine est logé chez M. de Bouteiller, à Plappeville.

On vient lui dire que le canon gronde ; M. de Bouteiller, député, insiste. Le maréchal ne cesse de lui répondre : « Ce n'est rien, je sais que ce n'est rien. » Plusieurs officiers arrivent au galop pour rendre compte des débuts de l'affaire. Il leur fait la même réponse et refuse de se déranger.

Enfin, à 4 heures, débordé par la persistance de son entourage, il monte à cheval avec le général Soleille, commandant en chef l'artillerie de l'armée, et ils arrivent au galop au col de Lessy. On expédie de suite 4 batteries de la Garde, qui se croisent au galop avec un régiment de lanciers décimé qui vient se reformer sous le fort.

Le maréchal Bazaine est rentré à Plappeville, chez lui, avec les états-majors, à 8 heures du soir. La douleur de tous est extrême. On fait appeler le maire de Plappeville à 9 heures du soir. On l'avertit qu'il faut rentrer en ville avec sa famille, et que les Prussiens avancent. A 2 heures de la nuit, on le fait appeler de nouveau, pour lui faire savoir qu'il est trop tard pour partir, que la situation est des plus critiques, on n'a plus ni vivres ni munitions. Il faudra songer à se rendre.

Le 19, à 7 heures du matin, M. Beneyton, intérimaire du chef de gare de Metz, vient avertir le maréchal Bazaine que les employés du chemin de fer ont pris sur eux de faire revenir sur Metz tous les convois de vivres et de munitions, lancés sur la voie entre Metz et Forbach. La gare de Metz est encombrée de wagons pleins de vivres et de munitions. . . . .

(Affirmation et récit du maire de Plappeville.)

49. — *19 Août.* — Ministre de la guerre à maréchal Mac-Mahon, au camp de Châlons. — Paris, 19 août 1870.

« J'apprends de source certaine que les corps ne se gardent pas, qu'il n'y a pas de reconnaissances sérieusement organisées jusqu'ici. Je fais exception pour la division de cavalerie du général Fénelon, qui nous a fourni des renseignements utiles. J'ai su que le corps de Failly, à Chaumont et à Brennes, n'était ni éclairé, ni gardé ; cette absence de vigilance permet à des partis isolés et sans importance de couper les chemins de fer. Cette opération a été exécutée déjà avec hardiesse et bonheur dans plusieurs endroits, par quelques cavaliers qu'il eût été facile de chasser à coups de fusil, si l'on s'était gardé. Veuillez donner des ordres pour que l'on redouble de vigilance en ce moment.

« Vous avez, sans doute, eu connaissance d'un corps peu considérable, 1,000 à 1,200 hommes environ et 200 voitures, qui paraît séparé du reste de l'armée et semblait se diriger de St-Mihiel vers Montmédy. »

50. — *19 Août.* — Maréchal Mac-Mahon à maréchal Bazaine, à Metz. — Camp de Châlons, 19 août.

« Si, comme je le crois, vous êtes forcé de battre en retraite très-prochainement, je ne sais, à la distance où je me trouve, comment vous venir en aide sans découvrir Paris ?

« Si vous en jugez autrement, faites-le moi connaître. »

51. — *19 Août.* — Maréchal Mac-Mahon au ministre de la guerre. — Du quartier-général.

« Veuillez dire au conseil des ministres qu'il peut compter sur moi, et que je ferai tout pour rejoindre Bazaine. »

52. — *20 Août.* — Maréchal Mac-Mahon au ministre de la guerre. — Du camp de Châlons.

« Je partirai demain pour Reims. Si Bazaine perce par le nord, je serai plus à même de lui venir en aide ; s'il perce par le sud, ce sera à une telle distance, que je ne pourrai dans aucun cas lui être utile. Je laisse ici une division de cavalerie pour permettre d'enlever tout ce qui est possible.

« Donnez des ordres pour que la ligne de communication soit établie par Soissons ou par Epernay. »

53. — *21 Août, 11 heures.* — Ordre.

« Envoyez un officier à la porte Thionville pour recevoir une batterie de mitrailleuses qui arrive du fort St-Jullien.

« Général DE BERCKHEIM. »

54. — *22 Août.* — Ordre général.

« Officiers, sous-officiers et soldats de l'armée du Rhin,

« Vous venez de livrer trois combats glorieux, dans lesquels l'ennemi a éprouvé des pertes sensibles et a laissé entre nos mains un étendard, des canons et 700 prisonniers.

« La patrie applaudit à vos succès.

« L'Empereur me délègue pour vous féliciter et vous assure de sa gratitude. Il récompensera ceux qui ont eu le bonheur de se distinguer parmi vous.

« La lutte ne fait que commencer ; elle sera longue et acharnée, car quel est celui de nous qui ne donnerait la dernière goutte de son sang pour délivrer le sol natal ?

« Que chacun de nous, s'inspirant de l'amour de notre chère patrie, redouble de courage dans les combats, de résignation dans les fatigues et dans les privations.

« Soldats,

« N'oubliez jamais la devise inscrite sur vos aigles : Valeur et discipline, et la victoire est assurée, car la France entière se lève derrière vous.

« Au grand quartier-général du Ban-St-Martin, le 20 août 1870.

« Le maréchal de France commandant en chef,

« Signé : BAZAINE. »

55. — *Composition des Corps d'armée formant l'armée du Rhin.*

2e Corps. Général en chef : général FROSSARD.

1re division, général VERGÉ	1re brigade, général VALAZÉ	3e bataillon de chasseurs à pied. 32e régiment d'infanterie de ligne. 55e id. id.
	2e brigade, général JOLIVET	76e id. id. 77e id. id.
2e division, général BATAILLE	1re brigade, général POUGET	12e bataillon de chasseurs. 8e régiment d'infanterie. 23e id. id.
	2e brigade, général BASTOUL	66e id. id. 67e id. id.
3e division, général DE LAVAUCOUPET	1re brigade, général	10e bataillon de chasseurs. 22e régiment d'infanterie. 63e id. id.
	2e brigade, général MICHELER	24e id. id. 40e id. id.
div. de cavalerie, général LICHTLIN	1re brigade, gén. VALABRÈGUE	4e régiment de chasseurs à cheval. 8e id. id.
	2e brigade, général BACHELIN	7e régiment de dragons. 12e id. id.

3e Corps. Général en chef (BAZAINE, puis DECAEN) : maréch. LEBŒUF.

1re division, gén. MONTAUDON	1re brigade, général AYMARD	18e bataillon de chasseurs. 51e régiment d'infanterie. 62e id. id.
	2e brigade, gén. CLINCHANT	81e id. id. 95e id. id.
2e division, général CASTAGNY	1re brigade, général NEYRAL	15e bataillon de chasseurs. 19e régiment de ligne. 41e id. id.
	2e brigade, général DUPLESSIS	69e id. id. 90e id. id.
3e division, gén. MÉTUMANN	1re brigade, gén. DE POTHIER	7e bataillon de chasseurs. 7e régiment de ligne. 29e id. id.
	2e brigade, gén. ARNAUDEAU	59e id. id. 71e id. id.

4e division, général AYMARD	1re brigade, général BRAUER	11e bataillon de chasseurs. 44e régiment d'infanterie. 60e id. id.
	2e brigade, gén. FERRIÈRES	80e id. id. 85e id. id.
div. de cavalerie, général DE CLÉRAMBAULT	1re brigade, général BRACHARD	2e régiment de hussards. 3e id. de chasseurs. 10e id. id.
	2e brigade, g. MAUBRAUCHER	2e id. de dragons. 4e id. id.
	3e brigade, gén. DE SAISSAC	5e id. id. 8e id. id

4e Corps. Général en chef : général L'ADMIRAULT.

1re division général DE CISSEY	1re brigade, général BRAYER	20e bataillon de chasseurs. 1er régiment d'infanterie. 6e id. id.
	2e brigade, gén. DE GOLBERG	59e id. id. 73e id. id.
2e division, général ROSE	1re brigade, gén. BELLECOUR	5e bataillon de chasseurs. 13e régiment d'infanterie. 43e id. id.
	2e brigade, général PRADIER	64e id. id. 78e id. id.
3e division, gén. DE LORENCEZ	1re brigade, général PUJOL	2e bataillon de chasseurs. 15e régiment d'infanterie. 33e id. id.
	2e brigade, général BERGER	54e id. id. 65e id. id.
div. de cavalerie, général LEGRAND	1re brigade, gén. MONTAIGNE	2e id. de chasseurs. 7e id. id.
	2e brigade, g. DE GONDRECOURT	3e id. de dragons. 11e id. id.

6e Corps. Général en chef : maréchal CANROBERT.

1re division, général TIXIER	1re brigade, général PÉCHOT	9e bataillon de chasseurs. 4e régiment d'infanterie. 10e id. id.
	2e brigade, g. LEROY DE DAY	12e id. id. 100e id. id.
2e division, général BISSON	1re brigade, gén. ARCHINARD	9e id. id.

Le reste de la division laissé à Châlons.

3e division, général LAF. DE VILLIERS	1re brigade, général SONNAY	75e régiment d'infanterie. 91e id. id.
	2e brigade, général COLLIN	98e id. id. 94e id. id.

4e division, général LEVASSOR-SORVAL	1re brigade, gén. MARGUENAT	25e	id.	id.
		26e	id.	id.
	2e brigade, g. CHANALEILLES	28e	id.	id.
		70e	id.	id.

| div. de cavalerie, général DE SAL.-FÉNELON | *Laissée à Châlons.* |

Il y avait aussi à l'armée de Metz :

Cavalerie de réserve

| division, gén. DU BARRAIL attachée au 6e corps | 1re brigade, gén. MARGUERITE | 1er et 3e chasseurs d'Afrique. (Partis avec l'Empereur le 16 août pour Verdun-Châlons.) |
| | 2e brigade — | 2e et 4e chasseurs d'Afrique. Campés sur les glacis du fort Moselle. |

division, gén. DE FORTON attachée plus tard au 6e corps	1re brigade, gén. MURAT	1er régiment de dragons.
		9e id. id.
	2e brigade, gén. DE GRAMMONT	7e id. de cuirassiers.
		10e id. id.

La brigade LAPASSET. — Hors cadre. — Mixte.

Elle était composée des détachements de tous les corps qui n'avaient pu rejoindre, et pricipalement des grand'gardes oubliées dans les bois situés entre Bitche et Sarreguemines.

La Garde impériale, commandée par le général BOURBAKI.

| 1re division, gén. DELIGNY | 1re brigade, gén. BRINCOURT | chasseurs. 1er régiment de voltigeurs. 2e id. id. |
| | 2e brigade, gén. GARNIER | 3e id. id. 4e id. id. |

| 2e division, gén. PICARD | 1re brigade, gén. JEANNINGROS | zouaves. 1er régiment de grenadiers. |
| | 2e brigade, gén. POIT. DE LACROIX | 2e id. id. 3e id. id. |

div. de cavalerie, gén. DESVAUX	1re brigade, gén. HALNA DU FRÉTAY	guides. chasseurs.
	2e brigade, gén. DE FRANCE	lanciers. dragons.
	3e brigade, gén. DU PREUIL	cuirassiers. carabiniers.

10

Répartition de l'artillerie du 6e corps :

1re division. — Général TIXIER.

5e batterie du 8e rég...	capitaine	ABORD.			
7e id.	id.	id.	OSTER.	}	commandant VIGNOTTI.
8e id.	id.	id.	FLOTTES.		

2e division. — Général BISSON. — Néant.

3e division. — Général LAFOND DE VILLIERS.

5e batterie du 14e rég..	capitaine	GRIMARD.		}	lieut^t-colonel JAMET.
6e id.	id.	id.	HEINTZ.	}	commandant BERNADET.
7e id.	id.	id..	DE LA BROSSE.		

4e division. — Général LEVASSOR-SORVAL.

7e batterie du 18e rég...	capitaine	CHARPAUX.			
8e id.	id.	id.	BOYER.	}	commandant KESNER.
12e id.	id.	id.	BLONDEL.		

Réserve.

9e batterie du 13e rég. (12 r.)	capit^e	LEQUEUX.			
10e id.	id. —	id.	LIPPMANN.	}	l^t-colon. DE MONTLUISANT.
11e id.	15e id. (mitr.)	id.	LAURET.		

Division de cavalerie. — Général DU BARAIL.

5e batterie du 19e rég..	capitaine	JAUBERT.		}	commandant LOYER.
6e id.	id.	id.	BÉDARRIDES.		

Général commandant l'artillerie	baron DE BERCKHEIM.
Chef d'état-major	lieut.-colonel LANTY.
Aide-de-camp du général..	capitaine ZURLINDEN.
Attaché à l'état-major	capitaine DANÈDE.

(Officiel.)

56. — *22 Août.* — Maréchal Mac-Mahon au ministre de la guerre. — De Reims. (Officiel.)

« Le maréchal Bazaine a écrit, du 10, qu'il comptait toujours opérer son mouvement de retraite par Montmédy.

« Par suite, je vais prendre mes dispositions pour me porter sur l'Aisne.

« Prévenez le conseil des ministres, et accusez-moi réception de cette dépêche. »

57. -- *22 Août.* — « Mon cher colonel,

1° « Monsieur le sous-intendant militaire, chargé des subsistances de la réserve d'artillerie, me fait savoir qu'il vous renseignera chaque jour sur la nature des denrées qu'il pourra trouver dans les magasins de Metz. Mais il est indispensable pour cela que, comme dans les divisions, un officier de la réserve d'artillerie délégué se tienne au rapport tous les matins, à 7 heures, à l'endroit où il sera campé. . . . . .

« Je vous prie de donner des ordres en conséquence.

« Le général, DE BERCKHEIM. »

2° « A la date du 9 août courant, il a été décidé, sur la proposition de M. l'intendant-général de l'armée, qu'à raison de la mise en état de siége de la place de Metz, et de la concentration de l'armée sous les murs de la place, les allocations de vivres de campagne seraient, jusqu'à nouvel ordre, réduites à une ration par personne, quel que soit le grade de la partie prenante.

« Général DE BERCKHEIM. »

3° « Sur la proposition de l'intendant-général de l'armée, le maréchal commandant en chef a décidé :

« 1° Que la ration de sel serait réduite de 16 grammes à 10 grammes, ce qui peut avoir lieu sans inconvénient.

« 2° Que la ration de viande, qui avait été élevée à 400 grammes, serait ramenée à 250 grammes, taux réglementaire, et que la ration de lard, au lieu d'être de 300 grammes, serait fixée à 200 grammes, chiffre réglementaire.

« 3° Que, comme compensation, les troupes recevront journellement une ration d'un quart de vin acheté sur place, par les soins de MM. les intendants des différents corps, et, à défaut, l'indemnité représentative de cette ration.

« Je vous prie de donner des ordres pour assurer, en ce qui vous concerne, l'exécution de ces ordres.

« Général DE BERCKHEIM. »

58. — *22 Août.* — Ordre de la réserve.

« Chaque batterie de la réserve du 6ᵉ corps fournira, demain 23 août 1870, au lieutenant-colonel commandant :

« L'état indicatif et nominatif des cadres et du personnel en officiers, sous-officiers, brigadiers et canonniers. On ajoutera le nombre des servants et conducteurs venant de la réserve.

« On donnera aussi au lieutenant-colonel le nom des sous-officiers susceptibles de devenir officiers, et le nom de tous les gradés pouvant être portés sur des états de proposition pour l'avancement.

« On signalera, d'une manière toute particulière, les sujets qui se sont fait remarquer par des services antérieurs ou exceptionnels.

« Enfin, MM. les capitaines-commandants ajouteront toutes les indications de nature à éclairer sur la valeur de leurs cadres et de leur personnel.

« Le lieutenant-colonel, DE MONTLUISANT. »

59. — *23 Août*. — Ordre.

« Le maréchal a décidé :

« 1° Que M. le docteur Bruneau, médecin-major de 1re classe au 8e régiment d'artillerie, détaché à la 1re division du 6e corps, serait chargé du service sanitaire des hommes de la réserve, en sus du service qui lui est actuellement confié.

« Général DE BERCKHEIM. »

« Le maréchal a décidé :

« 2° Que M. Rey, aide-vétérinaire au 8e régiment d'artillerie, disponible, sera détaché à la réserve d'artillerie du 6e corps, pour y faire le service, à la date du 24 août 1870.

« Général DE BERCKHEIM. »

60. — *23 Août*. — Note officielle.

« La portion des glacis de Metz affectée au 6e corps, pour se procurer du bois au moyen des abattis du génie, est celle qui s'étend depuis la lunette située en face de l'église St-Simon, dont on aperçoit la tour en-dedans de l'enceinte, jusqu'à la porte de Thionville et au-delà.

« Un bureau de distribution, sous la direction d'un comptable, sera établi au centre de ce terrain.

« Le débit du bois commencera, dès que la corvée de 100 hommes, demandée hier, mais encore réduite à une douzaine d'hommes, sera à la disposition de ce comptable.   Signé : Colonel XÉLIN. »

61. — *23 Août*. — Note officielle.

« Le maréchal commandant en chef a fixé à 12 c. l'indemnité qui sera accordée aux hommes de troupe, lorsqu'ils ne pourront recevoir la ration journalière de 25 centilitres de vin, accordée en compensation de la diminution opérée sur la ration journalière de viande.

(Par ordre.)

62. — *23 Août*. — Retour du rapport officiel. Ordres permanents.

« Prendre des mesures pour éviter l'infection. Commander des corvées pour enterrer tous les détritus avoisinant le camp.

« Établir des latrines régulières avec des feuillées, et ne pas permettre aux hommes d'aller ailleurs. Faire recouvrir chaque deux ou
trois jours ces latrines pour en installer d'autres.

« Donner l'ordre que tous les officiers soient présents à l'appel de
2 heures, qui sera fait en armes pour les servants. Profiter de ce
moment pour veiller aux soins de propreté. A l'avenir, les buffleteries
ne seront plus blanchies, mais simplement lavées.

« Ne pas permettre que des hommes isolés se rendent à Metz, sans
autorisation du commandant de la réserve. Faire accompagner les
corvées par un officier.

« Un conseil de guerre va être organisé par division. Si la réserve
d'artillerie avait à traduire des hommes devant un conseil de guerre,
ces hommes seraient envoyés devant le conseil de la 1re division, etc.

« Signé : Général DE BERCKHEIM. »

63. — *24 Août*. — Réunion générale chez le maréchal Canrobert.
Le maréchal reçoit l'artillerie à 9 heures et demie ; il fait l'éloge de
tout le monde. Il m'adresse particulièrement la parole. Il nous avertit
qu'on va *essayer de percer la ligne de fer et de feu* qui nous entoure.

. . . . »

64. — *24 Août*. — Ordre.
« En vue de réduire la colonne des bagages autant que possible,
M. le maréchal commandant en chef l'armée du Rhin a décidé, à la
date de ce jour, que tous les cantiniers, avec leurs femmes et leurs
voitures, rentreront dans la place de Metz, en cas de mouvement de
l'armée.

« Les hommes mis habituellement à la disposition des cantiniers,
rentreront dans leurs compagnies, escadrons ou batteries. Les cantiniers et les cantinières iront se grouper auprès des petits dépôts de
leurs corps, qui ont été déjà organisés, et qui ont naturellement pour
mission de garder les bagages des corps qui ont dû, dès ce matin, être
envoyés en ville.

« Les hommes qui, ayant été laissés dans ces petits dépôts comme
malingres, sont appelés à rejoindre leurs corps, comme étant réta-
blis, devront être examinés, afin de reconnaître s'ils sont tout-à-fait
en état de supporter les marches et les fatigues. Dans chaque corps
de troupes, un officier et un médecin militaire, si le régiment en a,
seront chargés de visiter ces malingres et de constater leur état.

« Par ordre du maréchal, le général chef d'état-major,

« Signé : HENRY. »

65. — *24 Août.* — Note officielle.

« M. l'intendant chargé des subsistances au 6ᵉ corps, a acheté une grande quantité de paille encore pourvue de son grain ; elle se trouve sur le terrain de la 2ᵉ division.

« Le général vous prie de donner l'ordre aux batteries de la réserve d'aller de suite enlever une bonne partie de cette paille, en s'adressant, avec un bon régulier, à M. Cotty, officier d'administration de la 2ᵉ division.　　　　　Signé : Général DE BERCKHEIM. »

66. — *24 Août.* — « L'approvisionnement en foin de la place de Metz se trouvant extrêmement réduit, le maréchal commandant en chef a décidé, à la date d'aujourd'hui, qu'il ne sera plus distribué de foin aux troupes en dehors de Metz.

« En compensation, la ration d'avoine sera augmentée d'un kilo-gramme, tant que les ressources le permettront.

« Signé : Général HENRY. »

67. — *24 Août.* — Ordre du maréchal en chef.

« Afin de mettre de l'ordre dans les distributions de pain, qui se font pour l'armée dans la place de Metz, j'ai prescrit que les distribu-tions seront faites, à l'avenir, exclusivement sur les demandes écrites de MM. les sous-intendants chargés des services administratifs des divi-sions de cavalerie ou de l'artillerie de réserve.

« Les demandes ne devront comprendre que les besoins d'un jour, déduction faite de ce que chaque corps fabrique avec ses propres moyens.

« Pour éviter l'encombrement aux divers points de fabrication, les distributions auront lieu aux endroits suivants : . . . .

« 2° A la manutention de Metz pour le 6ᵉ corps.

« Signé : JARRAS. »

68. — *24 Août.* — *Première composition de la réserve.*

9ᵉ batterie du 13ᵉ régiment d'artillerie. — 12 rayé.

Capitaine en 1ᵉʳ,	LEQUEUX.	
— en 2ᵉ,	VOLFF.	Effectif réglementaire
Lieutenant en 1ᵉʳ,	RIVOT.	(195 hommes), dont 70 ve-
— en 2ᵉ,	DE BRÉBAN.	nant de la réserve.
Adjudant,	MARTIN.	
Maréchal-des-logis chef,	GABEL.	

10ᵉ batterie du 13ᵉ régiment d'artillerie. — 12 rayé.

Capitaine en 1ᵉʳ,	Lippmann.	Effectif réglementaire,
Lieutenant en 1ᵉʳ,	Thorel.	dont 65 hommes
— en 2ᵉ,	Valuy.	venant de la réserve.
Adjudant,	Cirbeau.	

11ᵉ batterie du 15ᵉ régiment d'artillerie. — Mitrailleuses.

Capitaine en 1ᵉʳ,	Lauret.	
— en 2ᵉ,	Duban.	
Lieutenant en 1ᵉʳ,	Achard.	Effectif réglementaire
— en 2ᵉ,	About.	(148 hommes), dont 41 ve-
—	Cobert.	nant de la réserve.
Adjudant,	Arnaud.	
Maréchal-des-logis chef,	Roussel.	

« Le petit parc pour munitions d'infanterie arrive le 24 au soir, sous les ordres du lieutenant Barbet.

« Il se compose de 20 caissons, modèle 1827, pour munitions d'infanterie, contenant 570,240 cartouches 1866.

69. — *25 Août.* — On augmente le parc. Ordre du général Soleille, qui envoie au détachement de la 6ᵉ compagnie *bis* du lieutenant Barbet :..... 3 attelages à 2 chevaux en plus, avec un chariot de parc ou de batterie. Mouvement à exécuter ce matin même.

(Officiel).

70. — *25 Août.* — L'intendance refuse les vivres dont nous avons besoin ; j'adresse la dépêche suivante :

« Monsieur le sous-intendant,

« Je vous demande de vouloir bien nous autoriser à avoir toujours deux jours de vivres devant nous, non compris la journée courante.

« Nous avons l'ordre de nous tenir prêts à tout événement, et vous comprenez l'indispensable nécessité de cette prescription, que je ne puis développer.

« Je vous, etc..... DE MONTLUISANT. »

(Les ordres arrivent, et notre réserve de vivres se constitue le même jour).

71. — *25 Août.* — Le maréchal Bazaine fait sa première promotion. Il nomme :

MM. Berge, lieutenant-colonel, pour remplacer M. DE MAINTENANT.

MM. SAILLARD, chef d'escadron, pour remplacer M. GERMAY.

SAGET,	--	—	PREMER.
JOUBERT,	—	—	BERGE.
DU MARCHAIS, capitaine,		—	BÉGUIN.
KELLE,	—	—	CARBONNEL.
Etc., etc.			

72. — *26 Août,* 2 heures du matin. — Ordre.

« La réserve et le parc d'artillerie du 6e corps se tiendront prêts à suivre, ce matin, le mouvement du 6e corps, lequel passe de l'autre côté de la Moselle et va s'établir en avant de la ferme de Grimont.

« La division de cavalerie commence le mouvement à la pointe du jour ; puis les divisions d'infanterie, dans l'ordre naturel. La réserve d'artillerie suivra le mouvement de la 4e division, et passera avant les bagages de celle-ci ; de même que les autres troupes, elle franchira la Moselle sur les ponts situés en aval. Selon toute probabilité, le mouvement de la réserve ne se fera pas avant 6 heures et demie ou 7 heures du matin ; toutefois, il est indispensable de se renseigner sur le mouvement de la 4e division, pour entrer dans la colonne, immédiatement après elle.

« La réserve d'artillerie s'établira en arrière des deux lignes du 6e corps.　　Par ordre : Le lieutenant-colonel. Signé : LANTY. »

73. — *26 Août.* — Ordre de marche pour le parc et les réserves divisionnaires.

　« En tête : Les caissons de cartouches 1866 ;
　　　　　　Les caissons légers à deux roues.
　« Ensuite : Les canons de 4 avec leurs munitions ;
　　　　　　Les chariots de parc ;
　　　　　　Les cartouches modèle 1863 pour mousquetons ;
　　　　　　Les affûts de rechange ;
　　　　　　Les forges.

« Les caissons à 2 roues ne doivent porter que pour un jour d'avoine. L'avoine et les effets de campement doivent être chargés sur les dernières voitures, et de préférence sur les voitures à quatre roues. »

74. — *27 Août.* — Ordre de la réserve.

« Par ordre du général, les officiers doivent toujours être présents à l'appel de 2 heures, en tenue du camp, les servants en armes, les conducteurs en tenue de pansage.

« Lorsqu'un officier voudra s'absenter, il devra en prévenir le lieutenant-colonel.

« Les hommes ne doivent jamais aller à Metz sans une permission régulière et signée par le lieutenant-colonel.

« Les corvées des vivres et fourrages doivent être dirigées par les soins respectifs des batteries, et commandées par l'officier de jour.

« Les travaux d'ensemble, le service journalier, se font, pour tout le camp de la réserve, sous la surveillance et conformément aux ordres de détails du chef d'escadron Brunel, commandant en second, qui centralise, tous les matins, les rapports à 7 heures.

« Les situations journalières, personnel, matériel et autres, doivent être rendues tous les jours avant midi, etc.

« En résumé, l'administration reste entière entre les mains de MM. les capitaines-commandants, et la discipline est centralisée entre les mains des deux commandants de la réserve. DE MONTLUISANT. »

75. — *27 Août.* — Ordre.

« En raison des fatigues éprouvées par les troupes dans la journée du 26 courant, le maréchal commandant en chef l'armée du Rhin leur accorde une ration exceptionnelle d'eau-de-vie. »   (Officiel.)

76. — *27 Août.* — Maréchal Mac-Mahon à guerre. — Le Chesne, 8 heures du soir.

« Les 1re et 2e armées, plus de 200,000 hommes, bloquent Metz, principalement sur la rive gauche ; une force évaluée à 50,000 hommes serait établie sur la rive droite de la Meuse, pour gêner une marche sur Metz. Des renseignements annoncent que l'armée du Prince Royal de Prusse se dirige aujourd'hui sur les Ardennes avec 50,000 hommes ; elle serait déjà à Ardeuil. Je suis au Chesne avec un peu plus de 100,000 hommes. Depuis le 9, je n'ai aucune nouvelle de Bazaine ; si je me porte à sa rencontre, je serai attaqué de front par une partie des 1re et 2e armées, qui, à la faveur des bois, peuvent dérober une force supérieure à la mienne ; en même temps attaqué par l'armée du Prince Royal de Prusse, me coupant toute ligne de retraite. Je me rapproche demain de Mézières, d'où je continuerai ma retraite, selon les événements, vers l'ouest. »

77. — *27 Août.* — Maréchal Mac-Mahon au commandant supérieur de Sedan. — Le Chesne.

« Je vous prie d'employer tous les moyens possibles pour faire parvenir au maréchal Bazaine la dépêche suivante :

« Maréchal Mac-Mahon prévient maréchal Bazaine que l'arrivée du Prince Royal à Châlons le force à opérer, le 29, sa retraite sur Mézières, et de là à l'ouest, s'il n'apprend pas que le mouvement de retraite du maréchal Bazaine soit commencé. »

78. — *27 Août*. — Ministre de la guerre à l'Empereur. — Paris, 11 heures du soir.

« Si vous abandonnez Bazaine, la révolution est dans Paris, et vous serez attaqué vous-même par toutes les forces de l'ennemi. Contre le dehors, Paris se gardera. Les fortifications sont terminées. Il me paraît urgent que vous puissiez parvenir rapidement jusqu'à Bazaine. Ce n'est point le Prince Royal de Prusse qui est à Châlons, mais un des princes, frère du roi de Prusse, avec une avant-garde et des forces considérables de cavalerie.

« Je vous ai télégraphié, ce matin, deux renseignements, qui indiquent que le Prince Royal de Prusse, sentant le danger auquel votre marche tournante expose et son armée et l'armée qui bloque Bazaine, aurait changé de direction, et marcherait vers le nord. Vous avez au moins trente-six heures d'avance sur lui, peut-être quarante-huit heures. Vous n'avez devant vous qu'une partie des forces qui bloquent Metz, et qui, vous voyant vous retirer de Châlons à Reims, s'étaient étendues vers l'Argonne.

« Votre mouvement sur Reims les avait trompées. Comme le Prince Royal de Prusse, ici tout le monde a senti la nécessité de dégager Bazaine, et l'anxiété avec laquelle on vous suit est extrême. »

79. — *28 Août*. — Ministre de la guerre au maréchal Mac-Mahon. — Paris, 1 heure 30 du soir.

« Au nom du Conseil des ministres et du Conseil privé, je vous demande de porter secours à Bazaine, en profitant des trente heures d'avance que vous avez sur le Prince Royal de Prusse. Je fais porter le corps Vinoy sur Reims. »

80. — *28 Août*. — Ordre.

« . . . .

« Dans le cas où le mauvais temps persisterait, il serait utile de pouvoir abriter les troupes, plus qu'elles ne le sont dans ce moment.

« MM. les généraux de division ou chefs de service examineront jusqu'à quel point il serait possible de les installer dans des maisons, abandonnées ou autres, sans sortir des zônes que ces troupes occupent, sans trop gêner les habitants, et surtout sans affaiblir la défense. »

81. — *28 Août.* — Autorisation d'acheter des musettes-mangeoires.

« En vue des revues d'effectifs des intendants, les troupes du train, affectées au parc, n'ayant pas de registres pour les chevaux et les hommes, je fais établir d'urgence ces documents. Le général approuve.

« Quant aux chevaux de la compagnie de M. Barbet, j'approuve les mesures que vous avez prises, de faire établir d'urgence leurs matricules. Il doit en être de même pour les hommes sur lesquels on n'a pas reçu, des régiments, les renseignements suffisants. MM. les capitaines-commandants doivent établir leur feuille d'appel pour la revue d'effectif, le mieux possible, avec les indications qu'ils possèdent.   Général DE BERCKHEIM. »

82. — *28 Août.* — Note.

« Le maréchal Bazaine a décidé que des infirmeries (une par division) seraient installées dans les villages occupés par les troupes. Dans ces infirmeries seront soignés les militaires atteints de maladies légères. Cette mesure a pour but d'empêcher l'encombrement des hôpitaux de Metz.

« MM. les généraux de division s'entendront avec l'intendance pour rechercher les locaux pour l'installation immédiate de ces infirmeries. »   (Par ordre.)

83. — *28 Août.* — Ordre n° 116. — Urgent.

« . . . . . J'ai déjà eu l'honneur de vous inviter à donner les ordres les plus formels pour que les troupes soient alignées à trois jours de vivres, y compris la journée courante ; ces ordres sont sans doute en voie d'exécution, et je ne saurais trop insister pour qu'au moyen de distributions quotidiennes, les troupes conservent dans leurs sacs cet approvisionnement.

« En outre, et en prévision de mouvements toujours possibles, j'ai arrêté les dispositions suivantes :

« MM. les intendants des corps d'armée feront prendre, aujourd'hui même, dans les magasins militaires de la place de Metz, en proportion de leurs effectifs, et par les voitures du train dont ils disposent, les denrées suivantes :

  « Deux jours de lard ;
  « Un jour de biscuit ;
  « Un jour d'avoine.

« Ces denrées seront conservées intégralement dans les magasins de chaque corps d'armée, ei ne devront, sous aucun prétexte, être mises en distribution qu'en cas de mouvement de l'armée, et au moment même du départ.

« Ces mesures étant prises, toutes vos troupes devront être approvisionnées au moment du départ de la manière suivante :

« Quatre jours de pain ou biscuit, y compris la journée courante ;

« Trois jours de vivres-viandes, dont deux de lard, y compris la journée courante ;

« Trois jours d'avoine, y compris la journée courante, etc.

« Signé : JARRAS. »

84. — *28 Août.* — Ordre.

« Le général commandant en chef de l'artillerie, vient de mettre à la disposition du 6e corps : 720 coups de 4, qui seront déposés à l'arsenal de Metz. Je prescris, en conséquence, aux batteries divisionnaires d'infanterie de se réapprovisionner demain matin, au parc d'artillerie du 6e corps ; veuillez prévenir dès ce soir le capitaine du parc.

« L'opération devra être terminée dans la matinée. Les caissons du parc, qui deviendront par ce fait vides ou incomplets, seront conduits, dans la journée, à l'arsenal de Metz, où le colonel directeur a reçu des ordres pour les faire remplir.   Général DE BERCKHEIM. »

85. — *28 Août.* — Le petit parc est augmenté. Il se compose aujourd'hui de :

10 caissons de 4 et 1 affût de rechange de 4, avec 1,209 coups et 320 fusées percutantes.

Du 28 Août	12 caissons de 12 contenant	342,144	Total : 1,097,160.
	14 — légers —	166,320	Cartouches 1866.
	1 — de 12 —	18,456	
	20 — mod. 1827 —	570,240	
Du 24 Août	3 chariots de parc —	1,651 coups de mitrailleuses.
	1 — de parc vide.	
	2 forges modèle 1827 et 1 de montagne.	
	1 chariot de batterie.	
	1,204 sachets remplis pour canons rayés de 4.	

86. — *28 Août.* — Cadre de la batterie Bernadac.
9ᵉ batterie du 4ᵉ régiment d'artillerie (mitrailleuses).
Capitaine en 1ᵉʳ, Bernadac ;
— en 2ᵉ, Trespaillé ; ⎫ Effectif réglementaire,
Lieutenant en 1ᵉʳ, Finot ; ⎬ dont 34 hommes
— en 2ᵉ, d'Opeln Bronikowski ; ⎪ venant de la réserve.
— en 2ᵉ, Douradou. ⎭

87. — *29 Août.* — Ordre d'organiser l'infirmerie de la réserve.

« Tous les corps devront se présenter aujourd'hui, le plus tôt possible, au quartier-général, pour toucher le pain des journées du 29 et du 31. Ceux des corps qui ont entamé leurs réserves (deux jours d'avance) devront faire connaître la quantité à toucher pour les recompléter. Les bons seront établis, non pas pour des journées déterminées, mais à titre de réserve. » (Officiel.)

88. — *29 Août.* — Ordre.

« Il sera formé, à la suite du 6ᵉ corps et avec les éléments divers provenant des autres corps de l'armée, un commencement de parc d'artillerie. Le commandant Jaubert est nommé directeur de ce parc.
« Général Soleille. »

89. — *30 Août.* — Ordre.

« L'armée exécutera, le 31 au matin, le même mouvement qu'elle a fait le 26. Selon toute probabilité, le 6ᵉ corps commencera à passer les ponts vers 7 heures et quart. La réserve d'artillerie prendra ses mesures pour suivre immédiatement le mouvement de la 4ᵉ division d'infanterie. Elle se servira des deux ponts d'amont, et se rendra à sa position par la route de Bouzonville. Cette position lui sera indiquée sur place. Le Lⁱ-Colonel, Lanty. »

90. — *30 Août.* — Note.

« Il n'y a plus de sel ; le maréchal commandant en chef a prescrit de se servir de celui que fournirait la distribution du lard, lorsque le moment en sera venu.

« J'en ai cependant demandé 300 kilogr. à Metz ; j'ignore si je les recevrai ; j'en doute. Le Sous-Intendant, Courtois. »

91. — Marche du maréchal Mac-Mahon (12ᵉ corps (Lebrun) de son armée).

« — Départ de Châlons le 21 août, à 3 heures du matin. Arrivée à St-Thierry et Reims le 21, à 5 heures du soir.

« — Séjour le 22 et départ de St-Thierry le 23, à 3 heures du matin. Arrivée à Entregeville le 23, à 5 heures du soir.

« — Départ d'Entregeville le 24, à 6 heures du matin. Arrivée à Réthel le 24, à 5 heures du soir.

« Séjour le 25. Départ de Réthel le 26, à 7 heures et demie du matin. Arrivée à Tourteron dans la nuit du 26 au 27, à 2 heures du matin.

« — Départ pour le Chêne-Populeux le 27, à 3 heures et demie du matin. Arrivée au Chêne-Populeux le 27, à 4 heures du soir.

« — Départ du Chêne pour Beaumont le 28, à 3 heures du matin. Arrivée à la Besace, entre le Chêne et Beaumont, le 28, à midi. Les Prussiens devant Beaumont.

« — Départ de la Besace pour Mouzon le 29, à 5 heures du soir.

« — Mouzon, séjour le 30, combat le soir, retraite de Failly.

« — Départ de Mouzon, en retraite sur Sedan, le 31, à 1 heure du matin. Arrêt en route à Bazeille. Bataille toute la journée. Nuit passée du 30 au 1er à Bazeille. Bataille le 1er septembre jusqu'à 6 heures du soir.

« — A Beaumont le 28, une dépêche venue de Metz, du maréchal Bazaine, apportée par des agents forestiers, est remise au maire pour le maréchal Mac-Mahon. Il en est arrivé plusieurs.

(Affirmations données par les officiers d'état-major du 12e corps ; général en chef, Lebrun).

92. — *30 Août*. — (Minuit 15 m.) — Ordre général.

« Pour être en mesure de tout mettre en mouvement au premier ordre, veuillez faire passer des revues de santé, à la suite desquelles les hommes malingres seront renvoyés dans les petits dépôts, etc.

« Je vous recommande de nouveau de faire distribuer la ration de biscuit et les deux rations de lard, qui se trouvent en réserve dans les magasins du corps d'armée. Enfin, il est indispensable que les bagages soient encore réduits. Veuillez prendre des mesures pour qu'on n'emporte que le strict nécessaire.

« Toutes ces dispositions devront être exécutées aujourd'hui même.

« Signé : Maréchal BAZAINE. »

93. — *30 Août*. — Note.

« Se tenir prêt à faire un mouvement aujourd'hui, de midi à 1 heure ; les instructions arriveront ultérieurement.

« Signé : Le Lt-Colonel, LANTY. »

94. — *30 Août*. — « On ne part pas. Les distributions annoncées doivent continuer à avoir lieu. »   (Par ordre.)

95. — *31 Août*. — Ministre de la guerre au maréchal Mac-Mahon. — Paris, 9 heures 40 du matin.

« Je suis surpris du peu de renseignements que M. le maréchal Mac-Mahon donne au ministre de la guerre ; il est cependant de la plus haute importance que je sache ce qui se passe à l'armée, afin de pouvoir coordonner certains mouvements de troupes avec ce que peuvent faire MM. les commandants de corps d'armée. Votre dépêche de ce matin ne m'explique pas la cause de votre marche en arrière, qui va causer la plus vive émotion. Vous avez donc éprouvé un revers ? »

96. — *31 Août*. — Au ministre de la guerre. — Sedan, 1 heure 15 minutes du matin.

« Mac-Mahon fait savoir au ministre de la guerre, qu'il est forcé de se porter sur Sedan. »

97. — *2 Septembre*. — Ordre du 6e corps.

« Le 6e corps d'armée qui, aux batailles de Rezonville et de St-Privat, a largement apporté son glorieux tribut à la défense du pays, vient encore de prouver son énergique attitude dans les journées du 31 août et du 1er septembre, en face des troupes prussiennes qui s'étendaient de Malroy à Ste-Barbe. La 1re division Tixier, formant la droite du corps d'armée, s'est vaillamment engagée pour soutenir la gauche des attaques du 4e corps.

« Dans ces deux dernières journées, de même que dans les diverses opérations qui leur ont été confiées depuis leur création, les compagnies de partisans formées de volontaires de chaque régiment ont accompli avec audace et succès leur belle et importante tâche.

« S'avançant au loin vers l'ennemi, en ayant soin de s'étendre et de se dissimuler, profitant avec adresse et sagacité de tous les abris qu'offrent le terrain et ses divers accidents, les partisans, par leurs feux calmes et bien dirigés, ont jeté l'inquiétude et bientôt le désordre dans les lignes et les batteries prussiennes, leur faisant le plus grand mal, sans en éprouver beaucoup eux-mêmes.

« Ces résultats, dans leur ensemble comme dans leurs détails, montrent l'énergique et solide attitude des officiers et soldats du 6e corps, qui, jaloux de leur honneur et animés de l'amour de la patrie, comprennent la grande et noble mission que leur impose sa délivrance.

« Le maréchal de France qui a l'honneur de les commander, les en remercie au nom de la France et de l'Empereur.

« Signé : Maréchal CANROBERT. »

98. — *2 Septembre*. — Ordres généraux.

« 1° Prendre des mesures sévères pour la salubrité des camps....., feuillées, etc.

2° Tous les médecins disponibles dans les corps de troupe et les ambulances du corps d'armée, doivent se rendre tous les jours, de midi à 5 heures, à l'ambulance du Saulcy, pour prêter leur concours aux médecins de la place, etc.

3° Les maréchaux-ferrants trouveront du charbon à Metz, dans les ateliers de la Compagnie du chemin de fer de l'Est.... »

99. — 2 *Septembre*. — Ordre.

« . . . . Les revues d'effectifs..... seront passées aujourd'hui et demain.

Ordre. « . . . . . Aux généraux des divisions de s'assurer par eux-mêmes, et de rendre compte le plus tôt possible, du nombre exact des jours de lard qu'il y a dans le sac de chacun de leurs régiments. »

100. — 2 *Septembre*. — Note officielle.

« Le général passera, le 4 septembre, à midi, la visite des munitions des batteries, en commençant par la 1re division, et en terminant par la réserve. Seront présents MM. les officiers supérieurs et les capitaines-commandants, ainsi que les garde-parcs. »

101. — *3 Septembre*. — Ordre.

« Par décision de M. le maréchal commandant en chef l'armée du Rhin, en date du 3 septembre 1870, la composition des rations d'avoine et de viande sera, à partir du 4 septembre, réglée ainsi qu'il suit :

Rations d'avoine. — Régiment d'artillerie ; chevaux de selle et de traits (officiers et troupe), chevaux de troupe du train d'artillerie, du génie et du train des équipages 5k,69

« Etat-major particulier de l'artillerie et du génie, etc. .   4k,80

« Cette nouvelle fixation de la ration d'avoine ne modifie en rien les prescriptions de l'ordre du 24 courant, relatives à la suppression complète du foin.

« *Rations de viande*. — La ration de viande de bœuf et vache sera remplacée par la viande de cheval, et la ration sera portée à 350 grammes par homme et par jour, tout en maintenant la ration journalière de vin, accordée par décision de S. Exc. le maréchal commandant en chef, en date du 22 août 1870.

« Signé : Le colonel, MÉLIN. »

102. — *4 Septembre.* — Ordre.

« Des officiers de certains corps achètent directement des denrées fourragères, et font même l'avance des sommes qui leur sont réclamées, pour envoyer ensuite par-devers l'intendant les vendeurs régler leurs comptes, et mettent ainsi ce fonctionnaire en présence de faits accomplis qui poussent à une extrême exagération des prix.

« Pour éviter les inconvénients ruineux de ce système, il sera interdit à l'avenir à tout officier d'acheter spontanément des fourrages et d'en avancer le montant, sans avoir pris préalablement les ordres écrits des chefs d'état-major de leurs divisions, qui fixeront un maximum de prix, et assigneront l'emploi et la répartition des denrées. Chaque ordre écrit du chef d'état-major sera joint aux bons ou reçus remis aux vendeurs pour se faire payer à l'intendance.

« Signé : CANROBERT. »

103. — *4 Septembre.* — Ordre.

« Les corps qui ont consommé tout ou une partie de leur réserve de lard, sont prévenus qu'ils ne doivent pas penser à se recompléter. Il n'y a plus de lard à distribuer.   Signé : Général HENRY. »

104. — *4 Septembre.* — Ordre n° 670.

« Le maréchal commandant en chef fait connaître qu'il n'accordera à l'avenir de décorations qu'aux officiers qui réussiront dans leurs entreprises, ou qui auront obtenu un succès quelque léger qu'il soit.   Signé : Colonel MÉLIN. »

105. — *4 Septembre.* — Armée du Rhin n° 7. — Ordre général.

« Le 1er septembre, dans la matinée, cinq voitures qui portaient du pain destiné au 70e de ligne, et qui avaient été momentanément arrêtées à hauteur de la ferme de Grimont pour livrer passage à l'artillerie, ont été pillées par des militaires appartenant à divers corps.

« Le maréchal commandant en chef, à qui des faits analogues ont déjà été signalés, appelle sur ces actes de violence et d'indiscipline la réprobation de l'armée et la plus sévère attention des commandants de corps d'armée. Les soldats qui pillent les approvisionnements destinés à leurs camarades, sont aussi coupables que ceux qui pillent les propriétés de l'habitant, et ils doivent, comme eux, être traduits de-

11

vant les conseils de guerre et poursuivis avec toute la rigueur des lois militaires.

« Ces principes sont la base de la conservation des armées, et les chefs de corps doivent être les premiers à en exiger la rigoureuse observation. Ils doivent également user de toute leur autorité et de tous les moyens de répression dont ils disposent, pour retenir ou faire rejoindre les hommes qui, au moment du combat, se retirent sous de futiles prétextes en arrière des lignes, et laissent leurs camarades affronter seuls le feu de l'ennemi. Si le sentiment de l'honneur et du devoir ne suffit pas pour les retenir dans le rang, une arrière-garde peu nombreuse, mais énergiquement commandée, devra les recueillir et les ramener à leur poste.

« Pour la répression de ces abus ou de ces défaillances, imputables à un petit nombre, le maréchal commandant en chef fait appel au concours unanime de l'armée. Témoin de sa bravoure et de ses efforts héroïques, il sait qu'il peut compter sur son bon esprit, sa discipline et son inaltérable dévouement.

« Au grand quartier-général du Ban-Saint-Martin.

   « Le maréchal commandant en chef, signé : BAZAINE. »

106. — *5 Septembre*. — Ordre.

« Le maréchal commandant en chef a décidé que la ration de viande serait réduite à 300 grammes à partir de demain 6 du courant, etc..... La ration d'avoine réduite pour chaque arme au taux fixé par la décision du 3 septembre courant, est exclusive de toute compensation.... La ration de foin supprimée n'admet aucun remplacement quelconque.....   Signé : HENRY. »

107. — *5 Septembre*. — Le lieutenant-colonel de Montluisant se plaint que, le 4 septembre, les batteries n'ont pas touché la viande pour le 5, ce qui les prive de la soupe, etc.....

Le sous-intendant répond : « Je suis désolé de l'incident que vous me signalez ; malheureusement on ne fait pas de bonne soupe avec des regrets !... Je me mets en quatre pour le service, mais je suis seul pour le corps d'armée, et mes forces ne peuvent suffire à tout comme je le voudrais. Que vos fourriers viennent toujours me tenir au courant de leurs difficultés en temps utile, et je ferai tout mon possible pour les lever.

« Vous savez qu'il est interdit à Metz de délivrer du foin ou de la paille. En principe, les chevaux n'ont droit qu'à l'avoine. En dehors de cette limite restreinte, il peut leur être donné du foin ou de la paille, quand on peut trouver à en acheter. Si donc vos officiers vous signalaient quelques quantités, qu'ils ne laissent jamais passer l'occasion.

« Ainsi on peut trouver de la paille aux environs de 20 à 25 fr. les 100 kilogr., et du foin aux environs de 30 à 35 fr. les 100 kilogr., prix qu'il ne faudrait pas hésiter à accepter et au besoin à imposer en prenant de force s'il le fallait..... Signé : COURTOIS. »

108. — *5 Septembre.* — Tableau indiquant les pertes pour les corps d'artillerie détachés aux 2e, 3e, 4e et 6e corps d'armée, pour tous les combats du mois d'août (14, 16 et 18).

	OFFICIERS	TROUPES	CHEVAUX
Tués......................	10	166	865
Blessés...................	75	1000	412
Disparus..................	7	172	165
TOTAUX........	92	1338	1442

En comparant avec la totalité des effectifs, cela donne en moyenne : pour la troupe, 10 %, ou le dixième ; pour les officiers, 20 %, ou le cinquième.

Pendant la même période et pour les mêmes combats, on a consommé :

6,500 coups de canons de 4 ;
10,900 — de 12 ;
19,000 — à balles ;
3,224,000 cartouches, modèle 1866.

109. — *5 Septembre.* — Instruction pour MM. les officiers de la réserve.

« *Avant le combat :*

« Toutes les fois que cela sera possible, le général indiquera les points décisifs, les objectifs choisis par le général en chef. Il s'en remettra ensuite au tact, au coup-d'œil, à l'énergie, à la bravoure de tous.

« Il recommande de ne pas se hâter. Il faut souvent avec patience supporter le feu de l'ennemi sans y répondre, et attendre l'occasion d'agir.

« Il faut se souvenir qu'il est de la dernière importance de choisir ses positions le mieux possible, et de n'en bouger que le moins possible aussi. En tirant longtemps du même endroit, on est maître de son tir, on le régularise et la grande portée des pièces donne toute latitude.

« *Au commencement du combat :*

« En face de l'ennemi, le premier soin doit être d'apprécier les distances et de régler le tir. On y arrive facilement avec quelques obus armés de fusées percutantes. Le rôle principal de l'arme étant de faciliter l'attaque de l'infanterie, il faut toujours chercher les moyens de concentrer son tir sur les points décisifs, c'est-à-dire sur les troupes ennemies, et se souvenir que l'éloignement des batteries les unes des autres ne les empêche pas de réunir leur action sur un point commun.

« Il ne faut pas, à moins d'ordres précis, engager des combats d'artillerie contre artillerie. Le rôle du canon n'est pas de tirer contre les bouches à feu prussiennes. Il doit servir à détruire son infanterie, à arrêter les colonnes qui s'avancent, à ébranler, à désorganiser la cavalerie qui se masse pour charger.

« Si, dans un cas particulier, une batterie ennemie tire sur notre infanterie, empêche sa formation, arrête son élan, il faut alors immédiatement, très-vivement, et très-largement contre-battre cette batterie, détourner son action et attirer son feu.

« Ce sont le plus souvent des questions de minute ; l'occasion s'offre, mais elle disparaît bientôt. Les capitaines-commandants doivent donc tout voir, tout apprécier et saisir les moments décisifs.

« Il est quelquefois nécessaire, dans certains moments de la guerre, de tout attirer sur soi, et de se sacrifier largement pour dégager les autres ; c'est un devoir auquel il faut, sans ordre, rapidement obéir.

« *Pendant l'action :*

« Ce ne sera que lorsque l'infanterie ennemie aura été ébranlée et aura beaucoup souffert, que la nôtre pourra fructueusement attaquer. Nos troupes avanceront toujours instinctivement du côté où l'artillerie aura facilité le chemin. Au moment de la rencontre décisive, les qualités individuelles, les forces vives de chaque officier agissent seules, sans ordre ; il doit puiser dans ses inspirations ce qu'il doit faire.

« *Pour les détails pendant le feu :*

« Il faut laisser les chefs de pièces, qui connaissent leurs bouches à feu, pointer et rectifier peu à peu leurs coups ; il ne faut que leur indiquer le but à atteindre.

« On ne saurait trop recommander de ménager les munitions ; mais quand le moment est venu, il faut en user rapidement et largement.

« Les officiers commandant les batteries de canons à balles, doivent, plus que les autres, se préparer d'avance à saisir toutes les occasions de faire du mal à l'infanterie ennemie.

« Le général, pendant le combat, ne peut que surveiller l'ensemble, mettre à profit les avantages déjà remportés, les faire appuyer et soutenir, prévenir des revers, assurer une retraite ; mais il ne peut indiquer à chacun les détails. C'est à tous à puiser dans leur énergie, leur expérience et leur courage, les moyens de bien faire et de concourir au succès.

« *Résumé :*

« Dans un combat, il n'y a pas des armes différentes, il n'y a qu'une seule armée. L'instrument réel de la victoire c'est l'infanterie ; si l'on brise celle de l'adversaire, l'affaire est décidée.

« Les trois armes, de l'artillerie, de la cavalerie et de l'infanterie, doivent donc concentrer leurs efforts et leur action sur l'infanterie ennemie, en ne s'occupant des autres armes qu'autant que cela est absolument nécessaire à leur défense directe.

« C'est en concentrant tous les efforts sur un seul but qu'on obtiendra le succès. Jamais l'artillerie la plus puissante ne gagnera une bataille si l'infanterie a été obligée de plier.

« L'armée qui aura l'avantage sera donc celle dont l'artillerie aura le mieux su s'employer contre l'infanterie ennemie.

« Une attaque vigoureusement préparée par le canon, sera toujours enlevée par nos troupes ; et les officiers d'artillerie, s'ils ont du coup d'œil, sauront toujours se placer plus ou moins heureusement, en vue de tous ces résultats.

« Enfin aujourd'hui, l'armée combat pour le salut du pays ; tous doivent se sacrifier avec élan, pour la délivrance et l'honneur de la patrie. Signé : DE MONTLUISANT. »

« NOTA. — Cette note sera copiée par MM. les officiers de la réserve d'artillerie du 6ᵉ corps. »

110. — *6 Septembre*. — Ordre.

« On a cru entendre à diverses reprises, dans la journée d'hier, des détonations lointaines d'artillerie dans la direction de Briey. Il y a intérêt à recueillir des renseignements à ce sujet ; on donnera dans les divisions des instructions à cet égard, et il sera rendu compte au quartier-général de tout ce qui aurait été vu ou entendu . . . . .

« Il sera fait, dans les corps d'armée et dans le voisinage de leurs bivouacs, des coupes régulières de bois, pour subvenir aux besoins de la cuisson des aliments. Les troupes du 6e corps pourront abattre, dans les limites du strict nécessaire, les arbres de la route départementale de Briey à Metz, et, au besoin, ceux de la route de Thionville et des bois en avant de Woippy. . . . .

« A partir d'aujourd'hui, la ration d'avoine sera fixée à 4k,50 pour l'artillerie.. . . . .

« Il reste bien entendu que la ration d'avoine précitée sera donnée à l'exclusion de toute autre denrée, paille, foin ou son.

« Signé : Henry. »

111. — *6 Septembre.* — Ordre de la réserve.

« On placera immédiatement dans tous les coffres de 12 : 4 obus percutants dans les cases supérieures, en tout 8 projectiles percutants par coffre.

« On ouvrira plusieurs routes débouchant de nos camps sur la route de Thionville, de manière à pouvoir tourner et partir facilement et rapidement de nuit.

« On achèvera aujourd'hui les petites caisses en bois destinées à emporter un approvisionnement de fusées percutantes.

« A partir d'aujourd'hui, un planton et un trompette coucheront dans une tente, à côté du lieutenant-colonel, pour être toujours prêts à porter les ordres de nuit.

« MM. les capitaines-commandants rendront compte aujourd'hui même de l'exécution de ces ordres.   Signé : de Montluisant. »

112. — *6 Septembre.* — « Mon cher colonel, veuillez, je vous prie, venir me parler ce soir, entre 5 et 6 heures, au quartier-général du maréchal Canrobert, pour convenir définitivement de nos faits et gestes pour demain matin.   Signé : de Berckheim. »

113. — *6 Septembre.* — « Mon cher colonel, des renseignements parvenus au commandant en chef de l'armée du Rhin, le déterminent à ajourner l'opération qui devait avoir lieu demain sur Ladonchamp. En conséquence, vous n'aurez pas de mouvement à faire demain matin.   Signé : Lanty. »

114. — *6 Septembre*. — Ordre général.

« En raison de l'absence de M. le barron Larrey, médecin en chef de l'armée, qui a suivi S. M. l'Empereur, M. Cuvellier, médecin principal de 1re classe, a été désigné, le 22 août dernier, pour remplir les fonctions de médecin en chef, par intérim. Signé : BAZAINE. »

115. — *7 Septembre*. — Note.

. . . .

« Le maréchal commandant en chef a décidé qu'à dater du 8 courant, le seigle entrerait pour un cinquième dans la ration d'avoine fixée par sa décision du 5 courant. Les corps de troupes seront informés que les difficultés de manipulation imposent la nécessité de leur laisser faire eux-mêmes approximativement le mélange ; il y a lieu d'insister pour leur faire comprendre le danger qu'il y aurait, au point de vue hygiénique, à donner le seigle seul aux chevaux. Les chevaux arabes qui doivent toucher de l'orge ne recevront pas de seigle. Signé : DE BERCKHEIM. »

116. — *8 Septembre*. — Note officielle.

« Prière de faire connaître de suite, pour les 4 batteries de la réserve :

« 1° Le nombre des chevaux bons ;

« 2° Le nombre des chevaux médiocres (c'est-à-dire ceux parmi lesquels on aura à prendre probablement plus tard pour la boucherie) ;

« 3° Le nombre des chevaux mauvais (c'est-à-dire ceux qui doivent être livrés de suite à la boucherie.) Signé : DE BERCKHEIM. »

117. — *8 Septembre*. — Ordre.

« Placer, dans la journée, deux nouveaux projectiles avec fusée percutante dans chaque coffre de 12 ; ce qui portera le nombre des projectiles percutants à 10 par coffre. Envoyer, à la fin de la nuit, à l'aube, une demi-batterie avec ses munitions dans la batterie que la réserve a construite au-dessus de Woippy.

« L'officier qui la commandera prendra les ordres du colonel Gibon, commandant à Woippy. » (Par ordre.)

118. — *8 Septembre*. — Note officielle de l'intendance.

« Il n'y a pas un gramme de sel à attendre du service de Metz ; j'ai épuisé toutes les tentatives, sans pouvoir en obtenir. Donc cette denrée doit être considérée et est, en effet, exclue des perceptions quotidiennes et des approvisionnements. L'autorité supérieure le sait.

et je dois subir les tristes conséquences d'une situation anormale. Je ne peux donc faire qu'une réponse entièrement négative.

« Signé : COURTOIS. »

119. — *9 Septembre.* — Ordre.

« Pour assurer le service de la viande aux troupes de l'armée et de la garnison de Metz, le maréchal commandant en chef a décidé que 40 chevaux seraient prélevés dans chaque régiment de cavalerie, en commençant par ceux qui sont reconnus hors d'état de servir, et en complétant le nombre demandé au moyen des désignations faites parmi les chevaux les moins valides.

« Ces chevaux seront remis à l'intendant de chaque corps d'armée et au sous-intendant de la division de cavalerie de réserve, pour être versés par leurs soins à l'intendance générale de l'armée. . . .

« On donnera des ordres pour que ces dispositions reçoivent dès aujourd'hui leur exécution. L'artillerie livrera, dès maintenant, les chevaux qui sont reconnus comme étant hors de service. » (Par ordre.)

120. — *9 Septembre.* — Ordre.

« En vue de ménager les ressources en avoine, le maréchal commandant en chef a décidé qu'à partir de demain 10, et jusqu'à l'épuisement du foin qui existe encore dans la place de Metz, il sera donné un kilogramme de foin en remplacement d'un kilogramme d'avoine ou d'orge, le seigle continuant, d'ailleurs, à entrer dans la proportion d'un cinquième dans la ration d'avoine, ainsi que cela a été décidé.

« Les distributions devront se faire dans les proportions ci-après :

POUR LES CHEVAUX AYANT DROIT A

	AVOINE	SEIGLE	FOIN	TOTAUX
4 k. 50	2 k. 80	0 k. 70	1 k. »	4 k. 50
4 »	2 40	0 60	1 »	4 »
3 50	2 »	0 50	1 »	3 50

« Le son et la farine d'orge continueront à être distribués par substitution. poids pour poids, à l'avoine et au foin. Signé : HENRY. »

121. — *10 Septembre.* — Ordre (très-pressé).

« Il y a des chevaux de guides disponibles, on pourrait les livrer pour améliorer les attelages d'artillerie.

« Les batteries de la réserve doivent fournir de suite le nombre des chevaux manquants, et indiquer combien il y en a qui sont, aujourd'hui, hors d'état de faire un bon service. »

122. — *11 Septembre.* — Le maréchal Bazaine à l'intendant-général.

« Monsieur l'intendant-général,

« Par votre lettre de ce jour, n° 596, vous me rendez compte que vous avez fait l'acquisition de 735 quintaux métriques de minette et de sorgho. Vous me proposez, pour la distribution de ces grains, de les mélanger préalablement à l'avoine, dans les magasins de l'administration, au moyen du pelletage, et dans la proportion d'un tiers environ.

« Je donne mon approbation à cette mesure, et je vous invite à procéder dès demain à cette opération, de façon à faire, à partir de mardi prochain, les distributions au moyen de l'avoine ainsi mélangée, sans que le taux de la ration soit d'ailleurs en rien modifié.....

« Signé : Henry. »

123. — *11 Septembre.* — Situation des chevaux des 4 batteries de la réserve au 11 septembre 1870 :

BATTERIES	9e du 13e	10e du 13e	11e du 15e	9e du 4e
Chevaux manquants de selle	5	1	1	»
— — de trait..............	2	3	»	»
— mauv. à changer contre de meilleurs..	10	»	1	»
— hors d'état de servir et qu'il faut mang.ͬ	»	7	1	»
— — mais malades et à abattre	»	1	»	»

« En général, nos chevaux changent beaucoup, et chaque jour la différence est sensible. L'alimentation est insuffisante et les pluies amènent l'anémie et la décrépitude. Les deux batteries de mitrailleuses, dont la remonte a été excellente, sont encore en bon état, mais dans les deux autres batteries, il y a déjà beaucoup de mal qui deviendra rapidement apparent. Il faut les ménager ou les améliorer.

« Je rends compte de cet état progressif, pour qu'on ne soit pas surpris des pertes prochaines qui s'annoncent dans nos effectifs.

« Signé : de Montluisant. »

124. — *12 Septembre.* — Ordre.

« Par ordre de M. le maréchal commandant en chef le 6e corps,

MM. les officiers généraux et supérieurs devront être rendus à son quartier-général, demain matin, 13 septembre, à 8 heures et demie.

« Sont également convoqués à cette réunion : le plus ancien officier subalterne dans chaque grade et dans chaque régiment ; le plus ancien adjudant, le plus ancien sergent-major et le plus ancien sergent dans chaque régiment, etc. »

125. — *13 Septembre.* — Ordre.

« En raison de l'état de blocus où se trouve toute l'armée, situation qui a amené l'élévation du prix de toutes choses, et qui rend impossible de faire venir de l'argent du dehors, il importe de faciliter aux officiers les moyens d'acquérir les objets dont ils ont besoin, par un paiement plus fréquent de la solde.

« En conséquence, j'ai décidé que la solde, au lieu d'être payée mensuellement, le serait désormais par quinzaine.

« Signé : BAZAINE. »

126. — *13 Septembre.* — Ordre.

« A dater de demain 14 septembre, le taux de la ration de fourrages, quelle que soit la nature des denrées distribuées, sera réduit ainsi qu'il suit :

Avoine	$2^k,000$	
Foin	$1^k,000$	Pour les chevaux d'artillerie, officiers et troupe, etc.
Son	$0^k,500$	
Total	$3^k,500$	

« Le blé sera employé à la nourriture des chevaux, en le mélangeant, tant que ce sera possible, soit avec le seigle, soit avec de l'avoine, ou, à défaut de seigle et d'avoine, en distribuant du son par voie de substitution, à du blé, à poids égal, et dans la proportion maximum d'un dixième.

« A partir du 15 courant, la ration journalière de pain sera réduite à 300 grammes, et, par compensation, celle de la viande sera portée à 400 grammes, tout en maintenant la ration de vin.

« Signé : HENRY. »

127. — *14 Septembre.* — Ordre.

« Des ballons porteurs de dépêches partiront de Metz, à partir du 15 septembre, au matin. Afin de permettre l'envoi d'un plus grand nombre de lettres, elles devront être écrites sur papier mince de $0^m,10$ centimètres sur $0^m,05$; elles seront envoyées ouvertes et sans enveloppes au quartier-général de M. le général commandant supérieur de la place de Metz, pour être expédiées au fur et à mesure de la construction des ballons. Signé : HENRY. »

128. — *15 Septembre.* — « J'approuve l'ordre permanent que vous avez donné dans les batteries de la réserve, au sujet des reconnaissances à faire par les officiers d'artillerie, des travaux exécutés par l'ennemi en avant de nos lignes. Signé : DE BERCKHEIM. »

129. — *15 Septembre.* — « Le général Henry commande à l'instant 100 travailleurs d'infanterie, qui devront se rendre immédiatement à votre batterie pour les travaux à exécuter ce matin. Le général prévient, en outre, M. le général Tixier que vous êtes autorisé à lui demander directement tous les travailleurs dont vous pourriez avoir besoin ultérieurement. Ainsi vous avez satisfaction complète.

« Signé : DE BERCKHEIM. »

130. — *15 Septembre.* — « Des fusées de signaux ont été mises à la disposition du 6e corps d'armée pour correspondre avec les autres corps ; ces fusées sont à étoiles blanches, vertes et rouges.

« Les blanches veulent dire : Attention.

« Les vertes veulent dire que l'ennemi fait un mouvement.

« Les rouges veulent dirent qu'il attaque, etc.

« Signé : HENRY. »

131. — *16 Septembre.* — Ordre du maréchal Bazaine.

« Monsieur le maréchal,

« La rareté et la cherté des vivres, conséquences inévitables de l'agglomération de l'armée autour de Metz, et de l'interruption de nos communications avec le dehors, ont eu pour résultat de faire naître des inquiétudes dans la population civile, d'y provoquer des plaintes et d'y faire naître une certaine surexcitation (on accuse les soldats et surtout les officiers de venir en masse dans la ville, d'y faire des acquisitions à tous prix, ce qui fait monter la valeur des denrées) ; on se plaint que l'armée assiége les boulangeries, enlève le pain blanc et gaspille le pain de munition ; on affirme que ce dernier est souvent donné aux chevaux, tandis que les indigents n'ont pas de quoi se substanter. Des groupes d'officiers viendraient dans les hôtels et y feraient des repas suffisants pour nourrir un grand nombre de personnes. On donnerait du blé aux chevaux, tandis que les habitants pauvres en manqueraient absolument, etc.

« Ces plaintes, en ce qui concerne du moins les denrées de première nécessité, reposent sur des griefs plus spécieux que réels. En effet, le pain que reçoit l'armée est exclusivement fabriqué, soit à la manutention, soit chez des boulangers civils, avec des farines provenant des blés que l'administration militaire a depuis plus d'un mois dans ses magasins ; et quant à la viande, loin de faire à la population civile une concurrence ruineuse, c'est nous qui allons lui venir en aide en mettant chaque jour à la disposition des habitants, un certain nombre de chevaux qui seront pris dans l'armée parmi ceux qui auront été abattus.

« On ne peut nier que les événements de guerre ne créent pour la population de Metz, dont le patriotisme mérite d'être encouragé, et qui, par son dévoûment à nos blessés, s'est acquis des droits sérieux à notre reconnaissance, une situation pleine de sacrifices et de privations. Il est de notre devoir de ne rien faire pour les aggraver, et d'éviter toute démarche qui puisse fournir un prétexte à des mécontentements ou à des divisions que les ennemis du dehors et du dedans s'empresseraient d'exploiter.

« L'état des choses que je vous signale, que les circonstances peuvent aggraver, et auxquelles il est difficile d'assigner un terme, mérite de fixer notre plus sérieuse attention, et j'ai la conviction que vous en apprécierez comme moi l'importance.

« Je vous invite à communiquer ces réflexions aux généraux et chefs de corps sous vos ordres. Vous leur prescrirez de restreindre à la limite strictement indispensable, le nombre de permissionnaires, officiers ou soldats, de veiller avec la plus grande rigueur à ce que le pain de distribution ne soit pas gaspillé, et à ce qu'il n'en soit pas donné aux chevaux.

« Les chefs de corps devront, à leur tour, transmettre ces recommandations à leurs officiers, qui comprendront, j'en suis certain, les ménagements, les réserves et au besoin les sacrifices qu'ils doivent s'imposer dans la situation actuelle.　　　　Signé : BAZAINE. »

132. — *16 Septembre.* — Circulaire. — Instruction médicale sur les mesures hygiéniques à prendre dans les corps de troupe.

« Les affections dominantes étant les flux, avec tendance à la dyssenterie, ces troubles dans la santé prennent de la gravité lorsqu'ils sont produits par l'usage des fruits et des raisins verts, qui, dans la saison, abondent aux voisinages des camps. La surveillance la plus sévère doit être exercée à cet égard, car les épidémies de dyssenteries ont perdu les armées les plus aguerries. Les ceintures de flanelle doivent être portées sans négligence, remplacées autant que possible chez ceux qui les ont perdues, et délivrées à ceux qui n'en sont pas pourvus.

« Les jours de pluie, établir, autant que possible, de grands feux, où les hommes puissent faire sécher leurs couvertures et leurs vêtements ; dans chaque régiment, commander fréquemment des corvées complètes de propreté dans le camp et dans les environs, pour enlever et enfouir profondément les ordures et les restes d'animaux morts qui peuvent s'y trouver.

« Il est nécessaire de surveiller, chez les soldats, la propreté du corps, le soin des ablutions quotidiennes et le lavage régulier du linge de corps.

« Tous les jours, les sacs de campement et les couvertures devront être secoués, battus et exposés à l'air pendant plusieurs heures.

« Il convient de mettre à la disposition des infirmeries régimentaires et des ambulances un nombre suffisant de couvertures et de sacs à paille pour le couchage des malades.

« Le matin, les portes et les fenêtres des infirmeries seront ouvertes après la visite du médecin, l'intérieur sera balayé avec le plus grand soin, les effets de couchage seront exposés, si le temps le permet, à l'action de l'air extérieur.

« Les feuillées devront être éloignées du camp de 70 à 80 mètres, et placées en dehors de la direction des vents ; on leur donnera la profondeur d'un mètre sur une largeur de $0^m,80$. On recouvrira, le soir, les déjections de la journée d'une couche de terre d'environ cinq centimètres, et dès que les déjections accumulées atteindront les deux tiers de la profondeur, on aura soin de les combler en y rejetant la terre relevée en talus, sur l'un de leurs bords, et de les couvrir ensuite de chaux.

« Il est indispensable de faire concourir activement les officiers et sous-officiers à l'exécution des mesures hygiéniques ci-dessus indiquées, et à la surveillance de l'état sanitaire des compagnies, afin que tous les cas d'indisposition soient immédiatement notifiés aux médecins. Signé : Cuveillier. »

133. — *16 Septembre*. — État des chevaux.

« Mon général,

« Je vous adresse la situation des chevaux de la réserve. Il y en a 30 qu'il faudrait faire immédiatement livrer aux vivres-viandes, car la misère marche à pas de géant aujourd'hui.

J'en ai **vu** deux tomber par terre, mourir en deux heures, et y il en a trois qui vont expirer avant la nuit. Ils changent tous à vue d'œil, c'est désolant. Il y en a aussi 23 qui n'iront pas à plus de six à dix jours. Le reste ne fait rien prévoir. Je vous signalerai la situation dans quelques jours, et comme je vous dois la vérité, je vous l'adresse entière. Cet état a été dressé avec le vétérinaire et les officiers des batteries.   Signé : DE MONTLUISANT. »

134. — *16 Septembre.* — Ordre général.

« Monsieur le colonel Gibon, du 25ᵉ régiment de ligne, est désigné pour commander provisoirement la 1ʳᵉ brigade de la 4ᵉ division du 6ᵉ corps d'armée, en remplacement de M. le général de Marguenat, tué à la bataille de Rezonville.   Signé : Maréchal CANROBERT. »

135. — *16 Septembre.* — « Tous les objets de valeur ou intéressants de souvenir, laissés par les officiers et les militaires morts à l'armée, seront reçus et conservés gratuitement par le mont-de-piété de Metz, en attendant qu'ils puissent être remis aux familles, etc.

         « Signé : HENRY. »

136. — *16 Septembre.* — « Dans la prévision d'une attaque des Prussiens sur les forts de Metz, M. le général commandant l'artillerie de l'armée me demande un certain nombre d'officiers, sous-officiers et brigadiers, autant que possible de bonne volonté, pour les utiliser à la défense de ces forts.

« La réserve d'artillerie devra désigner pour ce service très-important un lieutenant, un sous-officier, un brigadier. Dans le cas où vous ne recevriez pas de demandes, vous voudriez bien me faire des propositions d'office.

« Je désire avoir le nom et les numéros des batteries de ces militaires demain soir, avant 6 heures.

« Faites-moi savoir si vous avez des musettes-mangeoires pour tous les chevaux.

« Dans le cas où vous auriez besoin de bois pour les plates-formes de la batterie de la Grange-aux-Dames, vous pouvez en faire prendre demain, à midi, au parc d'artillerie.

         « Signé : Général DE BERCKHEIM. »

137. — *16 Septembre.* — Ordre général à l'armée du Rhin.

« D'après deux journaux français des 7 et 10 septembre, apportés au quartier-général par un prisonnier français qui a pu franchir les lignes ennemies, l'Empereur Napoléon aurait été interné en Allemagne après la bataille de Sedan, et l'Impératrice, ainsi que le Prince Impérial, ayant quitté Paris le 4 septembre, un Pouvoir exécutif, sous le titre de Gouvernement de la Défense nationale, s'est constitué à Paris.

« Les membres qui le composent sont :

« Le général de division Trochu, gouverneur de Paris, Président.

« Jules Favre, député.	« Pelletan, député.
« Garnier-Pagès, député.	« E. Picard, député.
« Gambetta, député.	« de Kératry, député.
« Crémieux, député.	« Ferry, député.
« E. Arago, député.	« Rochefort, député.
« Jules Simon, député.	« Glais-Bizoin, député.

« Généraux, officiers et soldats de l'armée du Rhin,

« Nos obligations militaires envers la patrie en danger restent les mêmes. Continuons donc à la servir avec dévoûment et la même énergie, en défendant son territoire contre l'étranger, l'ordre social contre les mauvaises passions. Je suis convaincu que votre moral, ainsi que vous en avez déjà donné tant de preuves, restera à hauteur de toutes les circonstances, et que vous ajouterez de nouveaux titres à la reconnaissance et à l'admiration de la France.

« Au grand quartier-général du Ban-St-Martin.

« Signé : Bazaine. »

138. — *17 Septembre.* — Ordre.

« Général,

« Le maréchal commandant en chef fait connaître, qu'en se réservant l'usage exclusif des droits que l'article 138 du règlement du 3 mai 1832 confère au commandant en chef d'une armée, au sujet des citations, il n'a pas entendu restreindre les cas où cette distinction peut être régulièrement accordée, ni en priver les militaires de tous grades qui y ont acquis des droits.

« Je vous prie donc de m'adresser l'état nominatif des officiers généraux, des officiers, sous-officiers et soldats sous vos ordres, qui vous paraissent mériter d'être cités à l'ordre de l'armée, à la suite des diverses batailles ou combats auxquels ils ont pris part.

« En ce qui concerne les officiers supérieurs ou subalternes, les sous-officiers et soldats, vous vous renfermerez strictement dans les limites posées par l'article 138 précité, et vous appuierez vos propositions des rapports spéciaux indiqués dans cet article.

« Signé : Henry. »

139. — *17 Septembre*. — Lettre d'envoi des propositions.

« Mon général,

« Conformément à la lettre du maréchal en date du 16, au sujet des citations à présenter à son approbation, j'ai rédigé plusieurs notes que je vous adresse. Elles concernent mes officiers, que je crois dignes de votre haut patronage.

« En ce qui me concerne, j'ai fait bien peu de chose, et seulement assez bien placé mes batteries les 16 et 18 août. Mais, en pareille circonstance, mes camarades auraient, sans aucun doute, fait aussi bien que moi, et je connais trop votre bienveillante indulgence pour ajouter un seul mot.

« Je suis, etc.   Signé : DE MONTLUISANT. »

140. — *17 Septembre*. — « Dans la 1re division :

« M. le commandant Vignotti, commandant en second l'artillerie de la 1re division, est allé, deux fois, le 16 août, à travers le champ de bataille, chercher les renforts nécessaires pour arrêter les efforts des Prussiens. Il s'est encore distingué le 18 août, et aussi le 31 août au combat de Servigny.

« M. le capitaine Abord, capitaine commandant la 5e batterie du 8e régiment, a reçu l'ordre de se placer à un poste important, d'y rester et de s'y faire tuer. Il a exécuté l'ordre et a été traversé par une balle de mitrailleuse prussienne.

« M. le capitaine Blondel, de la 12e batterie du 8e régiment, a été engagé pendant 6 heures. Il a subi des pertes considérables ; c'est sa batterie qui a contribué à arrêter le retour offensif des Prussiens sur le centre de la bataille.

« M. le capitaine Oster, de la 7e batterie du 8e régiment, a conduit sa batterie trois fois au feu dans des moments décisifs. Il y retournait encore le 18 et le 31 août au combat de Servigny.

« M. le capitaine Flottes, de la 8e batterie du 8e régiment, a été complimenté, le 18 août, par le maréchal Canrobert, pour le courage avec lequel il a soutenu son feu en avant de St-Privat.

« Dans les batteries de la réserve :

« Le 16, le commandant Brunel, attaché à la 2e division Bisson, a été au feu, de 11 heures à 2 heures. Sabré par la cavalerie prussienne, il est retourné immédiatement au feu. Il s'est encore signalé le 18 août et le 31, où il a dirigé les bouches à feu de 12 placées sous son commandement.

« Le capitaine Lequeux, commandant la 9e batterie du 13e régi-

ment, mérite d'être cité par sa conduite à la bataille de Rezonville :
pour sa ténacité à celle de St-Privat, le 18 août ; enfin, le 31 août, il
a reçu l'ordre de supporter un tir meurtrier et de contre-battre, sans
reculer, l'artillerie prussienne massée sur les hauteurs de Ste-Barbe.

« Le capitaine Lauret, commandant la 11ᵉ batterie du 15ᵉ régiment, de canons à balles, a été engagé trois fois par le général de
Lavaucoupet à la bataille de Spickren. Il a largement contribué à
assurer la retraite du 2ᵉ corps d'armée.

« Cette batterie a encore pris part au combat du 14 août et à ceux
du 31 et du 1ᵉʳ septembre.

« — Le capitaine Bernadac, commandant la 9ᵉ batterie de canons
à balles du 4ᵉ régiment, a formé l'arrière-garde de la brigade Du-
plessis au combat du 14 août, et a arrêté les colonnes prussiennes.
Il a été encore engagé, le 18, à la position de Moscou. Enfin il assistait, le 31 et le 1ᵉʳ septembre, au combat de Servigny.

« — Lassère (Henri), sous-chef artificier (9ᵉ du 4ᵉ).

« Envoyé le 18 août pour chercher des munitions au grand parc,
il trouve, à son retour, la route occupée par les Prussiens ; il met les
munitions qu'il ramène en sûreté, en les conduisant à la réserve, puis
il franchit de sa personne les lignes ennemies, et revient, au péril
de sa vie, rendre compte à son capitaine de l'exécution de ses ordres.

« — Astier, maréchal-des-logis (9ᵉ du 13ᵉ).

« Le 16, à la bataille de Rezonville, Astier, chef de pièce, tire à
mitraille sur la cavalerie prussienne, qui s'avance pour charger. Entouré par les cuirassiers prussiens, il met le sabre à la main, se défend
corps à corps avec les servants, qu'il réunit autour de lui. Il se dégage
et entraîne la pièce, après avoir remis l'avant-train.

« La charge passée, il se remet en batterie, et recommence le feu,
après avoir fait preuve d'une grande bravoure et d'une louable
énergie.   Signé : DE MONTLUISANT. »

NOTA. — Le général de Berckheim refusa presque toutes les propositions, et ne présenta que trois officiers seulement pour toute l'artillerie du 6ᵉ corps.

Le maréchal Canrobert fit ensuite écrire officiellement au colonel
de Montluisant qu'il l'acceptait le premier, et qu'il adressait au maréchal Bazaine le double rapport suivant.

141. — *17 Septembre.* — Rapport spécial sur le lieutenant-colonel
d'artillerie de Montluisant, proposé pour une citation à l'ordre de
l'armée :

« Le lieutenant-colonel de Montluisant commandait, le 16 août, quatre batteries du 8ᵉ régiment, qui faisaient à cette époque partie de la 1ʳᵉ division d'infanterie du 6ᵉ corps.

« Il s'est fait remarquer à plusieurs reprises dans cette journée par la manière intelligente et par l'énergie avec lesquelles il a maintenu ses troupes sous le feu, dans les moments les plus difficiles, notamment pendant la charge de cavalerie qui a traversé ses batteries.

« Le 18, il commandait, en outre, deux batteries de 12 du 13ᵉ régiment, provenant de la réserve générale. Vers la fin de la journée, il aperçut le mouvement tournant et offensif des Prussiens, et concentra immédiatement les feux de toute l'artillerie qu'il put réunir, sur l'ennemi, qui ne put déboucher de St-Privat-la-Montagne et Roncourt. Ce mouvement fut assez remarqué pour que le général Tixier, commandant la 1ʳᵉ division, le signalât dans son rapport officiel et dans les termes suivants :

« M. le lieutenant-colonel de Montluisant avait réuni et placé en « étages sur la côte, à droite de la route, sept batteries, dont six atta- « chées à ma division et une du 19ᵉ régiment d'artillerie. Le feu de « cette masse formidable empêcha les Prussiens de sortir de St-Pri- « vat-la-Montagne et Roncourt.

« Une citation à l'ordre de l'armée en faveur du lieutenant-colonel « de Montluisant serait la juste récompense de son énergie et de sa « bravoure au feu, ainsi que du zèle remarquable avec lequel il sert « en toutes circonstances.   Signé : Tixier. »

« Le lieutenant-colonel de Montluisant, que j'ai été à même de remarquer dans les divers combats soutenus par le 6ᵉ corps, a su, le 18 août, à la bataille de St-Privat, réunir et placer une puissante batterie qui, par son feu écrasant, a empêché l'armée prussienne de dépasser le village de St-Privat, et contribué ainsi au bon ordre de notre retraite devant des forces très-supérieures.

« Signé : Canrobert. »

Nous savons ensuite nous-même, par M. le maréchal Canrobert : qu'il n'avait demandé que 33 citations à l'ordre de l'armée pour toute la campagne et pour tout son corps d'armée. Il se plaignait vivement de n'avoir jamais reçu de réponses définitives.

L'armée du Rhin n'a pas obtenu de son général en chef, M. le maréchal Bazaine, une seule citation à l'ordre de l'armée, pour toutes les batailles et les événements de la campagne.

142. — *17 Septembre.* — Ordre.

« Le maréchal commandant en chef, en présence des inconvénients graves qui peuvent résulter de l'entrée dans la ville de Metz, en état de siége, des soldats isolés qui, recevant dans leurs camps les vivres, viandes et pain, vont en trop grande quantité puiser aux ressources de la population, a décidé que nul militaire appartenant à l'armée (hommes de troupe) ne pourra pénétrer en ville isolément à partir d'aujourd'hui. Des corvées régulières, commandées régulièrement et portant une permission authentique du général commandant la division, seront seules admises à pénétrer dans la place.

« Le chef de la corvée, quel que soit le grade, sera responsable de la tenue de cette corvée. Son nom sera inscrit en tête de la permission accordée.

« Je vous renouvelle, à cette occasion, la recommandation que je vous ai faite hier pour MM. les officiers, de n'aller en ville que le moins possible, et de n'y faire, surtout en comestibles, que les achats qui leur seront rigoureusement nécessaires. Je n'ai pas besoin de vous prier de leur rappeler la convenance de l'exécution des ordres que je vous donne ; il a suffi de l'indiquer pour qu'ils l'aient comprise.

« Signé : Henry. »

143. — *17 Septembre.* — Ordre et consigne.

« Le capitaine Lippmann conduira sa batterie, les 6 pièces et 3 caissons, à la batterie de la Grange-aux-Dames, à la nuit venue.

« On se mettra en batterie sans bruit et sans être vu. On déposera les munitions des avant-trains dans les magasins à poudre, et on renverra au camp les avant-trains et les chevaux. Le capitaine se présentera au commandant du bataillon de chasseurs, organisera le service et reviendra au camp.

« Le lieutenant Thorel, qui passera la nuit sur le qui-vive, ne devra commencer le tir sur l'ennemi que si le commandant du bataillon de chasseurs le juge indispensable pour la défense de la position.

« Les hommes emporteront leurs manteaux, capotes et couvertures. Signé : de Montluisant. »

144. — *17 Septembre.* — Ordre.

« Monsieur l'intendant-général,

« Pour satisfaire aux propositions contenues dans votre dépêche de ce jour, n° 656, j'ai prescrit qu'à partir de lundi prochain, 19 courant, chaque corps d'armée versera tous les matins, à l'administration, sous la surveillance de l'intendant du corps d'armée, pour les besoins du service des vivres-viandes, 50 chevaux choisis parmi ceux reconnus hors de service, après consultation préalable du vétérinaire.

« La désignation de ces animaux ne devra pas être faite proportionnellement à l'effectif de chaque corps de troupe, mais elle devra porter, d'abord et indistinctement, sur tous les chevaux impropres au service, partout où ils se trouveront, même dans la gendarmerie, les états-majors, le train des équipages, etc.

« Je vous prie de prendre les mesures nécessaires pour assurer, en ce qui vous concerne, l'exécution de ces dispositions, que je notifie à MM. les commandants des corps d'armée.   Signé : JARRAS. »

« Copie conforme transmise à M. l'intendant militaire du 6e corps, qui est prié d'assurer, en ce qui le concerne, l'exécution des mesures prescrites ci-dessus.

« Les 50 chevaux à livrer chaque jour seront remis, comme précédemment, au préposé central du 6e corps.

« L'opération sera constatée par un procès-verbal établi d'après le modèle que je vous ai adressé, et dont vous me ferez parvenir successivement une expédition et une copie conforme.

« Toutefois, afin de ne pas multiplier inutilement les écritures, le même acte, sous forme de procès-verbal de continuité, devra comprendre toutes les cessions effectuées pendant une période de cinq jours.   Signé : MONY. »

« Ampliation conforme transmise pour exécution à M. le commandant de l'artillerie de la réserve du 6e corps.

« Les corps n'auront pas à s'occuper de l'établissement des procès-verbaux, mais il fourniront l'état signalétique, en double expédition, des animaux livrés.   Signé : COURTOIS. »

145. — *17 Septembre.* — « Envoyer la situation exacte des munitions actuellement à la disposition immédiate des batteries de la réserve. »   (Officiel.)

« — La ration des chevaux sera modifiée comme il suit : Pour 3 k. 500, on donnera 0 k. 500 de son, 0 k. 250 de seigle, 1 k. de foin et 1 k. 750 d'avoine. »   (Officiel.)

146. — *17 Septembre.*

« Mon cher colonel,

« J'ai l'honneur de vous prévenir que vous devez passer, demain à midi, la revue des troupes placées sous votre commandement, en en exceptant toutefois la batterie Lippmann.

« Vous ferez relever demain, à 8 heures du matin, les hommes qui auront passé la nuit à la batterie de la Grange-aux-Dames, et le service sera ensuite organisé, chaque jour pour 24 heures, dans les conditions indiquées pour cette nuit (3 hommes par pièce).

« Le service de cette batterie roulera, d'ailleurs, sur les 2 batteries de 12 de la réserve, de manière que les hommes aient deux nuits au moins dans leurs camps. Signé : DE BERCKHEIM. »

147. — *18 Septembre.*

« Mon cher colonel,

« J'ai l'honneur de vous faire savoir que j'approuve l'organisation du service de garde des batteries, telle que vous me la proposez, savoir : de 6 heures du matin à 6 heures du soir, et de 6 heures du soir à 6 heures du matin.

« Le détachement de jour se composera de 1 officier ou adjudant, 2 sous-officiers, 8 hommes. Le détachement de nuit sera porté à 12 hommes. Signé : DE BERCKHEIM. »

148. — « Une source d'eau salée a été trouvée au bas de la côte de St-Julien. On peut en user pour les besoins des troupes.... »

149. — *18 Septembre.* — Etat des munitions des 4 batteries de la réserve au 18 septembre 1870.

	Batterie BERNADAC 9ᵉ du 4ᵉ	Batterie LEQUEUX 9ᵉ du 13ᵉ	Batterie LIPPMANN 10ᵉ du 13ᵉ	Batterie LAURET 11ᵉ du 15ᵉ	TOTAL	OBSERVATIONS
Obus ordinaires à fusées percutantes.	»	430	420	»	850	43 coffres dans la batterie Lequeux.
— — fusantes....	»	215	210	»	425	42 coffres dans la batterie Lippmann.
Fusées percutᵉˢ disponibles par coffre.	»	4	4	»	388	
Obus à balles à fusées percutantes...	»	»	»	»	»	2 boîtes remplies de 24 fusées chacune à la 10ᵉ batterie du 13ᵉ régiment.
— — à temps......	»	86	84	»	170	
Boîtes à mitraille..............	»	43	42	»	85	
Coups de canons à balles..........	2511	»	»	2547*	5058	* Dont 36 à balles multiples.
Cartouches d'infanterie............	»	»	»	»	»	

150. — *18 Septembre.* — « . . . .

« Chaque jour, des corvées seront envoyées par chaque régiment, et conduites sur les lieux plantés d'arbres..... l'orme, l'érable, le charme, le peuplier, le bouleau, l'aulne, le tilleul, l'acacia, la vigne, etc.

« On en fera l'effeuillage en proscrivant absolument le frêne, le chêne et le hêtre.

« Les feuilles recueillies seront livrées à raison de 2 à 3 kilogrammes par cheval et par jour, etc.

« Des officiers et des vétérinaires feront connaître à l'avance les lieux où devra avoir lieu l'effeuillage. »

151. — *18 Septembre*. — Ordre.

« A partir du 19 septembre, la réserve versera tous les matins à l'administration les chevaux reconnus impropres au service, après consultation préalable des vétérinaires. Le nombre de ces animaux pourra s'élever à 50 par jour pour toutes les batteries du 6ᵉ corps.

« Vous me préviendrez à l'avance du moment où ces versements ne pourront avoir lieu qu'en portant sur des chevaux autres que ceux reconnus incapables de servir.   Signé : LANTY. »

152. — *19 Septembre, 7 heures du matin*. — J'adresse au général une situation exacte de mes batteries. Les deux batteries de mitrailleuses peuvent encore servir. Mais les deux batteries de 12 ne peuvent ni marcher ni combattre. Il faut aviser, car nous devons partir au premier signal, et, dans mon âme et conscience, aujourd'hui, mes deux batteries de 12 ne pourraient pas faire deux étapes, ni donner des coups de colliers dans les conditions ordinaires des privations de la guerre, sans laisser la moitié de leurs voitures le long des chemins.

J'ai ce matin 20 chevaux à abattre et 86 à livrer aux vivres-viandes.

En allant au quartier-général, j'ai rencontré plusieurs animaux étendus sur le bord de la route, dans les fossés. Ils n'ont plus la force de se relever ; ils meurent de faim, ce sont des squelettes ambulants, dont les crins sont rongés, dévorés par les voisins. C'est désastreux. Spectacle horrible !

153. — *19 Septembre*. — Ordre.

« 1º Malgré les défenses et les recommandations du maréchal commandant en chef, un grand nombre de soldats et même d'officiers, ont été hier dans Metz, où la conduite de quelques-uns d'entre eux a donné lieu à de nouvelles plaintes.

« La plupart des infractions, des fautes et des désordres qui sont signalés, proviennent de ce que nos troupes ne sont pas assez occupées, et de ce que les officiers n'étant pas retenus dans leur régiment par le service ou l'instruction, vont chercher des distractions ailleurs. En conséquence, tous les corps ou fractions de corps qui ne sont pas employés aux travaux de défense, seront occupés à approprier les camps et les bivouacs, à entretenir et nettoyer les effets et les armes, à des théories, revues et inspections, ainsi qu'à des exercices.

« Le maréchal commandant en chef invite de nouveau les officiers à s'abstenir d'acheter du pain à Metz. Les habitants de la ville étant rationnés comme nous, et n'ayant en pain que des ressources limitées, la part de cette denrée qui leur est attribuée doit être respectée.

« 2° Les maréchaux-ferrants ont été prévenus qu'ils pourraient recevoir du charbon de terre à titre de remboursement ; il importe que ces militaires-ouvriers sachent qu'ils ne doivent user de cette faculté qu'avec modération, et qu'en conséquence ils ne doivent demander que les quantités qui leur sont nécessaires, en s'abstenant de toute exagération, comme cela a eu lieu lors de la première livraison.

« 3° Par ordre du maréchal commandant en chef, une revue très-sévère devra être passée avec le plus grand soin par les vétérinaires dans tous les corps de troupes à cheval (cavalerie, artillerie, train des équipages), dans le but de s'assurer quels sont les chevaux qui sont encore dans le meilleur état, et de voir en même temps quels sont ceux qui pourraient être livrés au service des vivres-viandes.

« Il est indispensable que l'on sache à l'avance, s'il y a lieu de monter à cheval, quels sont les chevaux susceptibles d'être montés ou attelés, et de ne pas attendre au dernier moment pour faire cette opération préliminaire.

« Cette revue aura aussi pour but de déterminer l'ordre dans lequel les chevaux destinés au service-viande, devront être livrés à l'entrepreneur, et des ordres seront donnés dans les régiments et batteries pour que l'on se conforme formellement aux indications données par les vétérinaires. Signé : HENRY. »

« La revue prescrite par le § 3, sera passée demain matin, et le résultat en sera adressé au général commandant l'artillerie avant midi.

« Signé : LANTY. »

154. — *20 Septembre.*

« Mon cher de Montluisant,

« Vous pouvez faire verser du harnachement à l'arsenal de Metz, mais seulement jusqu'à concurrence du harnachement nécessaire pour pouvoir atteler vos batteries de combat (6 pièces, 6 caissons,

1 chariot de batterie). Il est bien entendu que si vous pouvez atteler un plus grand nombre de voitures, vous devez conserver le harnachement nécessaire.	Signé : DE BERCKHEIM. »

155. — *20 Septembre*. — *Cadres de la 8ᵉ batterie du 13ᵉ régiment.*

« Capitaine-commandant,	BLAVIER.

« Lieutenant en 1ᵉʳ,	GUILLEMAIN.

« Sous-lieutenant,	THOMAS.

« Adjudant,	BOUVARD. »

156. — *20 Septembre*. — Ordre.

« 1° Les approvisionnements de sel étant très-restreints, il importe de ménager autant que possible cette ressource.

« Un des moyens à la disposition des troupes consisterait à faire usage, au moins pour la préparation de la soupe, de l'eau salée fournie par la source de Bellecroix (rive droite de la Moselle).

« 2° M. le maréchal commandant en chef a décidé, le 20 du courant, que les modifications suivantes seraient apportées dans la composition des rations de vivres de campagne :

« 1° La ration de sel sera réduite à 2 grammes et demi ;

« 2° La ration de riz sera ramenée au taux réglementaire de 30 grammes ;

« 3° Un jour sur trois, il sera distribué une ration d'eau-de-vie, en remplacement de sucre et de café.

« Prière de donner des ordres pour assurer l'exécution de cette décision, à dater de demain 21 du courant.

« 3° L'intérêt sanitaire de l'armée commande de prendre des mesures pour que les chevaux morts soient enterrés, de manière à ne donner lieu à aucune émanation malfaisante. M. le maréchal commandant en chef a arrêté, le 20 du courant, les dispositions suivantes, dont je vous prie d'assurer l'exécution en ce qui vous concerne : Les cadavres des chevaux seront enfouis dans chaque corps, qui en restera responsable. Cet enfouissement se fera dans une tranchée continue de 4 mètres de profondeur, ouverte du côté de l'ennemi, et dont l'emplacement sera déterminé ultérieurement par M. le commandant du génie du 6ᵉ corps, qui prendra à cet égard les ordres du général Coffinières.

« M. le général Coffinières prendra des mesures pour que les corps trouvent de la chaux en quantité suffisante pour désinfecter les fosses.

« Le service de distribution du bois étant assuré régulièrement dans chaque division, les corps doivent se pourvoir dans les chantiers divisionnaires. Il leur est interdit formellement d'acheter du bois en ville directement. Les bons ne seraient pas acceptés par l'intendance. Signé : HENRY. »

157. — *24 Septembre.* — Ordre.

« Le maréchal commandant en chef, consulté sur la question de savoir de quelle manière devaient être traités, au point de vue de la haute-paie et des chevrons, certaines catégories de militaires qui se trouvent à l'armée dans des conditions exceptionnelles, a décidé ce qui suit :

« 1° Les militaires autorisés, après libération, à s'engager pour la durée de la guerre, auront droit à l'allocation de la haute-paie, et au port du chevron d'ancienneté.

« 2° Les hommes qui, en raison des circonstances, sont retenus sous les drapeaux au-delà du terme de leur temps de service, toucheront, sur les fonds de la solde, une allocation égale à celle de la haute-paie d'ancienneté, mais ils ne seront pas autorisés à porter les chevrons.

« Le maréchal commandant en chef a été informé que des officiers touchent un nombre de rations de fourrage supérieur à celui auquel ils ont droit, soit même à celui des chevaux qu'ils possèdent réellement. Prière de donner les ordres les plus sévères pour qu'il n'y ait de fourrage perçu que pour les chevaux présents à l'effectif, et en se renfermant strictement dans les tarifs réglementaires.

« 3° Les chevaux morveux, ou seulement suspectés de morve, sont absolument impropres à l'alimentation de l'homme. Sous aucun prétexte, ces chevaux ne seront livrés à l'administration pour le service des vivres-viandes.

« Les corps doivent, dans les circonstances prescrites, abattre immédiatement tout cheval suspect, et, à plus forte raison, ceux qui sont atteints de morve ou de farcin, à quelque degré que ce soit. A cette occasion, le maréchal commandant en chef ne croit pas inutile de rappeler les recommandations relatives à l'enfouissement des chevaux morts ; il est de la plus haute importance, pour l'intérêt sanitaire de l'armée, que cet enfouissement se fasse avec le plus grand soin, et de manière à ne donner lieu à aucune émanation.

« 4° Les résultats des revues d'effectif passées dernièrement, n'ont pas été constatés partout d'une manière uniforme et régulière, et n'ont pas permis d'en déduire la situation d'ensemble de l'armée, au point de vue des présents et des absents.

« Le maréchal commandant en chef a, en conséquence, décidé qu'une nouvelle revue d'effectif serait passée par les sous-intendants de chaque division, à la date des 28 et 29 septembre courant ; les résultats en seront centralisés par l'intendant de chaque corps d'armée, qui les transmettra à Son Excellence, par l'intermédiaire de l'intendant-général de l'armée, de manière à ce qu'ils lui parviennent tous le 30.

« Quant aux petits dépôts installés à Metz, les revues d'effectif en seront passées par le sous-intendant militaire de la place, chargé de leur surveillance administrative. Signé : HENRY. »

158. — *21 Septembre*. — Ordre.

« Par suite des ordres du général commandant en chef l'artillerie : les cinq batteries de la réserve prendront immédiatement toutes les dispositions les plus rigoureuses pour le nettoyage et la régularité de leurs camps. Les capitaines-commandants seront responsables de l'exécution de ces ordres, qui devront être différents pour chaque position.

« On nettoiera aussi avec soin les basanes, le harnachement, le matériel, etc.

« Une revue préparatoire et minutieuse des batteries sera passée, le 23, par le lieutenant-colonel, à des heures qui seront indiquées demain soir.

« La tenue sera celle de route, avec guêtres blanches pour les servants et paquetage pour les conducteurs.

« Tous les jours, de 6 heures du matin à 8 heures, on rappelle qu'une corvée de propreté doit nettoyer les abords des camps, corvée fournie par chaque batterie.

« Les deux rues centrales seront préparées autant que possible, et les tentes alignées et dressées conformément au désir du général.

« Les chariots de batterie disponibles, devront, demain 22, aller toute la journée aux corvées de graviers, sur les bords de la Moselle, et se conformer aux indications fournies par M. le capitaine en 2e de la 9e batterie du 4e régiment.

« Les batteries du camp auront. aujourd'hui 21 et demain 22, 3 tombereaux et 5 brouettes à leur disposition. Elles devront enlever les boues puantes et les déposer au loin, dans des endroits convenablement choisis. Signé : DE MONTLUISANT. »

159. — *21 Septembre*. — Copie d'une dépêche de M. le maréchal commandant en chef, en date du 20 septembre, à M. l'intendant-général :

« Monsieur l'intendant-général,

« Par votre dépêche du 19 septembre courant, n° 113, vous me demandez de décider que les officiers blessés recueillis chez l'habitant, toucheront, à Metz, avec leur solde de présence, une ration de vivres, et à défaut de celles qui ne pourront leur être distribuées, selon leur grade, l'indemnité représentative de un franc, accordée par la décision du 22 août dernier.

« J'ai l'honneur de vous informer que, prenant en considération les motifs de votre proposition, j'ai décidé que les officiers blessés, en traitement chez les habitants de Metz, recevront la solde de présence sans accessoires, et, en outre, les rations en nature ou en argent auxquelles ils peuvent avoir droit, selon leur grade.

« Veuillez donner avis de cette décision à M. l'intendant militaire de la 5ᵉ division.   Signé : JARRAS. »

160. — *21 Septembre*. — Ordre 1ᵉʳ.

« Par ordre de M. le maréchal commandant le 6ᵉ corps d'armée, tous les chevaux signalés par les batteries comme étant hors d'état de continuer à servir, et, par conséquent, comme devant être livrés à la boucherie dans un avenir plus ou moins éloigné, seront mis à part, réunis en troupeaux, et placés dans les pâturages compris entre la ferme de St-Eloi et la route de Thionville, en arrière des lignes du 6ᵉ corps.

« Un canonnier par batterie sera désigné pour la garde de ces chevaux ; un maréchal-des-logis de la réserve exercera la surveillance de l'ensemble.

« On fera boire les chevaux, soit dans le fossé qui borde les lignes, soit dans la ferme de St-Eloi. Un officier de la réserve devra se transporter sur les lieux pour régler les détails.

« Le mouvement commencera aujourd'hui, à partir de midi. Le service de garde se fera toutes les 12 heures, de 6 heures du matin à 6 heures du soir, et de 6 heures du soir à 6 heures du matin.

« Il est bien entendu qu'il ne sera plus perçu de rations pour les chevaux ainsi mis hors du rang.

« Par suite de cet ordre, l'effectif en chevaux des différentes batteries pour la perception des fourrages, à partir de demain, sera celui indiqué pour les chevaux bons, savoir :

« 9ᵉ batterie du 4ᵉ régiment d'artillerie,   87.

« 8ᵉ batterie du 13ᵉ régiment d'artillerie, 145.

« 9ᵉ — 13ᵉ — 101.

« 10ᵉ — 13ᵉ — 103.

« 11ᵉ — 15ᵉ — 96.

« Parc, 1ʳᵉ compagnie bis du 1ᵉʳ régiment du train, 165.

« 6ᵉ — — — 129.

« Les batteries devront verser à l'arsenal le harnachement qu'elles auront en trop, jusqu'à concurrence de celui qui leur est nécessaire pour atteler la batterie de combat (6 pièces, 6 caissons, 1 chariot de batterie). »

161. — Ordre II.

« Le général commandant l'artillerie de l'armée a donné l'ordre, à l'arsenal de Metz, de mettre à la disposition de l'artillerie de chaque corps, pour améliorer plus vite ses camps :

« 41 pelles carrées ;

« 125 — rondes ;

« 16 pioches.

« Ces outils seront touchés ce matin par le parc.

« L'artillerie des divisions et la réserve iront les prendre au parc, à midi, d'après la répartition suivante :

« 1ʳᵉ division : 7 pelles carrées, 20 pelles rondes, 3 pioches ;

« 3ᵉ — — — — — — —

« 4ᵉ — — — — — — —

« Div. de cavalerie : 5 pelles carrées, 15 pelles rondes, 2 pioches ;

« Réserve — 11 — 35 — 4 —

« Parc — 4 — 15 — 1 —

« Ces outils devront être rendus au parc dès que les travaux seront terminés. »

162. — Ordre III.

« Les batteries de position, destinées à protéger le front du 6ᵉ corps, seront armées, à partir de ce soir, à la tombée de la nuit.

« On ne laissera, dans les batteries, que les canons sur leurs affûts. Chaque pièce de 4 sera approvisionnée à 40 coups ; chaque pièce de 12, à 36 coups.

« Les munitions seront abritées dans les magasins à poudre qui ont été construits dans les batteries.

« Pour ne pas trop fatiguer le personnel de l'artillerie, chaque batterie n'aura pour garde, tant de jour que de nuit, qu'un officier ou adjudant, 2 sous-officiers ou brigadiers, 8 servants.

« Les batteries de chaque division et la réserve, concourront entr'elles pour ce service.

« Le service de garde sera de 12 heures : de 6 heures du matin à 6 heures du soir, et de 6 heures du soir à 6 heures du matin.

« Un factionnaire en armes devra se tenir dans l'intérieur de la batterie, et rendra exactement les honneurs militaires aux personnes qui viendront la visiter, en ayant soin de faire face du côté de l'ennemi.

« Il est formellement interdit aux officiers de garde de tirer le canon avant de s'être préalablement concertés avec le chef de bataillon commandant la garde d'infanterie, sur le point où se trouve leur batterie ; sauf ordre contraire, le tir ne devra avoir lieu que lorsqu'il sera absolument indispensable à la défense des lignes.

« MM. les commandants de l'artillerie des divisions et de la réserve, se rendront, aujourd'hui, à midi, chez le général commandant l'artillerie du 6e corps, pour arrêter les dispositions de détail.

« Signé : DE BERCKHEIM. »

163. — *22 Septembre*. — Ordre.

« Les chevaux hors d'état de rendre des services, mais pouvant être utilisés pour l'alimentation des troupes, seront envoyés en pâture entre nos camps et la Grange-aux-Dames ; ceux de l'artillerie, en arrière de nos lignes, entre St-Eloi et la Maison-Rouge, le long de la route de Thionville.

« Quant aux chevaux qui seront morts ou qui devront être abattus, sans pouvoir être utilisés, ils seront enfouis dans des fosses, savoir :

« Pour la division de cavalerie et les deux premières divisions d'infanterie, dans deux fosses creusées près de la Moselle, en avant de l'île Chambière ;

« Pour les 3e et 4e divisions d'infanterie, et pour l'artillerie, dans une fosse creusée à environ 800 mètres en avant des précédentes.

« Les fosses seront creusées, sous la direction du génie, par des corvées fournies par les corps.

« Une voiture sera mise à la disposition de chaque division, pour transporter les chevaux morts ou abattus à la fosse dans laquelle ils doivent être enfouis. (Il n'y aura qu'une seule voiture pour les deux premières divisions d'infanterie.) La voiture sera livrée sans chevaux ni harnais ; elle sera attelée avec les chevaux et les harnais des voitures régimentaires.

« Toute voiture conduisant un cheval mort ou abattu au lieu de l'enfouissement, sera escortée par une corvée, qui devra le jeter dans la fosse et le recouvrir de terre.

« Des outils seront laissés à côté des fosses.

« Les divisions fourniront au commandant du génie du corps d'armée, et sur sa demande directe, les travailleurs pour creuser les fosses ; une tâche, dans le creusement de la fosse commune, sera attribuée à chaque division, et accomplie sous la responsabilité de l'officier, qui devra toujours commander la corvée. Les chevaux envoyés en pâture formeront deux troupeaux distincts : l'un de l'artillerie, l'autre de la cavalerie et des divisions d'infanterie.

« Il est essentiel qu'aucun cheval ne s'échappe et vienne jeter le trouble dans les corps ; en conséquence, chaque troupeau sera gardé par un nombre d'hommes en armes suffisant, sous le commandement d'un maréchal-des-logis.

« L'artillerie et la cavalerie fourniront seules ces gardes, et les généraux commandants en détermineront la force.

« Lorsqu'un cheval en pâture succombera, le maréchal-des-logis de garde du troupeau devra immédiatement le faire conduire à la fosse et l'y faire enfouir.

« Chaque jour il sera fourni, avant 5 heures du soir, une situation du troupeau au quartier-général du 6e corps.

« Signé : HENRY. » •

164. — *22 Septembre.* — Note.

« Comme complément à l'ordre relatif aux chevaux à envoyer en pâture, le général commandant l'artillerie du 6e corps ordonne :

« 1° Qu'un poste en armes, fourni par la réserve et composé d'un brigadier et de 4 hommes, soit établi à portée de l'emplacement où les chevaux seront mis en pâture. Ce poste sera relevé en même temps que les gardes ; les hommes emporteront leurs tentes-abris. Ledit poste sera à la disposition du maréchal-des-logis de garde.

« 2° Chaque batterie devra envoyer aujourd'hui, au maréchal-des-logis de garde, l'état numérique des chevaux envoyés en pâture.

« 3° Chaque jour, le maréchal-des-logis de garde enverra, avant 4 heures du soir, au général commandant l'artillerie, la situation du troupeau. Cette situation portera en observation le nombre des chevaux morts dans les 24 heures. Signé : DE BERCKHEIM. »

165. — *22 Septembre.* — Note.

« Aujourd'hui, après la soupe du matin, on profitera du beau temps pour faire enlever toutes les tentes, et nettoyer avec le plus grand soin les emplacements sur lesquels couchent les soldats, ainsi que la paille de couchage.

« Il sera fait, en outre, une corvée générale, dans l'intérieur et aux abords des camps, pour ramasser toutes les ordures et les détritus, et les enfouir.

« La plus grande surveillance devra présider à ses opérations.

« Signé : HENRY. »

166. — 22 *Septembre*. — Note à communiquer à MM. les capitaines-commandants.

« La batterie du Goupillon, armée de 4 canons de 4, aura sa garde fournie par la réserve.

« La batterie du cimetière de Woippy sera armée de 6 canons de 12 de siége, et confiée à M. Blondel.

« La batterie du Moulin, à la batterie Boyer.

« La batterie en avant de la Maison-Rouge sera armée de 6 pièces de 4, et confiée à la batterie Heyne.

« La batterie en arrière de la Maison-Rouge, 6 canons de 4, confiée à M. Grimard.

« La batterie à barbette, à M. Riols.

« La batterie du Saillant, à M. Oster, avec du 12.

« La batterie St-Eloi, à M. Flottes, avec du 4.

« La batterie de mitrailleuses libre, non permanente, de la Grange-aux-Dames, confiée à M. Bernadac.

« La batterie de la Grange-aux-Dames de 12, à M. Lippmann. (La garde fournie par la réserve.)

« Les 2 pièces de 4, à l'extrémité sur la Moselle, par les batteries de la cavalerie du commandant Loyer.

« Les batteries rendront au parc de campagne du 6e corps toutes les voitures qu'ils ne peuvent plus atteler, et à la direction d'artillerie le harnachement qui sera devenu inutile.

« Elles enverront des corvées ramasser des feuilles de vigne sur la rive droite de la Moselle, sous St-Julien, en se servant de la nacelle mise à la disposition de l'artillerie à la Grange-aux-Dames, afin de conserver les chevaux le plus longtemps possible.

« Le général a chargé le lieutenant-colonel de témoigner sa satisfaction à toutes les troupes de la réserve, pour la bonne volonté, le soin et l'énergie avec lesquels tout le service s'exécute.

« Il espère que les efforts continueront, et qu'il n'aura jamais que des éloges à adresser aux officiers, sous-officiers et canonniers immédiatement sous ses ordres. Signé : DE MONTLUISANT. »

167. — *22 Septembre.* — Service de garde pour les batteries.

« Batterie de la Grange-aux-Dames : 1 officier, 1 sous-officier ou brigadier et 8 hommes, se relevant de 6 heures du matin à 6 heures du soir, et de 6 heures du soir à 6 heures du matin. Consigne : faire des abris pour l'officier et les hommes, en prévision de jours de pluie ; les réaliser le plus vite possible. Les hommes en armes, sans tentes-abris.

« Batterie du Goupillon : même service.

« — Pâture des chevaux en arrière de la batterie de St-Eloi. — Un maréchal-des-logis, avec un poste en armes d'un brigadier et 4 hommes (conducteurs sans chevaux). Les hommes avec leurs tentes-abris. Tous seront sous la surveillance et les ordres de l'officier de garde à la batterie de St-Eloi.

« Tous les jours, dans l'après-midi, un sous-officier de la réserve ira, avec la liste complète des chevaux, aider l'autre maréchal-des-logis à faire l'appel des chevaux de la pâture, et il ira en rendre compte au général, au quartier-général.

« Les batteries prendront toutes les dispositions de détails pour la nourriture des hommes de garde, etc.

« — Chaque batterie aura immédiatement une planchette indiquant toutes les distances des points à battre. Cette planchette restera dans chaque batterie. Elle sera dressée par les soins des capitaines constructeurs desdites batteries.

« — Dans chaque poste de garde aux batteries, l'officier ne devra jamais s'éloigner. Les hommes resteront au repos autour ou près de la batterie.

« Il y aura toujours un factionnaire en armes, jour et nuit. Ce factionnaire devra toujours faire face du côté de l'ennemi, et si un chef se présente, il portera les armes en faisant toujours face à l'ennemi.

« L'officier de garde devra se mettre en rapport avec le chef de bataillon de grand'garde ; ne faire feu que sur son ordre, et seulement pour la défense des lignes.

« Les officiers de garde feront emporter des outils, si cela est nécessaire, et ils perfectionneront les abris et les locaux construits pour mettre les hommes à couvert du mauvais temps. Ils auront du bois, du feuillage, etc., à leur disposition, ou ils en demanderont au génie.

« Le service des gardes ne sera fait que pour les deux batteries de la Grange-aux-Dames et du Goupillon.

« Il roulera sur les cinq batteries de la réserve, la batterie de mitrailleuses n'étant pas en position permanente.

« On pourra désigner, pour le service de garde, des conducteurs n'ayant plus de chevaux. Chaque officier de garde, en rentrant au camp, devra adresser au lieutenant-colonel un rapport faisant connaître tout ce qui serait digne d'appeler l'attention. Il en sera rendu compte deux fois par jour au général commandant l'artillerie du 6e corps.

« Aujourd'hui même, chaque officier de garde cachera les embrasures avec des branchages, les empêchera ainsi d'être vues de l'ennemi, et rendra compte de l'exécution de cette prescription.

« Signé : DE MONTLUISANT. »

168. — *22 Septembre*. — Ordre général.

« Il résulte de plaintes parvenues au maréchal commandant en chef, que certains corps envoient leurs chevaux paître dans les champs de vignes qui entourent la banlieue de Metz. Ces animaux détruisent les pousses de vigne et compromettent ainsi la récolte pour plusieurs années. Il importe de mettre promptement un terme à ces abus.

« Assurément, les corps peuvent envoyer des corvées pour cueillir les feuilles de vigne, en recommandant de ménager l'arbuste ; mais il ne saurait être admis que les chevaux puissent être mis au pâturage au milieu des vignes qu'ils dévastent ainsi, de manière à les rendre improductives plusieurs années de suite.

« MM. les commandants de corps d'armée sont invités à donner à ce sujet les ordres les plus sévères et à veiller à leur exécution.

« Signé : BAZAINE. »

169. — *22 Septembre*. — Ordre.

« Demain 23, le lieutenant-colonel passera en revue toutes les troupes d'artillerie de la réserve.

« Les batteries se placeront sur le front de bandière, devant leurs camps respectifs. Les chevaux seront vus à la corde, le harnachement derrière les animaux et dans la position habituelle.

« Les hommes en tenue de route avec guêtres de cuir, l'armement en état, l'habillement cousu, réparé et nettoyé. Les servants sac au dos, les conducteurs le manteau en sautoir. Les tentes-abris dressées et en place pour tout le monde.

« Les camps seront mis dans un état permanent de propreté parfaite. Ils seront traversés par deux routes perpendiculaires largement tracées.

« La 9e batterie du 4e devra être sous les armes à 7 heures et demie ;

13

« La 8e batterie du 13e sera prête à 7 heures 45 minutes ;

« La 9e batterie du 13e sera prête à 8 heures ;

« La 10e batterie du 13e sera prête à 8 heures et quart ;

« La 11e batterie du 15e sera prête à 8 heures et demie.

« Le lieutenant-colonel arrivera à l'heure indiquée.

« Signé : DE MONTLUISANT. »

170. — *8 Septembre.* — Ordre.

« Mon cher colonel,

« M. le maréchal commandant en chef, à la suite des propositions qui lui ont été adressées pour le combat de Borny et la bataille de Rezonville, a provisoirement conféré, par arrêté des 4 et 5 septembre, à l'artillerie du 6e corps : 2 croix d'officier, 8 croix de chevalier et 29 médailles militaires, savoir :

« Légion d'honneur, officiers : MM. LOYER, chef d'escadron au 19e régiment, et KESNER, chef d'escadron au 18e régiment.

« Chevaliers, MM. :

« PASSEMARD, maréchal-des-logis, au 19e régiment d'artillerie ;

« VAREILLE, 2e can.-cond.,   au 8e   —   —

« DUPUY, capitaine,   —   —   —

« SAMIN, lieutenant,   —   —   —

« LIPPMANN, capitaine,   au 13e   —   —

« GRIMARD,   —   au 14e   —   —

« ABORD,   —   au 8e   —   —

« ZURLINDEN,   — à l'état-major particulier de l'artillerie.

« Médailles militaires, MM. :

« SCHOL, artificier au 8e d'artillerie ;

« SABATIER, adjudant,   —   —

« DUPIN, 1er servant,   —   —

« CUGULIÈRES, maréchal-des-logis au 8e d'artillerie ;

« BEULAC, adjudant,   —   —

« CASTÉRAN, maréchal-des-logis, —   —

« BRÉMOND,   —   —   —

« OBRECHT,   —   —   —

« MONET, brigadier,   —   —

« BRUNET, trompette,   —   —

Etc., etc.

« Je vous prie de m'accuser réception de cette dépêche et des lettres de décoration qui sont jointes.   Signé : DE BERCKHEIM. »

171. — *10 Septembre.* — Note.

« MM. les médecins des corps sont invités à envoyer à M. le médecin en chef du 6e corps, un rapport sanitaire tous les dix jours, à dater de demain 11 septembre courant.

« Prière à MM. les généraux des divisions de donner les ordres nécessaires pour assurer l'exécution de cette disposition.

« Signé : HENRY. »

172. — *23 Septembre.*

« Par ordre du maréchal commandant en chef l'armée du Rhin, le 6e corps ira tous les jours s'approvisionner d'eau salée à Bellecroix, de 8 heures à 9 heures et demie du matin. Les autres heures de la journée sont réservées aux autres corps, aux habitants et à la garnison de Metz.

Les corps de troupe se procureront, par les moyens qui sont le plus à leur portée, les tonneaux ou autres récipients dont ils voudront se servir pour rapporter l'eau; la dépense sera supportée par la masse générale d'entretien.

« Quant aux moyens de transports roulants, on se servira des voitures régimentaires, ou de tout autre moyen qui ne devra occasionner aucune dépense.   Signé : HENRY. »

173. — *23 Septembre.* — Ordre.

« En vue d'améliorer autant que possible l'ordinaire du soldat, j'ai décidé que la ration de viande sera portée à 0,500 grammes à partir de demain 24 septembre.   Signé : JARRAS. »   (Par ordre.)

174. — *23 Septembre.*

« Mon cher colonel,

« Par ordre de M. le commandant en chef, le troupeau de l'artillerie doit fournir, demain, 50 chevaux pour l'alimentation des troupes. J'ai l'honneur de vous prier, en conséquence, d'envoyer demain, à 6 heures du matin, votre vétérinaire, au pâturage des chevaux de l'artillerie, pour qu'il désigne 60 chevaux pour le service des vivres-viandes; son choix devra porter sur les chevaux qui lui paraîtront le moins susceptibles de rendre des services.

« Vous devrez désigner également, pour se rendre sur le terrain à 6 heures, un détachement de 30 hommes, porteurs chacun de deux bridons, et qui auront pour mission de ramener lesdits chevaux au quartier-général, où ils devront être rendus pour 9 heures. Un sous-officier et un brigadier seront commandés pour conduire le détachement.   Signé : DE BERCKHEIM. »

175. — *23 Septembre.*

« Mon cher colonel,

« J'ai l'honneur de vous faire parvenir les procès-verbaux qui concernent les batteries de la réserve d'artillerie, placées sous votre commandement, pour qu'ils soient immédiatement inscrits sur les carnets du corps, s'ils n'y sont déjà, et transmis, plus tard, au conseil d'administration central, par les soins des commandants de batteries.

« Ces documents m'ont été renvoyés par M. l'intendant-général de l'armée, pour l'exécution de l'instruction citée ci-contre.

« Signé : COURTOIS. »

176. — *25 Septembre.* — Note.

« Prière à M. le lieutenant-colonel de Montluisant d'envoyer, demain matin, de bonne heure, le vétérinaire de la réserve pour choisir 60 chevaux au pâturage, lesquels devront être rendus au quartier-général à 8 heures.

« Un détachement de 30 hommes, munis chacun de deux bridons, et commandés par un sous-officier et un brigadier, devra accompagner M. Rey. Signé : LANTY. »

« Nota. — Il est bien entendu que le choix devra porter sur les chevaux qui sont le moins en état de servir. »

177. — *25 Septembre.* — Ordre.

« Par décision du maréchal commandant en chef en date du 24 septembre, les officiers sans troupe, légionnaires, qui n'ont pu toucher encore leur traitement, faute d'autorisation donnée en temps utile par la Grande-Chancellerie, seront payés par les soins des payeurs des corps d'armée et des divisions, sur la seule présentation de leur certificat de vie. Général HENRY. »

178. — *25 Septembre.*

« Monsieur l'intendant-général,

« M. le maréchal commandant le 6ᵉ corps me fait savoir qu'un grand nombre d'hommes ont perdu ou leurs vestes, ou leurs tuniques, et ne possèdent plus que la capote, vêtement insuffisant par la température actuelle. Le remplacement des vestes ou des tuniques ne pouvant se faire régulièrement, il me propose d'autoriser les chefs de corps à acheter à Metz des vareuses, que des entrepreneurs offrent de livrer au prix de 3 fr. 50.

« J'ai l'honneur de vous informer que j'ai donné mon adhésion à la proposition faite par M. le maréchal commandant le 6ᵉ corps, et je vous prie de prendre les mesures nécessaires pour assurer, en ce qui vous concerne, l'exécution de cette disposition.

« Pour le maréchal commandant en chef,

« Signé : JARRAS. »

179. — *26 Septembre.* — « A partir d'aujourd'hui, les deux pontonniers et la nacelle qui font le service à hauteur de la batterie de la Grange-aux-Dames, sont mis sous les ordres de l'officier de garde à la batterie. C'est à cet officier que l'on s'adressera pour obtenir le passage de la rivière. Il veillera, en outre, à ce que la nacelle soit bien tenue, et à ce que l'un des deux pontonniers, au moins, soit toujours présent. Aucun d'eux ne devra, en tout cas, s'absenter sans permission. Les deux pontonniers continueront, d'ailleurs, à être en subsistance au 9e bataillon de chasseurs.

« Signé : Général baron DE BERCKHEIM. »

180. — *26 Septembre.* — Ordre n° 80.

« Par arrêté du maréchal commandant en chef en date du 24 septembre 1870, les décorations suivantes ont été données au 6e corps : au grade d'officier de la Légion d'honneur : M. Charpeaux, capitaine ; au grade de chevaliers : MM. Riols, capitaine ; Danède, capitaine ; Bedelle, lieutenant ; Rivot, lieutenant ; Oudard, lieutenant, etc.

« Le 26 septembre 1870.   Signé : Général SOLEILLE. »

181. — *26 Septembre.* — « Prière à M. le lieutenant-colonel commandant la réserve d'artillerie de vouloir bien être assez bon pour me faire parvenir, le 28 septembre, dans la soirée, une situation de la forme ci-jointe, donnant l'effectif sommaire, comme il est demandé, mais sommaire exact de toutes les fractions composant la réserve d'artillerie du 6e corps, c'est-à-dire : les cinq batteries, les compagnies du train d'artillerie et la petite fraction que commande le commandant Jaubert, sous le nom de parc, etc.   Signé : COURTOIS. »

182. — *26 Septembre.* — « L'artillerie du 6e corps ayant à fournir, demain matin, à l'heure habituelle, 50 chevaux du troupeau, pour le service des vivres-viandes, M. le lieutenant-colonel de Montluisant est prié de vouloir bien donner, ce soir, des ordres pour que l'opération se fasse dans les conditions qui lui ont été indiquées précédemment. M. le vétérinaire désignera 60 chevaux.

« Par ordre : le lieutenant-colonel, LANTY. »

183. — *27 Septembre*. — « En réponse à votre lettre de ce matin, j'ai l'honneur de vous faire connaître que j'approuve les mesures que vous me proposez pour faire pâturer vos chevaux, c'est-à-dire de les envoyer à la prairie de 10 heures à 3 heures, en donnant la consigne de les faire rentrer au premier coup de canon....

« Par ordre : le lieutenant-colonel, LANTY. »

184. — *28 Septembre*. — Ordre.

« Dans le cas où il y aurait, dans les batteries ou compagnies, des chevaux qu'il paraîtrait utile d'envoyer aux troupeaux et de rayer des contrôles, MM. les commandants d'artillerie des divisions de la réserve, ou du parc, en feront la demande au général commandant l'artillerie. Comme il n'y a plus de chevaux du parc à verser dans les batteries, on devra être très-sobre de ces demandes.

« Signé : Général DE BERCKHEIM. »

185. — *28 Septembre*. — Ordre.

« La tenue des troupes et des camps d'artillerie, dans les revues de dimanche dernier, a mérité les éloges des généraux commandant l'artillerie des différents corps.

« Le général commandant l'artillerie de l'armée témoigne sa satisfaction à MM. les officiers, aux sous-officiers et soldats pour la peine qu'ils se sont donnée et pour les résultats qu'ils ont obtenus....

« En raison de la prompte destruction des longes d'attaches, les commandants de batteries qui n'auraient pu encore faire remplacer les longes par des chaînes, sont invités à opérer ce remplacement le plus tôt possible....   Signé : Général SOLEILLE. »

186. — *27 Septembre*. — Ordre.

« Conformément aux ordres du général prescrivant de surveiller les chevaux avec le plus grand soin, une revue à fond sera passée très-consciencieusement dans les cinq batteries de la réserve toutes les semaines. MM. les capitaines-commandants désigneront et feront indiquer à M. Rey, vétérinaire, tous les animaux reconnus malades ou se nourrissant mal...

« M. Rey passera dans les cinq batteries, examinera tout, et, sous sa responsabilité personnelle, fournira aujourd'hui, à 5 heures du soir, l'état des chevaux médiocres propres à envoyer aux vivres-viandes. Les chevaux conservés devront tous être considérés comme pouvant satisfaire, pendant quelques jours, à un bon service de guerre...

« M. Rey constatera ce qui a été remarqué par le lieutenant-colonel, à savoir : que les grains de blé ne sont pas assimilés par les animaux, et se retrouvent en totalité dans les crottins. De là, nourriture insuffisante. Dans tout le Midi et le Dauphiné, pour éviter cette alimentation fâcheuse, on fait gonfler les graines de toutes sortes dans de l'eau bouillante.

« M. Rey voudra bien examiner avec soin cette question et en rendre compte. Le lieutenant-colonel, signé : DE MONTLUISANT. »

Un rapport de M. Rey a été envoyé au général le 28.

187. — *27 Septembre.* — La batterie de la Grange-aux-Dames doit être armée de suite, de manière à pouvoir tirer avec toutes ses pièces.

« Les deux autres batteries de 12 attèleront ; la batterie Blavier se portera à l'emplacement qu'elle a occupé hier, avec ses pièces et ses avant-trains ; elle devra être rendue à 11 heures.

« Une batterie de mitrailleuses se portera sur la route de St-Eloi, avec les pièces seulement, sans caissons ; elle devra être rendue à 11 heures et quart.

« La batterie Lequeux devra envoyer un détachement suffisant pour servir les 4 pièces du Goupillon et conserver le personnel nécessaire pour sa batterie de 12, qui devra être attelée et rester au camp.

« La 2e batterie de mitrailleuses prendra position près de la Grange-aux-Dames. Signé : Général DE BERCKHEIM. »

188. — *28 Septembre.* — Note.

« Les chevaux, effrayés hier par la canonnade, ou attirés par les lueurs de la nuit, sont en grande partie sortis des lignes, et il y en a une vingtaine, loin dans la plaine, aux avant-postes, où on ne peut pas aller les chercher.

« On a pu prendre 54 chevaux qu'on ramène.

« Il en reste au vert 10 environ, qui sont en trop mauvais état (des plaies suppurantes), impossibles à présenter pour vivres-viandes.

« Signé : le lieutenant-colonel, DE MONTLUISANT. »

189. — *28 Septembre.* — « Par ordre du maréchal commandant en chef, on mettra en consommation, dans le 6e corps d'armée, les réserves en toutes denrées (vivres et fourrages) qui y existent. L'intendant du corps ne devra demander aux magasins de Metz que ce dont on serait complètement dépourvu. Toutefois, en ce qui concerne les vivres de campagne, il y aura lieu d'entretenir dans les magasins du corps d'armée une réserve de quatre jours.

« Par ordre : Général HENRY. »

190. — *28 Septembre*. — « Les batteries de la réserve mangeront, pour les hommes et les chevaux, tout ce qui avait été mis en réserve, et elles ne feront des bons que lorsque leurs réserves actuelles seront épuisées, et au fur et à mesure de leurs besoins. Tous les bons devront être visés par M. le sous-intendant Courtois.

« On rendra compte de l'achèvement des vivres-réserves.

« Signé : le lieutenant-colonel, DE MONTLUISANT. »

191. — *29 Septembre*. — Très-urgent.

« Par suite d'une interprétation parvenue hier soir, il faut considérer comme non-avenues les instructions données hier dans la journée à propos de la mise en consommation des réserves.

« Cette consommation ne s'applique pas aux réserves qui peuvent exister dans les corps, mais à celles des magasins des corps d'armée.

« En conséquence, il convient de continuer à faire absolument comme par le passé, c'est-à-dire à percevoir, pour la journée courante et le lendemain, sans chercher à recompléter les réserves antérieures.

« Signé : le sous-intendant, COURTOIS. »

192. — *28 Septembre*. — Ordre.

« Le maréchal commandant en chef, consulté sur la question de savoir quelle indemnité il serait équitable d'allouer aux officiers pour les chevaux dont ils sont propriétaires, et qui, reconnus hors d'état de servir par suite de leur dépérissement résultant de l'insuffisance de la ration de fourrage, seraient livrés au service des vivres-viandes, a décidé qu'il n'y avait pas lieu de déterminer, quant à présent, le taux de cette indemnité : les chevaux dont il s'agit seront remis, le cas échéant, au service de la boucherie, moyennant remboursement aux propriétaires du prix fixé dans la convention passée avec l'entrepreneur du service des vivres-viandes, soit 230 fr. par cheval ; et l'on réservera au ministre de statuer sur les indemnités qu'il y aurait lieu d'accorder en sus du prix de cette cession.

« Une certaine quantité de tourteaux de colza ayant été achetés à Metz, le maréchal commandant en chef a décidé que cette denrée serait utilisée pour la nourriture des chevaux, dans la proportion de 500 grammes par ration, dans la limite des quantités à réaliser.

« Pour employer le tourteau, il faut l'imbiber de façon à pouvoir le casser facilement, et ensuite le mélanger dans la musette avec l'avoine. Signé : HENRY. »

193. — *28 Septembre.* — Ordre.

« Afin que, dorénavant, le pointage puisse s'exécuter avec rapidité et précision, les commandants des batteries devront faire faire, à tous leurs sous-officiers et pointeurs, une instruction destinée à leur apprendre la distance aux différents points remarquables du terrain en avant de nos lignes, ainsi que le nom des villages, fermes, maisons, etc.

« Il serait très-utile de connaître très-exactement les distances à certains points saillants du terrain autres que les habitations, dont l'éloignement est donné assez exactement par la carte au $\frac{1}{80.000}$ Les distances de ces points, arbres, coudes de routes, partie visible d'un chemin, etc., pourraient être assurées à l'aide du télémètre.

« Le général met à cet effet à la disposition des batteries un télémètre qu'on pourra faire prendre à son bureau.

« Les commandants des batteries de position devront faire rédiger, comme cela a du reste été déjà fait dans toutes les batteries, une consigne renfermant, outre les prescriptions relatives à la garde des batteries, l'indication des distances aux différents points. Une carte du terrain sera jointe à cette consigne et sera déposée avec elle dans l'abri du commandant de garde.

« MM. les commandants d'artillerie divisionnaire et de la réserve, assureront l'exécution immédiate des prescriptions de la présente note.   Signé : DE BERCKHEIM. »

194. — *28 Septembre.* — Ordre.

« Tous les jours, à l'appel de 3 heures, tous les hommes qui ne seront pas de service passeront l'inspection des armes. Tous les officiers qui ne seront pas absents du camp pour le service ou par permission, devront s'y trouver en tenue comme la troupe (giberne seule, sans armes).

« Tous les deux jours, et alternativement, les servants et les conducteurs non montés provenant de la réserve, seront exercés à la manœuvre du canon et à la manœuvre à pied, de 3 heures à 4 heures et quart.

« Dès qu'ils seront susceptibles de passer à la 1re classe, ils seront reçus et exemptés de cette manœuvre. Le commandant Brunel présidera à la réception des candidats et les présentera au colonel.

« Tous les hommes des deux batteries de mitrailleuses et des trois autres batteries seront réunis en deux détachements, qui seront surveillés par deux officiers, dont le tour roulera sur toutes les batteries de la réserve de même nature.

« Samedi, à l'appel de 3 heures, MM. les capitaines-commandants passeront la revue des capotes et manteaux, qui devront être tous raccommodés. Ils en rendront compte au colonel.

« Dimanche, à l'inspection, tout le monde, officiers, sous-officiers et soldats, seront rasés et n'auront que la moustache, ou l'impériale, ou le bouc.

« Tous les capitaines-commandants se muniront immédiatement de longes en fer; l'inspection en sera faite dimanche.

« Tous les capitaines rendront compte, demain matin 29, avant 8 heures du matin, du remplacement de leurs munitions, remplacement qui a dû être fait dans la journée du 27, conformément aux ordres du général.

« A partir du 1er octobre, les batteries, par batteries réservées, feront deux séances d'instruction de pointage aux sous-officiers, brigadiers et pointeurs, de manière à y faire passer tout le monde, et les capitaines rendront compte de l'état de cette instruction. Leur rapport me sera adressé pour M. le général baron de Berckheim.

« Signé : DE MONTLUISANT. »

195. — *29 Septembre.* — Note.

« Prière aux capitaines-commandants de me faire, avant une heure, l'état exact, minutieux et détaillé de ce que possèdent leurs sacs, caissons ou chariots, en vivres de campagne pour les hommes et en matières diverses pour les chevaux.

« Signé : DE MONTLUISANT. »

196. — *29 Septembre.*

« Mon cher colonel,

« J'ai l'honneur de vous faire savoir que l'artillerie devant fournir demain, 30 septembre, 40 chevaux pour le service des vivres-viandes, vous aurez à faire venir d'abord, dans les conditions habituelles, tous les chevaux restant au troupeau (une vingtaine environ).

« Vous voudrez bien, en outre, envoyer demain, au quartier-général, 30 des chevaux que vous m'avez signalés hier comme pouvant être affectés à l'alimentation. On aura soin de choisir dans chaque batterie les chevaux qui sont le moins aptes au service.

« Le rendez-vous est à 8 heures, au quartier-général.

« Signé : DE BERCKHEIM. »

« Nota. — A dater de demain, le service de garde au troupeau cessera, après que le maréchal-des-logis aura fait abattre et enfouir les chevaux de ce troupeau qui auraient été refusés devant la Commission. Les gardes d'écurie seront également renvoyés à leurs batteries. Signé : DE BERCKHEIM. »

197. — *30 Septembre.*

« Monsieur l'intendant-général,

« En réponse à votre lettre de ce jour, n° 827, j'ai l'honneur de vous faire savoir que j'ai décidé qu'à dater de demain, 1er octobre, la betterave sera comprise pour 500 grammes dans le taux de la ration, et dans la limite des ressources, lesquelles comportent moins de cent quintaux.

« Il est bien entendu que les jours où l'on distribuera de la betterave, il n'entrera pas de tourteau dans la composition de la ration, et réciproquement. Signé : JARRAS. »

198. — *30 Septembre.* — Circulaire du général.

« Faire connaître le nombre exact des hommes à pied qui, portant le mousqueton, comptent à l'effectif présent dans les batteries de la réserve. Signé : DE MONTLUISANT. »

199. — *30 Septembre.* — Ordre.

« De très-nombreux chevaux sont rendus indisponibles par suite de ferrures mal faites, mal ajustées, et de piqûres.

« Une visite des chevaux boiteux, passée aujourd'hui devant le lieutenant-colonel, a permis de constater qu'un cheval de la 8e batterie du 13e régiment, par exemple, a été piqué. Toutes les batteries de la réserve, sauf la dixième du 13e, méritent des observations fondées.

« Le lieutenant-colonel charge MM. les capitaines-commandants de faire venir leurs maréchaux-ferrants, de les prévenir qu'on va surveiller cette partie du service avec un soin tout particulier, et que l'on prendra des décisions immédiates, s'il y a de nouvelles plaintes de même nature.

« Tous les jours, M. le vétérinaire adressera au lieutenant-colonel la liste des chevaux malades, avec l'indication de l'origine et de la nature du mal. Signé : DE MONTLUISANT. »

200. — *30 Septembre.* — Rapport sur la journée du 30 septembre 1870. — (Batterie de la Grange-aux-Dames).

« La journée a été tranquille. Le feu a repris au village des Maxes, vers une heure et demie.

« Un pont de bateaux ayant été rétabli la veille sur la Moselle, en arrière de la batterie, le service des pontonniers et de la nacelle a été relevé.   Signé : Valuy. »

201. — *30 Septembre.*

   « Mon cher colonel,

« J'ai l'honneur de vous prier d'envoyer, demain matin à 8 heures, au quartier-général du 6ᵉ corps, les 19 chevaux restants des 44 que vous m'avez signalés, comme pouvant être livrés au service des vivres-viandes.   Signé : de Berckheim. »

202. — *30 Septembre.* — Ordre général.

« M. Lebrun, intendant militaire de la Garde impériale, remplira provisoirement les fonctions d'intendant-général de l'armée, à partir de demain 1ᵉʳ octobre, et jusqu'à ce que M. l'intendant-général Wolf soit rentré de mission.   Signé : Bazaine. »

203. — *30 Septembre.*

   « Mon cher colonel,

« J'ai l'honneur de vous prier d'envoyer, demain matin, à la Maison-Rouge, la section de mitrailleuses de la batterie Lauret, qui a tiré, ces jours derniers, sur la route de Semécourt.

« Cette section, qui devra être rendue à la Maison-Rouge pour 8 heures, suivra le même chemin que la dernière fois et ira se placer derrière le mur du jardin attenant à la Maison-Rouge ; de là, les pièces seront conduites à bras jusqu'à l'épaulement qui a été préparé pour elles.

« On attendra les ordres du général de Berckheim pour tirer.

       « Signé : de Berckheim. »

204. — *30 Septembre.* — Ordre.

« I. — La note du 27 septembre nº 1011 indique que les corps devront faire viser, par M. le commandant du génie du corps d'armée, les bons qu'ils établiront pour les quantités de chaux qui leur sont nécessaires. Contrairement à cette disposition, ces bons devront, à l'avenir, être visés par M. le général de division commandant supérieur de la place de Metz.

« II. — Le maréchal commandant en chef a arrêté, en ce qui concerne les hommes démontés de la cavalerie, les dispositions suivantes : Que tous les cavaliers démontés, quel que soit le corps auquel ils appartiennent, seront armés de fusils avec bayonnette.

« Les fusils de cavalerie, versés à l'arsenal, seront distribués aux artilleurs et aux soldats du train des équipages militaires, qui verseront, au préalable, leurs mousquetons.

« Les ceinturons de cavalerie seront conservés ; on y ajoutera des poches à cartouches, et un système de suspension pour la bayonnette.

« L'exécution de ces mesures se fera par les soins du général commandant la division de cavalerie et du général commandant supérieur de la place de Metz.

« III. — Le général commandant l'artillerie fera connaître quelle est, au 30 septembre, la situation de la réserve des vivres de campagne, pour l'artillerie de la réserve et le parc ; combien il y a de jours de vivres dans le sac.

« En cas de déchet, il n'y a pas à songer à compléter en lard et en biscuit.   Signé : HENRY. »

« Nota. — La réserve et le parc enverront ce renseignement aujourd'hui avant 3 heures. »

205. — *1er Octobre.* — Ordre.

« Contrairement aux prescriptions précédemment données, les bons à établir pour obtenir de la chaux doivent être visés, non pas par le général commandant supérieur de Metz, mais par le commandant du génie de la place de Metz.

« S. Exc. le maréchal commandant en chef a arrêté les dispositions suivantes, relatives au service des vivres-viandes.

« Il sera passé tous les matins, dans chaque corps d'armée, une revue des chevaux, à l'effet de désigner ceux qui doivent être livrés le lendemain à l'administration pour le service de la boucherie. Ces dispositions, qui ne porteront d'abord que sur les chevaux hors d'état de servir, seront faites non-seulement dans la cavalerie, l'artillerie et le train des équipages, mais encore parmi les chevaux des officiers montés et sans troupe, ainsi que parmi ceux affectés aux voitures des équipages régimentaires.

« Cette revue sera passée dès ce matin (1er octobre) dans le sixième corps. Les divisions, l'artillerie et le train devront rendre compte du résultat de cette revue avant 5 heures du soir. Il en sera de même chaque jour.

« Les résultats de ces revues seront immédiatement porté à la connaissance des sous-intendants divisionnaires et des intendants des corps d'armée, qui apprécieront s'ils sont ou non en mesure de subvenir aux besoins du lendemain dans les corps dont ils ont l'administration. L'intendant-général de l'armée sera, de son côté, prévenu par leurs soins et sans retard, afin d'être à même d'envoyer en temps utile, dans les divisions et les corps d'armée qui en manqueraient, les chevaux destinés à la boucherie, qui seraient en plus des besoins du lendemain dans d'autres divisions ou corps d'armée.

« Les désignations dont il s'agit devront être faites largement, c'est-à-dire qu'on ne devra pas hésiter à se débarrasser des chevaux qui seront présumés hors d'état de servir.

« On ne perdra pas de vue que l'alimentation des hommes en dépend, et que, pour subvenir à ce besoin impérieux, chaque corps d'armée doit faire abandon, chaque matin, d'un minimum de 55 chevaux, tant pour ses propres besoins, que pour assurer la nourriture des habitants de la ville de Metz.

« Ce minimum sera atteint forcément, par les ressources personnelles de chaque corps d'armée, si l'intendant-général ne peut subvenir à l'insuffisance constatée par la revue journalière des chevaux destinés au service des vivres-viandes.

« On ne désignera, dans l'artillerie, le train des équipages, et parmi les chevaux des officiers de toutes armes, aussi bien que dans ceux affectés aux équipages régimentaires, que ceux qui ne pourront plus être utilisés ; et, lorsque cela deviendra nécessaire pour atteindre le nombre réclamé par le service de la boucherie, il en sera pris dans les corps de cavalerie, en commençant naturellement par les chevaux qui sont le moins en état de rendre de bons services.

« Le nombre des chevaux à fournir journellement par chaque corps n'est d'ailleurs pas absolu ; et si, par suite de désignations faites la veille, il était possible de réduire ce nombre pour le lendemain, M. l'intendant-général en donnerait avis aux intendants de corps d'armée, qui transmettraient ce renseignement au commandement.

« Signé : HENRY. »

206. — *2 Octobre.*

« Mon cher de Montluisant,

« Le général vous prie d'aller prendre de suite la position qu'il vous a indiquée hier.   Signé : LANTY. »

207. — *3 Octobre.* — Ordre.

« Conformément aux ordres de M. le maréchal commandant en chef, en date de ce jour, les corps devront s'aligner, aujourd'hui même, à quatre jours de vivres de campagne, en tenant compte de ce qu'ils ont dans le sac.

« Prière de faire, en même temps, les recommandations les plus
expresses pour que cette réserve ne soit consommée que lorsqu'il en
sera donné l'ordre. A cet effet, des revues fréquentes devront être
passées, et les hommes seront avisés que ceux d'entre eux qui con-
sommeraient indûment seraient sévèrement punis.

« Signé : HENRY. »

208. — *4 Octobre.*

« Mon cher colonel,

« J'ai l'honneur de vous informer que, par ordre de S. Exc. le
maréchal commandant le 6ᵉ corps, la batterie du Goupillon ne sera
plus désormais occupée d'une manière permanente.

« Signé : DE BERCKHEIM. »

209. — *5 Octobre.* — Ordre.

« Demain, revue avec les voitures attelées. On s'assurera que les
batteries sont en mesure, en cas de départ, d'emmener toutes les
voitures entrant réellement et actuellement dans la composition de
ces batteries.

« On vérifiera si tous les projectiles ont été armés de fusées percutantes. On me rendra compte de suite de cette revue.

« Signé : DE BERCKHEIM. »

210. — *5 Octobre.* — Note.

« Il est expressément recommandé de veiller à ce que les hommes
conservent intacts les vivres de campagne pour quatre jours et le
biscuit pour deux jours.

« Il est, en outre, très-important que les munitions soient au complet dans les coffres.

« Enfin, il ne sera accordé de permission, pour aller à Metz, que
sur votre autorisation, et tout le monde doit se tenir prêt à marcher
au premier signal.   Signé : DE BERCKHEIM. »

211. — *5 Octobre.* — Ordre.

« Par ordre du maréchal, les hommes malingres qui pourraient
se trouver dans les corps de troupe, seront envoyés dans les petits
dépôts à Metz. Le mouvement fait dans le plus bref délai possible, le
6 octobre, après la soupe. Ils seront conduits par un officier ou sous-
officier, avec l'état nominatif des effets dont ils sont porteurs. Le
sous-officier rentrera ensuite à son corps. Les malades de l'ambulance du corps d'armée seront envoyés à l'hôpital.

« Signé : HENRY. »

212. — *5 Octobre.*

« Mon cher colonel,

« Voici ma réponse à votre lettre de ce jour, qui m'arrive à l'instant.

« 1° Le service de la boucherie sera prêt à recevoir, aujourd'hui, à 2 heures, les 44 chevaux que vous demandez à lui présenter.

« 2° Je n'ai plus, depuis longtemps, et je ne dois pas avoir un seul grain d'avoine en réserve, mon service étant alimenté jour par jour depuis plusieurs semaines.

« Je regrette donc infiniment de ne pouvoir satisfaire à votre demande à cet égard. Vous savez que nous n'avons plus que des restants de magasin ou des improvisations pour assurer le service des fourrages ; et, tout en reconnaissant la parfaite raison de votre demande, je me trouve réellement réduit à ne pouvoir y satisfaire. Je peux vous donner du blé, mais pas autre chose, et sans pouvoir vous garantir 24 sacs.   Signé : Courtois. »

213. — *5 Octobre.*

« Mon cher monsieur,

« Malgré votre lettre, je persiste. Vous devez pouvoir vous procurer de l'avoine à Metz ; vous devez comprendre que notre corps d'armée n'a que deux batteries de 12 et deux batteries de mitrailleuses. On en aura besoin partout à l'avant-garde, et si je ne puis faire avancer les chevaux....!!

« Je vous en prie, donnez-moi 24 sacs d'avoine ; *c'est pour le service* que j'insiste. Si je reste plus tard impuissant, j'aurai loyalement tout essayé pour bien faire mon devoir et servir mon pays. Si vous ne pouvez pas absolument, donnez-moi du foin ou de la paille, surtout du foin ; enfin un peu de blé, douze sacs, par exemple.

« Mais le blé, pour s'assimiler, a besoin de tremper 10 ou 12 heures dans l'eau ; sec et en masse, il rend les chevaux fourbus.

« Voyons ; jugez de ma situation. Vous êtes Français, chef de service, je vous demande l'impossible, parce que nous pouvons avoir besoin de faire l'impossible.

« Cette réserve, je la garderai pour l'heure du départ.

                    « Signé : de Montluisant. »

214. — *5 Octobre.*

« Mon cher colonel,

« Envoyez-moi une voiture, je vais me mettre en quatre pour

vous composer un ambigu dans lequel il entrera de tout, sauf de l'avoine, dont je suis à sec, à sec, à sec.   Signé : Courtois. »

215. — *5 Octobre*. — Ordre.

« Ce que je fais distribuer extraordinairement aux batteries, doit être conservé avec soin, et ne sera mangé qu'à moitié de la première étape.   Signé : de Montluisant. »

216. — *6 Octobre*.

« Mon cher colonel,

« Je me trouve à la tête d'un corps improvisé, coupé de ses ressources, de ses moyens d'exécution et de son personnel. Je ne peux que me borner à vous répéter : Je n'ai rien, je n'aurai rien que juste ce que les règlements du moment et la situation m'obligent à avoir, et je ne peux rien faire de plus que de mettre à votre disposition mon entier dévoûment et mes stériles regrets. Signé : Courtois. »

217. — *6 Octobre*.

« Mon cher colonel,

« J'ai l'intention de faire servir la batterie de 12 de siége de Ladonchamp par des hommes de la réserve. Voyez donc à organiser avec vos excédants un détachement d'une trentaine d'hommes commandé par un officier (capitaine en 2e ou lieutenant), qui rejoindrait plus tard la réserve.

« Il est de la plus haute importance que votre réserve de deux jours de biscuit et quatre jours de vivres de campagne soit conservée intacte.

« Veillez aussi à ce que personne ne s'éloigne des camps sans autorisation, et que vos autorisations ne soient que pour des absences de peu de durée.

« Lorsque le corps fera un mouvement, il est décidé par le maréchal que les batteries du commandant Loyer marcheront avec la réserve, et sous votre commandement. Signé : de Berckheim. »

218. — *6 Octobre*. — Ordre.

« Former de petits dépôts d'hommes fatigués ou malingres, à envoyer à Metz. Les composer avec les excédants, les batteries étant aujourd'hui réduites à 4 pièces.   Signé : de Berckheim. »

219. — *7 Octobre*.

« Mon cher colonel,

« Vous n'avez pas besoin de reprendre le service des reconnaissances jusqu'à nouvel ordre.   Signé : de Berckheim. »

220. — *7 Octobre*. — Ordre.

« Les chevaux de l'armée dépérissant de plus en plus, et dans le but d'éviter que nous soyons, à un certain moment, privés des ressources qu'ils nous offrent encore pour l'alimentation de l'armée, M. le maréchal commandant en chef a décidé, le 6 du courant, que, par les soins de M. l'intendant-général, il serait constitué un approvisionnement de conserves de viande de cheval.

« Dans les circonstances présentes, il est assurément d'une bonne administration d'utiliser aujourd'hui, pour la subsistance des troupes, les animaux qui ne pourraient être maintenus quelques jours de plus dans les rangs qu'à la seule condition de faire nombre, et de s'éteindre ensuite sans aucun profit pour l'armée.   Signé : HENRY. »

221. — *8 Octobre*. — Ordre.

« Les batteries de position seront réarmées aujourd'hui, dans les conditions suivantes :

« Batterie du Cimetière, 2 pièces de 12 de siége et 4 pièces de 4.

« Batterie du Moulin, 2 pièces de 12 de siége et 4 pièces de 4.

« Batterie de la Maison-Rouge (Heintz), 4 pièces de 4.

« Batterie en arrière de la Maison-Rouge (Grimard), 4 pièces de 4.

« Batterie du Saillant (Oster), 4 pièces de 12 et 2 pièces de 4.

« Batterie de St-Eloi (Flottes), néant.

« Batterie de la Grange-aux-Dames, 4 pièces de 12 de campagne.

« Les batteries de mitrailleuses resteront au camp prêtes à marcher.

« Cet armement devra être fait aujourd'hui, et sera terminé ce soir avant la nuit.

« Les canons de 12 de siége seront touchés au parc du 6ᵉ corps, avec deux caissons à munitions par canon.

« Le service des batteries et l'approvisionnement resteront réglés comme ils l'étaient précédemment.   Signé : DE BERCKHEIM. »

221 *bis*. — *8 Octobre*. — Le général Coffinières répond au maréchal et termine :

« Il se produit une opinion plus sérieuse : c'est que tout arrangement est impossible avant d'avoir engagé une lutte suprème ; cette bataille pourrait être heureuse, et dans le cas contraire, on succomberait avec honneur. S. Exc. M. le maréchal commandant en chef appréciera si cet avis mérite d'être pris en considération. »

222. — *8 Octobre*. — Ordre.

« Désormais, M. le vétérinaire visitera les chevaux des cinq batteries, le matin, de 6 heures à 9 heures, et il donnera tous les jours, avant 10 heures, à M. le lieutenant-colonel commandant les cinq batteries de la réserve, la liste des chevaux qui lui semblent bons à être livrés immédiatement aux vivres-viandes.

« MM. les capitaines-commandants et M. Rey, agiront rigoureusement dans l'esprit de l'ordre donné hier par le maréchal, et qui leur a été communiqué.   Signé : DE MONTLUISANT. »

223. — 8 Octobre. — Ordre.

« Le 6ᵉ corps doit fournir 40 chevaux environ, tous les jours, indépendamment des 75 destinés à la nourriture journalière. (Prière de se reporter aux indications détaillées données le 7 du courant.)

« Les divisions d'infanterie n'ont qu'un très-petit nombre de chevaux de trait, et leur appoint pour la livraison est très-faible ; il faut donc que la cavalerie et l'artillerie fournissent environ 115 chevaux tous les jours. Si le nombre des chevaux réclamés n'est pas atteint, en ne prenant que ceux tout-à-fait incapables de rendre des services, il faut faire un choix dans les chevaux les moins bons. Il n'est pas possible de déterminer à l'avance le nombre à fournir par l'artillerie et par la cavalerie, parce qu'il faut tenir compte des fluctuations qui pourront se produire dans l'état des chevaux de ces deux armes, et ne pas abattre d'un côté des chevaux encore bons, tandis qu'on conserverait, de l'autre, des chevaux tout-à-fait hors de service. Mais, en principe, et sans autre avis du commandant, MM. les généraux commandant l'artillerie et la cavalerie doivent faire remettre au service des vivres-viandes le nombre des chevaux réclamés par l'intendant du corps d'armée, ou le sous-intendant divisionnaire, agissant d'après les ordres de l'intendant du corps d'armée. Il est entendu, en outre, que le nombre des chevaux présentés doit être supérieur au nombre des chevaux à abattre, puisque la commission en refuse un grand nombre.

« Ceux qui ne seront pas nécessaires à la boucherie, le jour même, seront représentés le lendemain : l'artillerie centralisera tout le service qui la concerne, artillerie de réserve et divisionnaire.

                              « Signé : HENRY. »

224. — 8 Octobre. — Ordre.

« M. le maréchal commandant en chef a décidé, à la date de ce jour, que la solde de la première quinzaine d'octobre serait payée d'avance, demain 9 du courant, aux différents ayant-droit.

« Prière de donner des ordres pour assurer l'exécution de cette disposition.   Signé : HENRY. »

225. — *8 Octobre.*

« Monsieur l'intendant-général,

« J'ai décidé qu'à partir de demain, 9 du courant, la composition de la ration de vivres serait fixée ainsi qu'il suit :

« La ration de pain ou de biscuit sera réduite à 300 grammes.

« Cette diminution s'appliquera aux rations de réserve qui sont dans le sac des hommes.

« La ration de viande sera portée à 750 grammes. Une indemnité de 25 centimes sera accordée par jour à chaque homme de troupe, en outre de celle précédemment allouée, en remplacement de vin.

« Une ration d'eau-de-vie sera distribuée tous les deux jours.
                                             « Signé : BAZAINE. »

226. — *9 Octobre.* — Note.

« A cause du mauvais temps et du peu de nourriture, il faut s'attendre à voir naître, parmi nos chevaux, les maladies très-connues, la morve et le farcin. Comme, à tous les points de vue, il est de la plus haute importance de conserver nos animaux, il est expressément recommandé à tous les conducteurs de signaler à leurs chefs et au vétérinaire tout cheval qui présenterait quelque chose de nouveau comme jet par les naseaux, boutons, cordes le long des côtes, sous le poitrail, etc. ; en un mot, tout ce qui est différent du passé. Ces précautions sont indispensables pour éviter ou arrêter l'infection des maladies signalées ci-dessus.

« MM. les officiers de batteries, surtout MM. les lieutenants de jour, sont spécialement chargés d'activer toutes les visites et recherches de précaution. Il leur est recommandé avec les plus vives instances de ne pas négliger l'examen des animaux !

« On ne saurait trop rappeler que les soins incessants de tous sont indispensables aujourd'hui.   Signé : DE MONTLUISANT. »

227. — *9 Octobre.* — Ordre.

« Pour être prêt, et en prévision de la fin d'une situation qui ne saurait se prolonger longtemps, le lieutenant-colonel commandant les batteries de la réserve prescrit aux capitaines-commandants de vouloir bien établir des états de propositions pour l'avancement et la Légion d'honneur.

« Ils y feront figurer tous ceux qui n'ont pas encore été récompen‐
sés, et qui ont été l'objet d'une proposition.

« Ils se pénètreront de la nécessité de laisser trace des services de
tous, et d'emporter dans leurs corps un état officiel visé par le lieutenant-colonel, approuvé par lui, et qui constatera toute chose.

« Un double de ces états sera remis par le lieutenant-colonel au
général commandant l'artillerie du 6ᵉ corps, qui y puisera les éléments des appréciations de l'avenir.

« Les capitaines agiront dans une large mesure, sans se préoccu-
per si les sujets méritants sont peu nombreux ou trop nombreux.
Tout homme ayant servi d'une manière exceptionnelle, ou ayant
rendu un service spécial, ou ayant, par une suite de services, appelé
l'attention de ses chefs, sera signalé, noté et présenté sur les états
des batteries.

« Le lieutenant-colonel ne saurait fixer une époque pour la remise
de ces états. Ils sont une garantie d'avenir pour tous les bons serviteurs, et, en présence des circonstances exceptionnelles qui nous entourent, il y a urgence à posséder ces documents dans le plus bref
délai possible.

« A la fin des états des batteries, et sur une feuille à part, on indiquera les récompenses déjà accordées aux cadres, officiers et sous-
officiers des batteries. Ces états, datés du camp sous Metz, seront visés
par le commandant en second avant d'arriver au lieutenant-colonel.

« Signé : DE MONTLUISANT. »

228. — *9 Octobre.*

« Général,

« Le maréchal commandant en chef a été informé que des militaires de l'armée achètent du blé pour nourrir leurs chevaux, et
prélèvent ainsi une partie des denrées qui doivent être exclusivement
réservées aux hommes. Ce fait est contraire à ses recommandations.

« Je vous prie, en conséquence, de renouveler, de la manière la
plus formelle, la défense de donner aux chevaux ni pain, ni blé.

« Signé : HENRY. »

229. — *10 Octobre.*

« Monsieur l'intendant-général,

« En raison des circonstances où se trouve l'armée, j'ai arrêté les
dispositions suivantes :

« 1° Les denrées fourragères manquant pour la nourriture des
chevaux, on aura soin, au lieu de laisser mourir ces animaux à la

corde, de diriger ceux qui sont hors d'état de vivre vingt-quatre heures, sur les tranchées préparées à cet effet, et où ils seront abattus. La conséquence de cette disposition est que l'on devra donner à la ville tous les chevaux qu'elle demandera pour l'alimentation des habitants.

« 2° On prélèvera, dans les ambulances des corps d'armée, en médicaments et matériel, tout ce dont les ambulances peuvent se passer, et on l'enverra immédiatement à Metz pour le service des hôpitaux.

« 3° A partir de demain, 11 courant, le pain de l'armée sera fabriqué avec la farine de boulange, et il n'y aura d'exception à cette mesure que pour le pain destiné aux malades.

« 4° A partir de demain également, la ration journalière de vin accordée aux troupes sera distribuée en nature ; il en sera de même de la ration d'eau-de-vie.

« 5° Enfin, à partir du 9 courant, jour où la ration de pain a été réduite à 300 grammes, tous les officiers subalternes, capitaines, lieutenants, sous-lieutenants et fonctionnaires assimilés, recevront en compensation une indemnité de 1 fr. par jour, indépendamment de celle qu'ils touchent déjà pour rations non perçues en nature.

« Signé : BAZAINE. »

230. — *10 Octobre.*

« Mon cher colonel,

« J'ai l'honneur de vous informer que, par ordre de M. le général commandant en chef l'artillerie de l'armée, les servants à pied et les hommes démontés de vos batteries seront armés du fusil d'infanterie, modèle 1866.

« Les servants à pied verseront, en conséquence, leurs mousquetons et leurs sabres-bayonnettes ; les hommes démontés, leurs sabres et leurs pistolets.

« M. le colonel directeur de l'arsenal de Metz est prévenu de cette disposition, et c'est à lui que les batteries devront s'adresser pour ce changement d'armement, qui devra commencer dès aujourd'hui.

« Le ceinturon des hommes à pied peut, tel qu'il est, recevoir le sabre-bayonnette et la cartouchière d'infanterie. Quant aux hommes démontés, ils seront outillés ainsi que vous me l'avez proposé.

« Aussitôt que vos hommes seront armés du fusil d'infanterie, vous pourriez vous adresser au commandant du 9e bataillon de chasseurs, pour le prier officieusement de mettre à votre disposition quelques instructeurs capables d'enseigner à vos canonniers le maniement, le montage, le démontage et l'entretien de l'arme. Il est surtout essentiel qu'ils soient en mesure de la tirer convenablement d'ici à deux ou trois jours.   Signé : LANTY. »

231. — *10 Octobre.* — Ordre.

« L'avis officiel a été donné à M. l'intendant-général de l'armée, que les magasins de Metz ne sont plus en mesure d'assurer les distributions des denrées fourragères, et que ces distributions ne pourraient plus avoir lieu désormais qu'au moyen des ressources qui peuvent exister dans les divisions.

« Il n'y aura donc plus, à partir de demain, 11 octobre, de distributions au quartier-général du 6e corps ; celle d'aujourd'hui, 10, sera la dernière jusqu'à nouvel ordre.   Signé : HENRY. »

232. — *11 Octobre.* — Ordre.

« A partir d'aujourd'hui, 11 courant, le pain de l'armée sera fabriqué avec de la farine de boulange, et il n'y aura d'exception à cette mesure que pour le pain destiné aux malades. »

233. — *12 Octobre.* — Ordre.

« La solde de MM. les officiers pour la deuxième quinzaine d'octobre sera payée aujourd'hui, au bureau de M. le payeur principal, de 1 heure à 4 ; ou au bureau des payeurs des divisions.

« Signé : HENRY. »

234. — « Station des troupes au château de Villers-aux-Bois.

« Les troupes françaises ont commencé à se montrer le 14 août, au château de Villers-aux-Bois, appartenant à M. de Carrey d'Asnières. Ce fut une reconnaissance faite par un escadron de chasseurs d'Afrique.

« Le 16, les blessés commencent à arriver à 10 heures du matin. Il y en avait environ 1,500 le soir, avant la nuit.

« Les Français se replièrent le 17, et les docteurs français suivirent leurs corps d'armée. Les blessés restèrent sans secours.

« Le 18, les Prussiens parurent. Le 19, les Hessois vinrent occuper Villers, et un chevalier de St-Jean, M. Betmann Holwe, visita les blessés et fit arriver, le 20, l'ambulance volante du 2e corps d'armée de Poméranie.

« A partir du 20 août, les troupes prussiennes occupèrent les villages de St-Marcel, Rezonville et Gravelotte. Il y avait de la cavalerie et de l'artillerie à Rezonville.

« Le 7 septembre, tout un corps d'armée appelé 2ᵉ armée (corps de Poméranie) passa devant le village, venant de Briey et se rendant devant Metz.

« Le 8 septembre, on fit évacuer l'ambulance de Montigny-la-Grange pour faire place à un poste prussien.

« Le 12 septembre, des troupes prussiennes vinrent tenir garnison d'observation à Villers-aux-Bois, à St-Marcel, à Gravelotte et à Rezonville ; il pouvait y avoir 10,000 hommes.

« Le 22 septembre, de nombreuses batteries arrivèrent à Gravelotte.

« Le 1ᵉʳ octobre, toutes les troupes, qui étaient consignées depuis trois semaines, partent pour une destination inconnue, dans la direction d'Ars.

« Le 30 octobre, il y avait du monde et de l'artillerie à Gorze, Pont-à-Mousson, Novéant, etc.

« Le 7 octobre, on évacue d'urgence l'ambulance de Villers, et elle est remplacée par un poste militaire, envoyé par le prince Frédéric-Charles. »

(Affirmations d'un aumônier de l'ambulance, M. de la Guibourgère, chanoine de Nantes.)

234 bis. — *14 Octobre.* — Le général de Coffinières donne sa démission.

« Les dernières dépêches de Votre Excellence et les observations verbales que vous m'avez adressées me font voir que vous n'approuvez pas la manière dont je remplis mes fonctions. Dans une situation aussi exceptionnelle et aussi grave, il me semble indispensable que le général en chef de l'armée ait pleine confiance dans le commandant de la place, et que celui-ci soit appuyé par le général en chef. D'un autre côté, je suis assailli par les plaintes des habitants, qui disent que l'armée, en prolongeant son séjour autour de la place, absorbe toutes leurs ressources et la met dans l'impossibilité de se défendre. Le mot de trahison est même prononcé et l'irritation est à son comble. En qualité de commandant de la place, je dois veiller à ses approvisionnements, tandis que, pour alimenter l'armée, je suis forcé d'enlever les vivres aux habitants, après avoir épuisé tous les magasins militaires, et après avoir entamé même la réserve des forts. Je me heurte sans cesse aux articles 212 du réglement du service en campagne, 244 et 245 du réglement sur le service des places. Mon devoir, tel que je le comprends (et j'ai fait tout mon possible pour le remplir), est de repousser les accusations perfides, de ménager tous les intérêts respectables, de calmer l'irritation des esprits et de maintenir l'ordre matériel sans user de violences souvent plus nuisibles qu'utiles. Malheureusement, ces obligations sont souvent contradictoires; de telle sorte que les observations et les critiques m'arrivent de toutes parts; cette situation n'est plus tenable. Je viens donc vous prier, monsieur le maréchal, de vouloir bien accepter la démission que je donne de mes fonctions de commandant supérieur de la place de Metz; je demande même à être remplacé immédiatement, ce qui est facile, puisqu'il y a deux généraux de division dans la place. Je dois ajouter que l'état de ma santé me commande impérieusement un repos de quelques mois; et pour ces motifs, j'ai l'honneur de demander à Votre Excellence de me mettre en disponibilité jusqu'à ce que ma santé soit rétablie. »

234 *ter.* — Lettre du maréchal Bazaine au général Coffinières de Nordeck. — Metz, 15 octobre.

« Mon cher général,

« En réponse à votre lettre du 14 courant, je viens vous assurer que vous n'avez nullement perdu ma confiance, et que je ne vois, ni dans les observations que je vous ai faites hier matin, ni dans les lettres que je vous ai adressées, rien qui soit de nature à vous faire prendre la détermination qui y est mentionnée. Nous avons fait, l'un et l'autre, dans l'esprit des règlements, tout ce qu'il était possible de faire pour améliorer une situation résultant des rapides événements de guerre qui se sont succédé en août et septembre. Aujourd'hui, comme par le passé, j'ai le plus vif désir que la ville puisse se défendre sans nous; et c'est pour cela que je n'ai pas insisté sur les perquisitions forcées, ainsi que cela s'est toujours fait en pareilles circonstances. Nous ne vous demanderons plus rien. Je ne peux accepter votre démission, ni votre mise en disponibilité, et je compte assez sur votre dévouement au pays pour que vous continuiez à exercer votre commandement. »

234 *quater.* — *24 Octobre.* — Le maréchal Bazaine au général de Coffinières.

« Mon cher général,

« Vous avez pris part, ce matin, au conseil des commandants de corps d'armée et des chefs supérieurs de service que les circonstances m'ont fait réunir. Vous savez déjà qu'il a été reconnu unanimement que la place de Metz et l'armée étaient inséparables dans leurs intérêts comme dans leur sort. Malgré vos observations sur mes décisions antérieures qui séparaient les vivres de l'armée de ceux de la place, malgré vos réclamations sur les devoirs qui incombent à vos fonctions, le conseil n'ayant égard qu'à la situation grave dans laquelle nous sommes placés, s'est prononcé énergiquement pour la mise en commun des vivres encore existants, tant dans la place que dans l'armée. Cette opinion me paraissant juste et fondée, surtout en présence des souffrances et des privations qu'endure le soldat, je suis dans l'obligation de vous ordonner de mettre à la disposition de l'intendant-général de l'armée, pour le service des troupes campées autour de Metz, les denrées qu'il vous demandera. Ce haut fonctionnaire a mission de s'assurer des quantités existantes dans les corps d'armée et dans la place, et d'en faire ensuite une répartition équitable entre tous, de manière à ce que toutes les troupes, qu'elles appartiennent à la place ou à l'armée, soient également pourvues. Vous voudrez bien assurer la stricte exécution de cette dépêche, dont vous m'accuserez réception. »

235. — *26 Octobre*. — Ordre. — Les troupes recevront, demain 27 courant, une distribution qui comprendra :

« 250 grammes de pain ou biscuit (peut-être un complément de farine) ;

« 10 grammes de sucre ;

« 10 grammes de café ;

« Vin et eau-de-vie, au gré des preneurs.

« Ces denrées seront distribuées à l'heure habituelle, excepté pour le pain, qui ne pourra être fourni par les magasins de Metz que dans la matinée.

« La distribution du lard en réserve aura lieu demain dans l'après-midi. Signé : HENRY. »

236. — *26 Octobre*. — Ordre.

« Le général commandant l'artillerie du 6ᵉ corps donne l'ordre, au lieutenant-colonel commandant la réserve d'artillerie, de détruire les culasses mobiles des mitrailleuses et autres objets, de manière à rendre ces bouches à feu incapables de servir à l'ennemi. Il fera cette opération aujourd'hui même. Signé : DE BERCKHEIM. »

237. — *27 Octobre*. — Ordre.

« Par ordre de M. le général commandant en chef de l'artillerie, les batteries devront verser, aujourd'hui même, à la place de Metz, tout le matériel qui leur reste.

« En conséquence, les batteries de position seront désarmées immédiatement, et les voitures (sauf un chariot de batterie et une charrette à bagages par batterie) seront conduites au parc, qui les dirigera, avec les attelages des batteries, sur les emplacements désignés, savoir : les bouches à feu, à l'arsenal ; les coffres chargés, dans les casemates désignées, et les corps de voitures, sur la place Mazelle.

« Signé : DE BERCKHEIM. »

238. — *27 Octobre*.

« Mon cher colonel,

« J'ai l'honneur de vous adresser ci-joints des certificats destinés à vos officiers, sous-officiers et canonniers, et qui pourront, je l'espère, leur être utiles un jour.

« Je suis heureux de leur donner ce dernier témoignage de mon entière satisfaction.   Signé : DE BERCKHEIM. »

239. — *27 Octobre*.

« Mon cher colonel,

« J'ai l'honneur de vous prier de donner des ordres pour qu'un lieutenant de la réserve d'artillerie soit rendu chez moi, demain matin, à 7 heures, accompagné de quatre maréchaux-des-logis, tous à cheval et en tenue, avec giberne.   Signé : DE BERCKHEIM. »

239 *bis*. — *28 Octobre*. — Note remise au général Coffinières par le commandant du génie.

« Il résulte de mes recherches, que les conditions qui sont faites aux garnisons qui succombent sont aussi variées que les circonstances dans lesquelles on se trouve, et dépendent, en grande partie, de la générosité des sentiments du vainqueur. Il n'est aucun exemple qui s'applique exactement aux circonstances présentes, et on doit craindre que l'ennemi soit décidé à pousser ses succès aux dernières limites.

« En examinant toutefois la question sous tous les aspects, on parlera de la place et du sort de la garnison, de celui des officiers, employés ou fonctionnaires, des habitants, enfin des administrations publiques ou locales, en faisant remarquer que, si les conditions imposées sont trop dures, on devrait *peut-être* imiter l'exemple de Puebla, détruire les armes, brûler le matériel, faire sauter les forts et laisser à l'ennemi tout l'odieux d'une conduite qui lui attirerait l'horreur du monde civilisé. Il ne peut égorger la garnison ou la réduire en esclavage. Rien à craindre donc que la ruine et une captivité sans doute de courte durée. En ce qui concerne la place et la garnison, on cherchera à obtenir que l'ennemi se contente de tout ou partie des forts et laisse partir les troupes ; les malades et les blessés devant être évacués au fur et à mesure des transports disponibles.

« On cherchera à faire comprendre comme appartenant à l'armée, si elle a pu partir librement, le matériel qu'elle a dû laisser à Metz : enfin il est presque consacré par l'usage que, dans les cas les plus défavorables, les officiers conservent leurs épées et leurs chevaux, et que les soldats, comme eux, ne sont pas dépouillés de ce qui leur appartient en propre...   COSSERON DE VILLENOISY. »

240. — *28 Octobre.*

« Général,

« S. Exc. le maréchal commandant en chef me fait connaître, à la date du 27 de ce mois, que les aigles des régiments d'infanterie du 6ᵉ corps d'armée seront recueillies ce matin, de bonne heure, par vos soins, et transportées à l'arsenal de Metz, où la cavalerie a déjà déposé les siennes. Les commandants des corps de troupes sont prévenus que les aigles seront brûlées dans ledit arsenal.

« Ces aigles, enveloppées de leurs étuis, seront emportées dans un fourgon fermé ; le directeur de l'arsenal les recevra et en délivrera des récépissés aux corps.   Signé : HENRY. »

241. — *28 Octobre.* — Circulaire.

« D'après les renseignements que le général d'artillerie a pu se procurer..., les chevaux qui sont la propriété des officiers leur seront très-probablement laissés.

« Par conséquent, les officiers ont intérêt à les garder jusqu'au dernier moment, ou même à les vendre dès maintenant s'ils trouvent à s'en défaire.   Signé : DE BERCKHEIM. »

242. — *28 Octobre.* — Ordre.

« Le maréchal donne l'ordre de supprimer immédiatement les ambulances ; à partir de demain, tous les malades seront dirigés sur les hôpitaux de Metz.   Signé : HENRY. »

243. — *28 Octobre.* — Ordre.

« Dans chaque ordinaire, le boni sera immédiatement réparti entre les hommes qui en font partie. Prière de donner sans retard les ordres nécessaires.   Signé : HENRY. »

244. — *28 Octobre*. — Rapport du médecin-major sur l'infirmerie de la réserve d'artillerie.

« L'infirmerie ayant été évacuée ce [matin par ordre du maréchal commandant en chef, les malades, qui tous étaient en meilleur état, ont été renvoyés à leurs batteries.

« Il y a eu en tout, dans les cinq batteries, 19 hommes exemptés, la plupart pour affections externes ou douleurs.

« Il n'a pas été délivré un seul billet d'hôpital ce matin. Les hommes préfèrent rester à leurs corps que d'entrer aux hôpitaux de Metz.

« Demain, la visite sera passée au camp, à huit heures.

« Signé : Bruneau. »

245. — *28 Octobre*. — Circulaire.

« MM. les commandants de la réserve d'artillerie et du parc sont invités à se trouver, aujourd'hui, à midi et demi, au bureau du général commandant l'artillerie, et à donner des ordres pour que les officiers et la troupe ne s'absentent pas de leurs campements.

« Signé : de Berckheim. »

246. — *28 Octobre.* — Ordre pour la réserve. (Copie prise au quartier-général de la Ronde).

« La capitulation a été conclue hier, de manière à sauvegarder autant que possible les intérêts des officiers.

« Samedi 29, à midi, la porte Mazelle et les forts seront remis au Roi.

« A 10 heures, on fera l'inventaire du matériel dans les forts.

« Les armes seront versées aujourd'hui même dans les forts. L'artillerie de réserve versera, à 3 heures, ses armes; les officiers seront présents. Les munitions seront livrées également.

« Demain 29, à midi, les troupes du 6e corps seront conduites par leurs officiers jusqu'à hauteur de Ladonchamp, et de là, les officiers prussiens les conduiront à leurs camps. Les officiers français rentreront, soit dans leurs lignes, soit à Metz, et ne pourront franchir les lignes sans autorisation, restant prisonniers de guerre sur parole.

« On laissera aux officiers leurs armes, leurs chevaux et leurs ordonnances, ainsi que leurs bagages.

« Il y aura deux catégories d'officiers : 1° ceux qui seront prisonniers en Allemagne; 2° ceux qui resteront en France, sous condition de ne pas servir pendant la campagne.

« Les médecins ne sont pas prisonniers. »   (Note officielle.)

246 *bis*. — LA CAPITULATION DE METZ ET LES OFFICIERS DU 57ᵉ DE LIGNE. — Lyon, 20 février.

« Monsieur le rédacteur,

« Les officiers du 57ᵉ régiment de ligne, régiment auquel nous appartenions au moment de la capitulation de Metz, avaient rédigé et signé, sous les murs de la ville, une protestation collective, dans le but de justifier le régiment aussitôt qu'il serait possible. Trois exemplaires en avaient été remis à différents officiers, qui, tous, avaient juré de la livrer à la publicité, à leur arrivée en France, s'ils réussissaient à s'évader.

« M. Dammien, médecin-major de 1ʳᵉ classe, dépositaire d'un exemplaire de cette protestation, vient d'arriver à Lyon. Nous venons donc, monsieur le rédacteur, en vous priant d'insérer ce document, nous acquitter envers nos camarades du régiment d'un devoir qui nous paraît sacré, quoique accompli tardivement.

« Agréez, etc.

> « THIVOLLET, colonel à la 5ᵉ légion de marche du Rhône, ex-officier au 57ᵉ de ligne.
> « COMOY, chef d'état-major général au camp de Sathonay, ex-officier au 57ᵉ de ligne.
> « DAMMIEN, médecin-major de 1ʳᵉ classe au 57ᵉ de ligne. »

PROTESTATION.

« Les officiers du 57ᵉ régiment d'infanterie certifient sur l'honneur que la capitulation de l'armée et de la ville de Metz s'est effectuée dans les circonstances suivantes, du moins en ce qui les concerne :

« Depuis le 19 août, jour où l'investissement de la place a commencé, jusqu'au 19 septembre, l'armée est restée plongée dans une ignorance complète de la situation politique et militaire de la France.

« Le 19 septembre, un ordre de M. le maréchal commandant en chef lui annonce la formation d'un comité de Défense nationale dont il donne la composition.

« Du 19 septembre au 19 octobre, rien.

« Le 19 octobre, lendemain de la rentrée du général Boyer, envoyé en mission, les officiers du régiment se sont réunis pour recevoir une communication de M. le maréchal commandant en chef aux généraux de division. La situation du pays, à ce jour, leur est dépeinte de la manière suivante :

« Au point de vue politique : l'anarchie en France. Le gouvernement de la Défense nationale renversé ou débordé, deux de ses membres (MM. Gambetta et de Kératry) ayant lâchement déserté leur poste en fuyant en ballon. Le drapeau rouge flottant sur Lyon. Toutes les villes un peu importantes se gouvernent chacune à sa façon. Lille, Marseille, Bordeaux et d'autres grands centres mettent leurs intérêts commerciaux au-dessus du patriotisme. Rouen et le Hàvre demandent des garnisons prussiennes.

« Au point de vue militaire : Strasbourg rendu après une défense héroïque. La capitulation de Sedan connue. Les efforts de la France, sur lesquels nous comptions tant pour la sauver, se réduisant à la levée dans l'Ouest d'une armée de 40,000 hommes commandée par le général d'Aurelles de Paladines. Cette armée battue et impuissante. Metz ne possédant plus de vivres, pour la population et pour l'armée, que pour très-peu de jours.

« Dans cette communication, les officiers ont appris, en outre, que le roi de Prusse cherchait à traiter de la paix à des conditions satisfaisantes, que ne trouvant aucun gouvernement régulier établi en France, il accepterait la conclusion d'un traité provisoire passé avec Sa Majesté l'impératrice régente ; que M. le général Boyer était parti pour l'Angleterre, afin d'obtenir l'acquiescement de l'impératrice à cette proposition.

« Dans cette réunion, les officiers ont encore appris, avec injonction d'en faire part à la troupe, que, si les conditions faites à l'impératrice étaient acceptées, l'armée sortirait de Metz avec les honneurs de la guerre, qu'il serait réservé à cette armée l'avantage d'un beau rôle : celui de rétablir l'ordre dans le pays, d'assurer la liberté de ses élections et la formation d'un gouvernement qu'il se choisirait.

« Il a été également dit aux officiers qu'un conseil de guerre s'était réuni dans le but de discuter la possibilité de se faire jour à travers les lignes ennemies, et qu'il avait été reconnu qu'une tentative de ce genre n'offrait aucune chance de succès, vu la force écrasante des troupes qui nous entouraient, l'importance des ouvrages ennemis et le manque absolu de vivres et de moyens de transport.

« Le 27 octobre, les officiers du régiment ignorent la rentrée de mission de M. le général Boyer. Ils sont de nouveau réunis, et il leur est exposé que l'épuisement des vivres et l'impossibilité de résister plus longtemps, même en affrontant une chance sur mille, rendent la capitulation inévitable ; que les conditions faites par l'ennemi sont dures et que les officiers n'ont plus qu'à préparer les soldats à accepter dignement le fait accompli ; qu'il ne reste à régler que des questions de détail et que M. le maréchal commandant en chef assume sur lui seul la responsabilité du traité qu'il conclut avec l'ennemi.

« Le 28 octobre, à 3 heures du soir, le régiment n'a pas encore reçu de M. le maréchal commandant en chef l'avis officiel de la capitulation ni d'aucune de ses clauses. Il lui est seulement parvenu un ordre d'adieux de M. le général commandant la 1re division du 4e corps, exhortant les troupes sous son commandement à la dignité et à la résignation dans la dure nécessité où elles se trouvent de rendre leurs armes.

« Les compagnies sont réunies à ce même moment et rendent leurs armes après les recommandations faites par nos chefs de procéder avec toute la dignité possible à l'accomplissement de cet acte, dans le but d'éviter un redoublement de rigueurs de la part de l'ennemi, rigueurs qui retomberaient, comme conséquence d'un acte d'insoumission, sur nos frères d'armes et sur la population.

(Suivent les signatures de 57 officiers du 57e de ligne.)

« Colonel : VERGUS.

« Lieutenant-colonel : MATHIEU.

« Chefs de bataillon : BONCOUR et PIERRON.

« Capitaines : MOUROT, CASTELOT et EMERY, capitaines adjudants-majors.

« MÉNIÈRE, MENDY (Dominique), HUDELOT, BAUDU, DAUSSEUR, PASTRE, ROUYER, MELLET, MIEULET, ROCHE, JALLU et THIENLOUP.

« Lieutenants : THIVOLLET, GRAZIETTI, AVENATI, DEMY jeune, LEFORT, GUÉRIN, MAY, BÉGOUGNE DE JUNIAC, PRADEL DE LAMASE, CHABAL, PRADEL, PINON, VAUDELIN, BASTIEN, E. PERCEVAL, NASICA, CANCE et DEBIONNE.

« Porte-drapeau : BONNET.

« Sous-lieutenants : PEFFER, DE FROIDEFOND, WERCKLÉ, HENRY, MASSART, CHAPPAZ, LEVRAT, PERRETTE, PICQUANT, PLANCHE, CHAPON, HAVAGÉ, LARTEAU, RÉVEL et BOULAY.

« Chef de musique : SIÉGRIST.

« Médecin-major de 1re classe : DAMMIEN.

« Aide-major : HINGLAIS.

« Médecin-major de l'armée de Metz : SERRE.

« Nous certifions aussi que notre drapeau n'a pas été livré aux

Prussiens ; que, la veille de la capitulation de Metz, il a été brûlé par M. le colonel du 57ᵉ de ligne, Vergus, à l'exception de quelques lambeaux que les officiers présents se sont religieusement partagés entre eux. Ils n'ont pas notre drapeau, et, le 16, à Gravelotte, après avoir renversé le 9ᵉ et le 16ᵉ régiments ennemis, nous avons, à la 3ᵉ ligne, traversé le 57ᵉ prussien, que le 57ᵉ français a bousculé comme les deux autres, et auquel il a pris son drapeau. M. le sous-lieutenant Chabal, officier payeur, qui s'en est emparé, l'a remis le soir même au général de Cissey, commandant la division.

« Signés : Thivollet et Dammien, ex-officiers du 57ᵉ régiment de ligne. »

247. — *28 Octobre.* — Circulaire explicative du protocole. (Voir les documents suivants.)

« D'après le protocole, les officiers qui opteront pour la captivité conserveront leurs épées ou sabres, ainsi que tout ce qui leur appartient personnellement.

« Il en résulte que toutes autres armes que l'épée ou le sabre ne pourront être conservées ; elles devront être versées à l'arsenal de Metz, munies d'une étiquette. Par ces mots : ce qui leur appartient personnellement, il faut comprendre les bagages, les chevaux, qui sont la propriété des officiers ; en un mot, tout ce qui n'appartient pas à l'Etat. Les officiers pourront encore conserver leurs ordonnances réglementaires ; les domestiques civils seront libres de rentrer dans leurs foyers. Quant à la troupe, il est bien entendu que les soldats conservent leurs sacs, tentes, couvertures, marmites, etc., c'est-à-dire tous les effets et objets de campement.

« L'exécution des articles du protocole s'effectuera de la manière suivante :

« La remise des armes aura lieu aujourd'hui et demain, conformément aux prescriptions de la circulaire n° 3, qui est envoyée à chaque corps.

« Les grand'gardes resteront armées et à leurs postes, jusqu'à demain à midi, heure d'arrivée des troupes prussiennes. Elles devront alors se replier ; elles se conformeront à la circulaire n° 3 déjà citée. Resteront également armés et à leurs postes, jusqu'à demain à midi, une compagnie par fort, y compris le fort St-Privat, et un régiment de la division Laveaucoupet dans la place de Metz.

« Demain matin, dès le réveil, les barricades des routes seront enlevées, et ces routes mises en état de viabilité.

15

« Demain, à 10 heures du matin, les grand'gardes devront laisser passer les détachements prussiens d'artillerie et du génie, qui se présenteront pour aller, dans les cinq forts, recevoir livraison des magasins à poudre. Les commandants de ces forts feront cette remise et conserveront, avec leur compagnie, la garde de l'ouvrage jusqu'à midi, comme il a été dit précédemment.

« A midi, les troupes prussiennes se présenteront pour occuper les cinq forts et la porte Mazelle, en suivant les routes ci-après :

« Devant le fort St-Quentin, par le chemin de Châtel à Lessy.

« Devant le fort de Plappeville, par la route d'Amanvillers à Plappeville.

« Devant St-Julien, par la route de Ste-Barbe à St-Julien.

« Devant Queuleu, par la route de Grigy à Metz.

« Devant St-Privat, par la route de Frescati à St-Privat.

« Devant la porte Mazelle, par la route de Grigy à Metz.

« Les grand'gardes et les commandants des forts se conformeront à ce qui a été dit plus haut.

« Un chef de bataillon du régiment, désigné pour la garde de la place de Metz, sera chargé de la remise de la porte Mazelle.

« Demain, à une heure, le départ des troupes françaises aura lieu, conformément à l'article 8, dans les directions ci-après :

« Le 6ᵉ corps et la division de cavalerie de Forton suivront la route de Thionville jusqu'à Ladonchamp.

« Le 4ᵉ corps, sortant entre les forts de St-Quentin et de Plappeville, par la route d'Amanvillers, sera conduit jusqu'aux lignes prussiennes.

« La Garde, la réserve générale d'artillerie, la compagnie du génie et le train des équipages du grand quartier-général, passant le chemin de fer, prendront la route de Nancy, jusqu'à Tourne-Bride.

« Le 2ᵉ corps, avec la division Laveaucoupet et la brigade Lapasset qui en font partie, sortira par la route qui conduit à Magny-sur-Seille et s'arrêtera à la ferme de St-Thiébault.

« La garde nationale mobile de Metz et toutes les autres troupes de la garnison, autres que la division Laveaucoupet, sortiront par la route de Strasbourg jusqu'à Grigy.

« Enfin le 3ᵉ corps sortira par la route de Sarrebruck jusqu'à la ferme de Bellecroix.

« Les officiers désignés dans la circulaire nᵒ 4 pour la conduite des troupes, se conformeront aux prescriptions de ladite circulaire. Dès qu'ils auront remis à l'officier prussien les états indiqués, les officiers remettront la conduite de leurs troupes aux sous-officiers et rentreront dans le camp retranché ou dans la place de Metz, conformément à l'article 3 du protocole. Ils y attendront des ordres ultérieurs, et pourront adresser toutes les demandes qui leur conviendraient au commandant de la place, qui est chargé d'y faire droit et d'apporter dans leur solution toutes les facilités possibles.

« Conformément aux conventions établies, les troupes, après avoir été remises par leurs officiers aux autorités prussiennes, seront conduites par leurs sous-officiers sur des emplacements désignés, où elles camperont avec leurs petites tentes, et où elles trouveront réunis des vivres et du bois de chauffage.

« Il sera immédiatement donné connaissance de la présente circulaire aux troupes de chaque corps, et chaque commandant de corps d'armée sera chargé, en ce qui le concerne, de l'exécution des dispositions qu'elle contient, et prescrira, sans en référer au commandant en chef, les mesures de détail qui auraient pu être omises.

« Des ordres seront donnés ce soir pour la remise, dans la journée de demain, des chevaux et du matériel de l'Etat. Signé : JARRAS. »

« P. S. — Comme le maréchal commandant le 6e corps l'a dit ce matin aux généraux de division, tous les généraux et officiers, ainsi que les employés militaires ayant rang d'officier qui engageront leur parole d'honneur, par écrit, de ne pas porter les armes contre l'Allemagne, et de n'agir d'aucune autre manière contre ses intérêts, jusqu'à la fin de la guerre actuelle, ne seront pas faits prisonniers de guerre. Les officiers et employés qui accepteront cette condition, conserveront leurs armes et les objets qui leur appartiennent personnellement.

« Les médecins militaires, sans exception, resteront en arrière pour prendre soin des blessés. Il en sera de même du personnel des hôpitaux.　　　　　　　　　　Signé : HENRY. »

248. — *29 Octobre.* — Protocole.

« Entre les soussignés, le chef d'état-major général de l'armée française sous Metz, et le chef de l'état-major de l'armée prussienne devant Metz, tous deux munis des pleins pouvoirs de S. Exc. le maréchal Bazaine, commandant en chef, et du général en chef S. A. Royale le prince Frédéric-Charles de Prusse;

« La convention suivante a été conclue :

« Art. 1er. — L'armée française placée sous les ordres du maréchal Bazaine, est prisonnière de guerre.

« Art. 2. — La forteresse et la ville de Metz avec tous les forts, le matériel de guerre, les approvisionnements de toute espèce et tout ce qui est propriété de l'Etat, seront rendus à l'armée prussienne dans l'état où tout cela se trouve au moment de la signature de cette convention.

« Samedi 29 octobre, à midi, les forts de St-Quentin, Plappeville, St-Julien, Queuleu et St-Privat, ainsi que la porte Mazelle (route de Strasbourg), seront remis aux troupes prussiennes.

« A 10 heures du matin de ce même jour, des officiers d'artillerie et du génie, avec quelques sous-officiers, seront admis dans lesdits forts, pour occuper les magasins à poudre et pour éventer les mines.

« Art. 3. — Les armes, ainsi que tout le matériel de l'armée, consistant en drapeaux, aigles, canons, mitrailleuses, chevaux, caisses de guerre, équipages de l'armée, munitions, etc., seront laissés à Metz et dans les forts, à des commissions militaires instituées par M. le maréchal Bazaine, pour être remis immédiatement à des commissaires prussiens. Les troupes sans armes seront conduites, rangées d'après leurs régiments ou corps, et en ordre militaire, aux lieux qui sont indiqués pour chaque corps. Les officiers rentreront alors librement dans l'intérieur du camp retranché, ou à Metz, sous la condition de s'engager sur l'honneur à ne pas quitter la place, sans l'ordre du commandant prussien.

« Les troupes seront alors conduites par leurs sous-officiers aux emplacements de bivouacs. Les soldats conserveront leurs sacs, leurs effets et les objets de campement (tentes, couvertures, etc.)

« Art. 4. — Tous les généraux et officiers, ainsi que les employés militaires ayant rang d'officiers, qui engageront la parole d'honneur par écrit de ne pas porter les armes contre l'Allemagne, et de n'agir d'aucune autre manière contre ses intérêts jusqu'à la fin de la guerre actuelle, ne seront pas faits prisonniers de guerre ; les officiers et employés qui accepteront cette condition, conserveront leurs armes et les objets qui leur appartiennent personnellement.

« Pour reconnaître le courage dont ont fait preuve pendant la durée de la campagne les troupes de l'armée et de la garnison, il est en outre permis aux officiers qui opteront pour la captivité, d'emporter avec eux leurs épées ou sabres, ainsi que tout ce qui leur appartient personnellement.

« Art. 5. — Les médecins militaires, sans exception, resteront en arrière pour prendre soin des blessés ; ils seront traités d'après la convention de Genève. Il en sera de même du personnel des hôpitaux.

« Art. 6. — Des questions de détail concernant principalement les intérêts de la ville seront traitées dans un appendice ci-annexé, qui aura la même valeur que le présent protocole.

Art. 7. — Tout article qui pourra présenter des doutes sera toujours interprété en faveur de l'armée française.

« Fait au château de Frescaty, le 27 octobre 1870.

« Signés : JARRAS, STIEHLE. »

249. — *29 Octobre*. — Appendice à la convention militaire en ce qui concerne la ville et les habitants.

« Art. 1er. — Les employés et les fonctionnaires civils attachés à l'armée ou à la place de Metz, pourront se retirer où ils voudront, en emportant avec eux tout ce qui leur appartient.

« Art. 2. — Personne, soit de la garde nationale, soit parmi les habitants de la ville, ou réfugié dans la ville, ne sera inquiété, à raison de ses idées politiques ou religieuses, de la part qu'il aura prise à la défense, ou des secours qu'il aura fournis à l'armée ou à la garnison.

« Art. 3. — Les malades et les blessés laissés dans la place recevront tous les soins que leur état comporte.

« Art. 4. — Les familles que les membres de la garnison laissent à Metz ne seront pas inquiétées, et pourront également se retirer librement avec tout ce qui leur appartient, comme les employés civils.

« Les meubles et les effets que les membres de la garnison sont obligés de laisser à Metz, ne seront ni pillés, ni confisqués, mais resteront leur propriété. Ils pourront les faire enlever dans un délai de six mois, à partir du rétablissement de la paix ou de leur mise en liberté.

« Art. 5. — Le commandant de l'armée prussienne prend l'engagement d'empêcher que les habitants soient maltraités dans leurs personnes ou dans leurs biens. On respectera également les biens de toute nature du département, des communes, des sociétés de commerce ou autres, des corporations civiles ou religieuses, des hospices et des établissements de charité.

« Il ne sera apporté aucun changement aux droits que les corporations ou sociétés, ainsi que les particuliers, ont à exercer les uns contre les autres, en vertu des lois françaises, au jour de la capitulation.

« Art. 6. — A cet effet, il est spécifié en particulier, que toutes les administrations locales, et les sociétés ou corporations mentionnées ci-dessus, conserveront les archives, livres et papiers, collections et documents quelconques qui sont en leur possession.

« Les notaires, avoués et autres agents ministériels conserveront aussi leurs archives et leurs minutes ou dépôts.

Art. 7. — Les archives, livres et papiers appartenant à l'Etat, resteront en général dans la place ; et, au rétablissement de la paix, tous ceux de ces documents concernant les portions de territoire restituées à la France, feront aussi retour à la France. Les comptes en cours de réglement nécessaires à la justification des comptables, ou pouvant donner lieu à des litiges, à des revendications de la part de tiers, resteront entre les mains des fonctionnaires ou agents qui en ont actuellement la garde, par exception aux dispositions du paragraphe précédent.

« Fait au château de Frescaty, le 27 octobre 1870.

« Signés : JARRAS, STIEHLE. »

250. — *28 Octobre.*

« Mon cher colonel,

« J'ai l'honneur de vous envoyer ci-dessous copie d'une dépêche de S. Exc. le commandant en chef.

« Monsieur le maréchal,

« Je vous prie de faire établir sur-le-champ, dans votre corps d'armée, les états ci-après :

« 1° Etats nominatifs des officiers de tout grade, avec l'indication, en regard d'eux, du nombre de chevaux qu'ils possèdent en propriété, dans les limites réglementaires, et le nom de leurs ordonnances (ceux qu'ils comptent emmener).

« Il y aura un état pour l'état-major du corps d'armée, un par état-major divisionnaire, un par chaque régiment et bataillon de chasseurs, des états pour l'artillerie (batteries de la réserve, batteries divisionnaires et parc), des états pour le génie (compagnies de la réserve et compagnies divisionnaires), et des états pour le train des équipages.

« 2° L'état numérique des hommes de troupe, savoir :

« Un pour l'état-major du corps d'armée, } Indiquant les hommes de troupe
« Un pour chaque état-major, } qui peuvent n'être pas compris dans les corps.

« Un par chaque régiment et bataillon de chasseurs.

« Un par batterie d'artillerie.

« Un par compagnie du génie.

« Et un par compagnie du train des équipages.

« 3° L'état nominatif des personnes civiles et des domestiques civils. En regard de chaque personne civile, on portera le nombre

de chevaux qui lui appartiennent en propriété, et le nom de ses ordonnances. Ceux-ci pourront être conservés jusqu'au départ, mais
seront prisonniers de guerre.

« Les payeurs et interprètes non liés au service militaire, seront
compris dans les personnes civiles.

« Cet état sera établi pour tout le corps d'armée.

« Les états n° 1 et n° 3 seront apportés demain, à midi, au commandant de place prussien, à Metz, par :

« Un officier de l'état-major du corps d'armée.

« Un officier de chaque état-major divisionnaire.

« Un officier de chaque régiment ou bataillon de chasseurs.

« Le commandant de l'artillerie.

« Le commandant du génie.

« Et le commandant du train des équipages militaires.

« Les états n° 2 seront remis à l'officier prussien qui recevra les
troupes aux avant-postes, par :

« Un officier de l'état-major général.

« Un officier de chaque état-major divisionnaire.

« Le commandant de chaque régiment ou bataillon de chasseurs.

« Le commandant de chaque batterie d'artillerie ou compagnie du
train.

« Le commandant de chaque compagnie du génie.

« Et le commandant de chaque compagnie du train des équipages.

« Signé : Bazaine. »

« P. S. — L'état des personnes civiles et domestiques civils, des
payeurs et des interprètes, non liés au service militaire, sera envoyé,
ce soir même, à l'état-major général du 6ᵉ corps, qui centralisera le
travail qui les concerne.

« En conséquence, les états n° 1 et n° 3 (même néant) seront
envoyés demain matin, à 8 heures, chez le général commandant
l'artillerie du 6ᵉ corps. Il n'y aura qu'un seul état n° 1 pour chaque
division, réserve ou parc ; cet état sera établi par l'état-major, batteries et réserve divisionnaire.

« Dans les états n° 2, ne seront pas compris les ordonnances que
les officiers comptent emmener avec eux.   Signé : DE BERCKHEIM. »

« P.-S. — Quant à la troupe, il est bien entendu que les soldats
conservent leurs sacs, leurs tentes, couvertures, marmites, etc., c'est-
à-dire tous leurs effets et objets de campement.

« Demain, à une heure, le départ des troupes françaises aura lieu,
pour le 6ᵉ corps et la division de cavalerie Forton, par la route de

Thionville, jusqu'à Ladonchamp. Les troupes, après avoir été remises par leurs officiers aux autorités prussiennes, seront conduites par leurs sous-officiers sur des emplacements désignés, où elles camperont avec leurs petites tentes et où elles trouveront réunis des vivres et du bois de chauffage. Des ordres seront donnés, ce soir, pour la remise, dans la journée de demain, des chevaux et du matériel de l'Etat. »

251. — *28 Octobre.* — Ordre.

« Demain, 29 octobre, les chevaux propriété de l'Etat (officiers et troupe), les mulets, les chariots de batterie et les charrettes à bagages, seront remis, à une heure de l'après-midi, entre les mains de l'autorité prussienne.

« A cet effet, les chevaux, mulets et voitures devront être conduits par un sous-officier, au Ban-St-Martin, à 10 heures du matin, pour être livrés à une commission chargée de les recevoir, et de les remettre aux autorités prussiennes. Les militaires, en nombre aussi restreint que possible, qui seront employés à la conduite de ces chevaux, mulets et voitures, resteront au Ban-St-Martin jusqu'à la remise et seront ensuite dirigés sur le camp de la réserve d'artillerie, où un officier sera commandé pour les conduire en ordre aux avant-postes, afin d'être remis aux officiers prussiens.

« Signé : DE BERCKHEIM. »

252. — *28 Octobre.* — Ordre.

« M. le général de division Lafont de Villers est désigné pour présider, demain, 29, à la remise de nos troupes aux autorités militaires prussiennes.

« Tous les officiers de batterie ou de compagnie, conduiront leurs troupes.

« Le mouvement commencera par l'infanterie, à midi et demie. L'artillerie divisionnaire suivra la division à laquelle elle est attachée. La cavalerie suivra le mouvement de l'infanterie, et la réserve d'artillerie, le mouvement de la cavalerie. Le parc marchera à la suite de la réserve. Signé : DE BERCKHEIM. »

253. — *28 Octobre.* — Ordre général à l'armée du Rhin.

« Vaincus par la famine, nous sommes contraints de subir les lois de la guerre en nous constituant prisonniers. A diverses époques de notre histoire militaire, de braves troupes, commandées par Masséna, Kléber, Gouvion-St-Cyr, etc., ont éprouvé le même sort, qui n'entache en rien l'honneur militaire, quand, comme vous, on a aussi glorieusement accompli son devoir jusqu'à l'extrême limite humaine.

« Tout ce qu'il était loyalement possible de faire pour éviter cette fin a été tenté et n'a pu aboutir. Quant à renouveler un effort suprême pour briser les lignes fortifiées de l'ennemi, malgré votre vaillance et le sacrifice de milliers d'existences qui peuvent encore être utiles à la patrie, il eût été infructueux, par suite de l'armement et des forces écrasantes qui gardent et appuient ces lignes : un désastre en eût été la conséquence.

« Soyons dignes dans l'adversité ; respectons les conventions honorables qui ont été stipulées, si nous voulons être respectés comme nous le méritons.

« Evitons surtout, pour la réputation de cette armée, les actes d'indiscipline, comme la destruction d'armes et de matériel, puisque, d'après les usages militaires, places et armement devraient faire retour à la France lorsque la paix sera signée.

« En quittant le commandement, je tiens à exprimer aux généraux, officiers et soldats, toute ma reconnaissance pour le loyal concours, la brillante valeur dans les combats, la résignation dans les privations, et c'est le cœur brisé que je me sépare de vous.

« Au grand quartier-général du Ban-St-Martin, le 28 octobre 1870.

« Signé : BAZAINE. »

254. — *28 Octobre*. — Proclamation du général Coffinières.

« Habitants de Metz,

« Il est de mon devoir de vous faire connaître loyalement notre situation, bien persuadé que vos âmes viriles et courageuses seront à la hauteur de ces graves circonstances.

« Autour de nous est une armée qui n'a jamais été vaincue, et qui s'est montrée aussi ferme devant le feu de l'ennemi que devant les plus rudes épreuves. Cette armée, interposée entre la ville et l'assiégeant, nous a donné le temps de mettre nos forts en état de défense, et de monter sur nos remparts plus de 600 pièces de canon ; enfin elle a tenu en échec plus de 200,000 hommes.

« Dans la place, nous avons une population pleine d'énergie et de patriotisme, bien décidée à se défendre jusqu'à la dernière extrémité.

« J'ai déjà fait connaître au conseil municipal que, malgré la réduction des rations, malgré les perquisitions faites par les autorités civiles et militaires, nous n'avions de vivres assurés que jusqu'au 28 octobre.

« De plus, notre brave armée, déjà si éprouvée par le feu de l'ennemi, puisque 42,000 hommes en ont subi les atteintes, souffre horriblement de l'inclémence exceptionnelle de la saison et des privations de toute sorte. Le conseil de guerre a constaté ces faits, et M. le maréchal commandant en chef a donné l'ordre formel, comme il en a le droit, de verser une partie de nos ressources à l'armée.

« Cependant, grâce à nos économies, nous pouvons résister encore jusqu'au 30 courant, et notre situation ne se trouve pas sensiblement modifiée.

« Jamais, dans les fastes militaires, une place de guerre n'a résisté jusqu'à un épuisement aussi complet de ses ressources, et n'a été aussi encombrée de blessés et de malades.

« Nous sommes donc condamnés à succomber, mais ce sera avec honneur, et nous ne serons vaincus que par la faim.

« L'ennemi, qui nous investit péniblement depuis plus de 70 jours, sait qu'il est près d'atteindre le but de ses efforts ; il demande la place et l'armée, et n'admet pas la séparation de ces deux intérêts. Quatre ou cinq jours de résistance désespérée n'auraient d'autre résultat que d'aggraver la situation des habitants. Tous peuvent, d'ailleurs, être bien convaincus que leurs intérêts privés seront défendus avec la plus vive sollicitude.

« Sachons supporter stoïquement cette grande infortune, et conservons le ferme espoir que Metz, cette grande et patriotique cité, restera à la France.

« Metz, le 27 octobre 1870.

« Signé : Coffinières. »

255. — *28 Octobre.* — Proclamation du maire et des membres du conseil municipal à leurs concitoyens.

« Chers concitoyens,

« Le véritable courage consiste à supporter un malheur sans les agitations qui ne peuvent que l'aggraver.

« Celui dont nous sommes tous frappés aujourd'hui, nous atteint sans qu'aucun de nous puisse se reprocher d'avoir un seul jour failli à son devoir.

« Ne donnons pas le désolant spectacle de troubles intérieurs, et ne fournissons aucun prétexte à des violences ou à des malheurs nouveaux et plus complets encore.

« La pensée que cette épreuve ne sera que passagère et que nous, Messins, n'avons assumé dans les faits accomplis aucune part de responsabilité devant le pays et devant l'histoire, doit être, en ce moment, notre consolation.

« Nous confions la sécurité commune à la sagesse de la population.

> « F. MARÉCHAL, maire ; BOULANGÉ, BASTIEN, NO-
> BLOT, GÉHIN, DE BOUTEILLER, BLONDIN, BE-
> ZANSON, GOURGEON, BLUTINGAIRE, MOISSON,
> SIMON, FAVIER, MARLY, STUREL, GÉISLER,
> PROST, WORMS, COLLIGNON, RÉMOND, PUY-
> PEROUX, général DIDION, SALMON, BOU-
> CHOTTE, SCHNEIDER. »

256. — *31 Octobre.* — Proclamation du général Von Kummer aux habitants de Metz.

« La forteresse de Metz a été occupée hier par les troupes prussiennes, et le soussigné est provisoirement commandant de la forteresse.

« Je saurai maintenir entre les troupes la discipline prussienne éprouvée ; la liberté des personnes et la propriété sont garanties. Les charges qui incomberont, ces jours-ci, aux habitants avant que les affaires ne soient tout-à-fait réglées, doivent être portées, et je reconnaîtrai si les habitants sauront apprécier les circonstances.

« Où je reconnaîtrai de la désobéissance ou de la résistance, j'agirai avec toute la sévérité et d'après les lois de la guerre.

« Celui qui mettra en danger les troupes allemandes, ou leur portera préjudice par des actions perfides, sera traduit devant le conseil de guerre ; celui qui servira d'espion aux troupes françaises, ou logera des espions français, ou leur prêtera assistance ; qui montrera volontairement les chemins aux troupes françaises, qui tuera, blessera ou volera les troupes allemandes, ou les personnes appartenant à leur suite ; qui détruira les canaux, chemins de fer ou lignes télégraphiques ; qui rendra les chemins impraticables, qui mettra le feu aux munitions ou provisions de guerre, enfin qui prendra les armes envers les troupes allemandes, sera puni de la *peine de mort.*

ARRÊTÉ.

« 1° Les maisons dans lesquelles ou hors desquelles on commettra des actes d'hostilité envers les troupes allemandes serviront de casernes.

« 2° Plus de dix personnes ne pourront se rassembler dans les rues ou sur les places publiques.

« 3º Toutes les armes qui se trouveront entre les mains des habitants doivent être livrées, jusqu'à lundi 31 octobre, 4 heures de l'après-midi, au palais de la division, rue de la Princerie.

« 4º Toutes les fenêtres doivent être éclairées, en cas d'alarme, pendant la nuit.

« Metz, le 30 octobre 1870. Signé : Von Kummer. »

257. — *31 Octobre.* — Affiche.

« Le 31 courant, à 10 heures 30 minutes du matin, partira de la gare de Metz, un convoi de Metz à Mayence, par Nancy, pour les généraux et les officiers d'état-major.

« La mise en wagon des chevaux aura lieu à 7 heures du matin.

« MM. les généraux et les officiers d'état-major sont priés de se trouver à la gare une heure avant le départ du convoi.

« Signé : Von Kummer. »

258. — *31 Octobre.* — Affiche.

« MM. les officiers subalternes français seront dirigés en Allemagne de la manière suivante :

« Mardi, 1er novembre :

« 1er train, 9 heures 30 minutes, la garnison de Metz.

« 2e train : la Garde impériale, la division de cavalerie, la cavalerie de réserve, le génie.

« 3e train : 6e corps et division Forton.

« 4e train : 2e corps, brigade Lapasset.

« 5e train : 3e corps.

« 6e train : 4e corps.

« . . . .

« La direction, n'ayant pas assez de wagons de voyageurs, se trouve dans la fâcheuse nécessité de devoir faire usage d'autres wagons, mais couverts. Ces messieurs sont priés de prendre les mesures nécessaires afin de pouvoir s'asseoir en route, le maire de la ville ayant déclaré ne pouvoir fournir de siéges.

« Metz, le 31 octobre 1870.

« Le général de division commandant, Von Kummer. »

259. — Décret du roi de Prusse (contenu dans la *Gazette de Strasbourg*).

« Nous Guillaume, roi de Prusse, ordonnons, pour les gouvernements généraux de l'Alsace et de la Lorraine, ce qui suit :

« Art. 1er. — Celui qui se joint aux forces militaires françaises est puni par la confiscation de sa fortune présente et future et par un bannissement de dix ans.

« Art. 2. — La condamnation se fait par arrêté de notre gouverneur général, lequel, après avoir été publié pendant trois jours dans la partie officielle d'un journal du gouverneur, acquiert tous les effets d'un jugement légal et sera exécuté par les autorités civiles et militaires.

« Art. 3. — Tout paiement ou remise fait plus tard au condamné, est considéré comme non avenu.

« Art. 4. — Toute disposition prise par le condamné, de sa fortune en faveur de vivants ou non vivants et après publication de cette condamnation, est nulle et sans valeur.

« Art. 5. — Celui qui veut s'éloigner du siège de son domicile, doit en demander, après justification préalable du motif, l'autorisation par écrit au préfet. De celui qui s'est éloigné sans cette autorisation plus longtemps que huit jours de son domicile, on suppose en droit qu'il est allé rejoindre les forces françaises. Cette supposition suffit pour la condamnation.

« Art. 6. — Les préfets ont à veiller à l'inscription et au contrôle de listes de présence pour toutes les personnes de sexe mâle.

« Art. 7. — Le produit des confiscations doit être versé à la caisse du gouverneur général.

« Art. 8. — Le retour du bannissement entraîne l'application de la peine comminée par l'art. 33 du code pénal.

« Art. 9. — Cet arrêté sort son effet à partir du jour de sa publication.

« Donné dans notre quartier-général de Versailles, le 15 décembre 1870. »

260. — Assemblée nationale.

Compte-rendu analytique. — Séance du 17 février. — Présidence de M. Grévy.

PROPOSITION.

« M. Keller. — Je suis convaincu, messieurs, que la proposition que j'ai l'honneur de déposer au nom des représentants du Haut-Rhin, du Bas-Rhin et de la Moselle, aura votre assentiment unanime, car il s'agit de notre honneur, de l'unité nationale, et, sur ce point, il ne saurait y avoir de dissidence dans une Assemblée française. Voici la déclaration qui nous est dictée par le vote unanime de nos électeurs. Expression de la volonté des populations, c'est un élément sérieux des négociations qui vont s'ouvrir, car en pleine civilisation, il ne saurait être permis de disposer des peuples sans leur assentiment. (Bravo !)

« Nous, soussignés, citoyens français, choisis et députés par les départements du Bas-Rhin, du Haut-Rhin, de la Moselle, de la Meurthe et des Vosges pour apporter à l'Assemblée nationale de France l'expression de la volonté unanime des populations de l'Alsace et de la Lorraine, après nous être réunis et en avoir délibéré, avons résolu d'exposer, dans une déclaration solennelle, leurs droits sacrés et inaliénables, afin que l'Assemblée nationale, la France et l'Europe ayant sous les yeux les vœux et les résolutions de nos commettants, ne puissent consommer, ni laisser consommer aucun acte de nature à porter atteinte aux droits dont un mandat formel nous a confié la garde et la défense.

DÉCLARATION.

« L'Alsace et la Lorraine ne veulent pas être aliénées.

« Associées depuis plus de deux siècles à la France dans la bonne comme dans la mauvaise fortune, ces deux provinces, sans cesse exposées aux coups de l'ennemi, se sont constamment sacrifiées pour la grandeur nationale ; elles ont scellé de leur sang l'indissoluble pacte qui les rattache à l'unité française. Mises aujourd'hui en question par les prétentions étrangères, elles affirment, à travers tous les obstacles et tous les dangers, sous le joug même de l'envahisseur, leur inébranlable fidélité. Tous unanimes, les citoyens demeurés dans leurs foyers, comme les soldats accourus sous les drapeaux, les uns en votant, les autres en combattant, signifient à l'Allemagne et au monde l'immuable volonté de l'Alsace et de la Lorraine de rester terre française. (Applaudissements.)

« La France ne peut consentir à signer la cession de la Lorraine et de l'Alsace.

« Elle ne peut pas, sans mettre en péril la continuité de son existence nationale, porter elle-même un coup mortel à sa propre unité en abandonnant ceux qui ont conquis pendant deux cents ans de dévoûment politique le droit d'être défendus par le pays tout entier contre les entreprises de la force victorieuse.

« Une Assemblée, même issue du suffrage universel, ne pourrait invoquer sa souveraineté pour couvrir ou ratifier des exigences destructives de l'intégrité nationale. (Bravo à gauche.) Elle s'arrogerait un droit qui n'appartient pas même au peuple réuni dans ses comices. (Très bien ! très bien !) Un pareil excès de pouvoir, qui aurait pour effet de mutiler la mère commune, dénoncerait aux justes sévérités de l'histoire ceux qui s'en rendraient coupables.

« La France peut subir les coups de la force, elle ne peut sanctionner ses arrêts. (Bravo sur les mêmes bancs.)

« L'Europe ne peut permettre ni ratifier l'abandon de l'Alsace et de la Lorraine.

« Gardiennes des règles de la justice et du droit des gens, les nations civilisées ne sauraient rester plus longtemps insensibles au sort de leur voisine, sous peine d'être à leur tour victimes des attentats qu'elles auraient tolérés. L'Europe moderne ne peut laisser saisir un peuple comme un vil troupeau, elle ne peut rester sourde aux protestations répétées des populations menacées ; elle doit à sa propre conservation d'interdire de pareils abus de la force. Elle sait d'ailleurs que l'unité de la France est aujourd'hui comme par le passé une garantie de l'ordre général du monde, une barrière contre l'esprit de conquête et d'invasion. La paix faite au prix d'une cession de territoire ne serait qu'une trêve ruineuse et non une paix définitive. Elle serait pour tous une cause d'agitations intestines, une provocation légitime et permanente à la guerre.

« En résumé, l'Alsace et la Lorraine protestent hautement contre toute cession ; la France ne peut la consentir ; l'Europe ne peut la sanctionner.

« En foi de quoi nous prenons nos concitoyens de France, les gouvernements et les peuples du monde entier à témoin que nous tenons d'avance comme nuls et non avenus, tous actes et traités, vote ou plébiscite, qui consentirait à abandonner en faveur de l'étranger tout ou partie de l'Alsace et de la Lorraine.

« Nous proclamons par les présentes à jamais inviolable le droit des Alsaciens et des Lorrains de rester membres de la nation française, et nous jurons, tant pour nous que pour nos commettants, leurs enfants et leurs descendants, de le revendiquer éternellement et par toutes les voies, envers et contre tout usurpateur. (Applaudissements.)

« Il me semble, ajoute l'orateur, que cette proposition s'impose d'urgence et que l'Assemblée ne saurait refuser de l'examiner sur-le-champ. Elle sait dans quelle anxiété vivent des provinces de la France menacées d'être arrachées à la patrie commune.

« Mettez-vous à notre place : je sais qu'au fond du cœur vous pensez, comme nous, que l'Alsace et la Lorraine veulent rester françaises, que vous les aimez comme elles vous aiment. (Oui, oui.) Osez le dire en face de l'Europe, en face du monde civilisé et en présence de cette force matérielle qui prétend s'imposer, vous créerez la force morale qui, en définitive, triomphe toujours, vous la créerez et vous la donnerez à vos négociateurs.

« La paix, nous la désirons tous ; mais la véritable paix ne peut se fonder que sur la justice. Eh bien, nous voulons le maintien de la justice, et nous protestons d'avance contre la plus cruelle des iniquités. (Marques d'approbation.)

« Je demande que l'Assemblée entière donne à l'Alsace et à la Lorraine un témoignage d'inviolable attachement. Nous sommes comme le marin qui a vu sombrer son navire et qui tend les mains vers ceux qui peuvent le sauver. Nous vous tendons les mains, ne nous refusez pas la vôtre. (Nouveaux applaudissements.)

« M. le Président. — M. Keller demande que l'Assemblée déclare l'urgence sur sa proposition. Il devra être procédé ensuite conformément au règlement. Je consulte l'Assemblée.

« L'urgence est déclarée. »

261. — Protestation du conseil municipal de Metz. (Février 1871.)

« La ville de Metz est, dit-on, menacée d'être arrachée à la France, elle est réclamée comme sienne par l'Allemagne.

« L'Allemagne dit que Metz lui appartient, et, pour justifier cette prétention, elle invoque des prétentions historiques ; elle dit que Metz a fait partie autrefois de l'empire germanique.

« Oui, sans doute, au moyen-âge, Metz a été membre de l'empire germanique, ou, pour mieux dire, du saint-empire romain ; car c'est ainsi qu'on l'appelait. Metz a été de l'empire comme d'autres parties de la France, comme l'Italie, comme l'Allemagne.

« Les chefs électifs de ce grand corps politique, décorés du titre de roi des Romains et d'Empereur, ont été tantôt français, tantôt allemands, tantôt espagnols ou hollandais, ou même anglais. Notre roi François Ier a été un jour candidat de cette suprême dignité.

« Mais le saint-empire romain n'existe plus et il n'est pas question, que nous sachions, de le ressusciter. La moderne Allemagne se ferait illusion si elle croyait qu'il lui suffit de se soumettre à un empereur pour la faire renaître.

« Cet ancien empire était une congrégation d'Etats indépendants ; la ville libre de Metz était du nombre. Disons, puisqu'on s'en préoccupe aujourd'hui, dans quelles conditions elle a ainsi existé et comment elle en est sortie.

« De même que la plupart des villes principales de l'empire, en France, en Italie, en Allemagne, Metz a vu, dès le dixième siècle, ses évêques investis des *régales* ou droits royaux, dont les principaux étaient la juridiction, la monnaie et les impôts en redevance. La cité avait réussi, depuis le douzième siècle, à exercer de fait elle-même dans son sein ses droits royaux, sans que ceux-ci eussent cessé d'appartenir, en principe, aux évêques.

« Quant aux chefs de l'empire, quant aux rois des Romains, quant aux empereurs, ils n'exerçaient alors à Metz aucun droit réel ; et lorsqu'ils venaient dans cette ville, les habitants leur faisaient jurer, avant de les y laisser entrer, de respecter ses franchises et ses libertés.

« Telle était, au moyen-âge, la situation de Metz, ville libre, ville toute française par les origines et par ses conditions de race de sa population. Agrégée pour un temps au corps de l'empire, elle s'en détache un jour pour s'unir au royaume de France, vers lequel la ramenaient de plus en plus ses intérêts. Comment s'unit-elle à lui ? Par des traités régulièrement consentis.

« Les évêques de Metz n'avaient jamais renoncé aux *régales* ou droits royaux qui leur appartiennent à Metz depuis le dixième siècle. Au milieu du seizième ils en font la cession au roi de France, et les magistrats de la cité qui depuis longtemps avaient, à divers titres, l'exercice de ces droits, en confirment la cession. Le corps de l'empire a ratifié ces conventions par le traité de Westphalie.

« Telle est l'histoire !

« Metz a été de l'empire germanique avant d'être du royaume de France. Mais avant d'être de l'empire germanique, il a été de celui de Charlemagne, et auparavant du royaume de Clovis ; auparavant encore il a été de l'empire romain, et avant tout cela, de la Gaule indépendante.

« Ce sont là des considérations historiques, des spéculations scientifiques, et c'est d'intérêts positifs qu'il s'agit aujourd'hui.

« Si l'on voulait cependant, au mépris de ceux-ci, s'inspirer surtout maintenant des souvenirs de l'histoire, si l'on voulait, par impossible, ressusciter le passé, pourquoi, dans la série des conditions diverses par laquelle a passé successivement la ville de Metz, choisirait-on l'avant-dernière plutôt qu'aucune autre ?

« Si, en vertu de considérations purement historiques on voulait

16

sacrifier la situation présente à laquelle sont liés exclusivement tous les intérêts de la cité, ce n'est pas à l'avant-dernière condition qu'il faudrait s'arrêter, c'est à la première qu'il faudrait logiquement remonter. C'est la Gaule indépendante qu'il faudrait ressusciter, et Metz devrait alors appartenir, non pas à un État s'étendant de la Vistule à la Meuse, mais à un corps politique allant de l'Océan au Rhin.

« Laissons là ces chimères, le passé est mort, il n'est donné à personne de le faire revivre. On ne peut pas plus soumettre aux lois d'un passé qui n'est plus ce qui est aujourd'hui, qu'on ne peut imposer à un organisme vivant les conditions d'existence antérieure des éléments inorganiques qui le constituent.

« C'est un point de vue faux que celui de ces considérations purement historiques pour apprécier des conditions de politique actuelle.

« Si, comme il est juste de le faire, on se tient sur le terrain solide de ces grands intérêts réels qui constituent la vie morale et matérielle d'un peuple, il est impossible d'approuver et même de comprendre la violente annexion d'une ville que la langue, les origines, le commerce, les sentiments intimes, que tout, en un mot, attache à la France, comme tout la sépare invinciblement de l'Allemagne.

« L'une des plus fortes barrières qui s'élèvent entre les deux nations, c'est la diversité de langage. Comment, pour ne s'occuper que du côté positif et pratique, implanter une administration étrangère au sein d'une population qui n'en comprend pas l'idiome?

« Or, jamais la langue allemande n'a été parlée à Metz; en remontant aux origines et même en se plaçant à cette époque du moyen-âge où Metz, ville libre, était par un lien fragile rattachée à l'empire germanique, sa langue, sa littérature, ses chroniques, ses actes publics et privés, le nom de ses écrivains et de ses habitants, tout était exclusivement français.

« Aussi, lors de la ligue conclue entre certains princes allemands et le roi Henri II, Metz était citée avec Toul, Verdun et Cambrai, comme l'une des quatre villes impériales qui n'étaient pas de *la langue germanique*.

« Est-il besoin de dire que depuis trois siècles la même situation s'est perpétuée?

« Lors du dernier recensement fait en 1866, il a été constaté que sur 47,242 personnes, 44,367 appartenaient à la nationalité, c'est-à-dire à la langue française. Il n'y avait à Metz que 1741 Allemands, en comprenant dans ce nombre les sujets de l'empire d'Autriche; et il est à remarquer que la plupart de ces habitants, à résidence temporaire, étaient des gens de service et des employés de commerce attachés à différentes maisons de la ville pour apprendre la langue française. Ajoûtons qu'au sein même de la population lettrée, malgré le voisinage de l'Allemagne, l'étude de la langue allemande n'a jamais rencontré de sympathie, et qu'un bien petit nombre de personnes parlent cette langue ou même la comprennent.

« L'incorporation à l'Allemagne de ce pays, qui lui est si complètement étranger par la langue, serait, en conséquence, le bouleversement de tous les intérêts. La population de la ville se compose de magistrats, de fonctionnaires et d'officiers publics et ministériels, de pensionnaires de l'Etat, de propriétaires, de négociants, d'ouvriers ; tous seraient profondément atteints dans leur fortune, dans leurs affections, dans leur existence même.

« Pour les magistrats et les fonctionnaires, la réunion à l'Allemagne serait un arrêt d'exil ; pour les officiers publics et ministériels, elle entraînerait, avec la perte de leurs offices, une ruine complète ; les pensionnaires militaires ou civils de l'Etat, qui sont à Metz en grand nombre et qui presque tous n'ont d'autres ressources que leur pension, seraient forcés, pour continuer à en jouir, de s'arracher au séjour qu'ils ont choisi et de traîner dans d'autres retraites les dernières années de leur vie. Les négociants et les industriels seraient frappés dans leurs relations, engagées presque exclusivement avec la France. Et quelle serait l'impression du père de famille dont les fils seraient menacés de porter les armes contre la patrie de leur origine et de leur affection ?

« Ce serait, pour toutes les existences, la plus désastreuse comme la plus douloureuse des perturbations.

« Et cette épreuve, si cruelle pour tous les intérêts, constituerait en même temps la mesure la plus injuste et la plus impolitique.

« La justice ne permet pas de disposer d'un peuple et de porter la main sur sa nationalité, non-seulement sans son assentiment, mais contre sa volonté formelle et sa protestation énergique.

« La politique, qui ne doit pas être séparée de la justice, ne conseille pas davantage ces violences contre lesquelles la répugnance des populations crée, à travers les générations, un obstacle insurmontable.

« Nous affirmons qu'à Metz tous les habitants, sans distinction de croyances religieuses ou d'opinions politiques, sont unis dans un sentiment commun et que rien ne peut aliéner, de conserver la nationalité française.

« Personne, nous en avons la certitude, ne contestera l'évidence de ce fait ; et si, de quel côté que ce fût, il pouvait s'élever le moindre doute, le vœu des populations, librement exprimé, répondrait avec un mouvement unanime.

« L'annexion de Metz à l'Allemagne produirait un effet contraire aux espérances que l'on serait tenté d'y attacher ; elle ne serait pas pour l'Allemagne un élément de force.

« Pour une grande partie des habitants, ce serait le signal d'une émigration immédiate. Ceux que la nécessité de leur situation, ou des considérations diverses, tiendrait enchaînés au sol conserveraient dans leur cœur un attachement indestructible à leur nationalité perdue, et la conquête aurait laissé à l'Allemagne les embarras qui suivent la violence et qui en sont le légitime châtiment.

(Suivent les signatures de tous les membres du conseil municipal.)

262. — Lettre du maréchal Canrobert au maréchal Bazaine.

« Stuttgard, 19 février 1871.

« Monsieur le maréchal,

« Vous étiez notre chef à l'armée du Rhin ; l'opinion publique, sanctionnée par l'Empereur, vous avait conféré ce redoutable honneur.

« Bien qu'une position très-considérable m'eût été affectée en dehors de votre armée, je n'hésitai pas à venir me placer sous vos ordres, sacrifiant toute question personnelle d'intérêt ou de susceptibilité au désir bien naturel de combattre pour mon pays.

« A peine la fatalité qui, dans cette guerre néfaste, n'a cessé de suivre toutes les armées de la France, vous eût-elle réduit, après dix batailles ou combats et la mort de vos chevaux d'artillerie et de cavalerie, à succomber sous la famine, que, de divers côtés, même de votre armée, s'élevèrent contre vous des accusations, des injures monstrueuses, qui s'étendaient parfois jusqu'aux commandants des corps d'armées, et autres généraux vos subordonnés.

« Le dédain du silence a dû naturellement leur être opposé, tant que la voix de la vérité a été étouffée et que les circonstances ne permettaient pas de juger avec calme et équité.

« Mais aujourd'hui que les représentants autorisés de la nation ont enfin pu se réunir, le devoir, l'honneur et la discipline militaire (qu'il est indispensable de rétablir), réclament que notre ancien général en chef en appelle hautement à la justice éclairée du pays, qui saura bien, elle, dans la majesté de son impartialité, rendre à chacun selon ses œuvres.

« Si Votre Excellence partage, comme je n'en doute pas, ma manière de voir, j'en serais d'autant plus heureux, qu'en ce qui me concerne je ne saurais admettre que le silence fût la seule réponse à opposer à toutes les attaques qui se sont produites.

« Je vous serai donc reconnaissant, monsieur le maréchal, de m'adresser votre réponse à Stuttgard, où, comme vous le savez, je subis depuis plus de trois mois, avec douleur, cette navrante captivité qui prive les plus vieux, les plus expérimentés soldats de la France, de l'honneur et du bonheur de combattre en tête de nos vaillants compatriotes, dans la terrible lutte contre nos envahisseurs.

« Veuillez agréer, etc.

« Signé : Maréchal CANROBERT,

« ex-commandant du 6e corps à l'armée du Rhin. »

ARTILLERIE DU 6e CORPS.

(Son organisation ; sa réunion au camp de Châlons ; abandon des réserves et du parc, etc. Réunion de ces débris à l'armée de Sedan ; leurs marches, leurs combats et leur ruine).

« *Composition du 6e corps d'armée.* — Le 6e corps de l'armée du Rhin, réuni au camp de Châlons sous les ordres du maréchal Canrobert, comprenait, en ce qui concerne l'artillerie :

« 1° L'artillerie de 4 divisions d'infanterie ;

« 2° Une réserve ;

« 3° Un parc de corps d'armée.

« Ces forces étaient placées sous le commandement de M. le général de division Labastie, dont le chef d'état-major était le colonel de Lapeyrouse.

« Elles se répartissaient ainsi qu'il suit :

1re division { 5e batterie du 8e régiment.
7e id. id.
8e id. id. } lt-colonel DE MONTLUISANT.

2e division { 10e batterie du 8e régiment.
11e id. id.
12e id. id. } lieut-colonel COLCOMB.

3e division { 5e batterie du 14e régiment.
6e id. id.
7e id. id. } lieut-colonel JAMET.

4ᵉ division	7ᵉ batterie du 10ᵉ régiment.	
	8ᵉ id. id.	lieut¹-colonel Noury.
	9ᵉ id. id.	

« Chaque division possédait, en outre, une réserve divisionaire de munitions d'infanterie, attelée par le 1ᵉʳ régiment du train d'artillerie.

Réserve d'artillerie	5ᵉ batterie du 10ᵉ régiment.	
	6ᵉ id. id.	
	10ᵉ id. id.	lieut¹-colonel Chappe.
	12ᵉ id. id.	
	8ˢ et 9ᵉ batteries du 14ᵉ régᵗ.	lieut¹-colonel Maldan.
	1ʳᵉ et 2ᵉ id. du 19ᵉ id.	

« Toute la réserve était placée sous les ordres du colonel Desprels.

« *Parc de corps d'armée.* — 2ᵉ batterie bis du 8ᵉ régiment, 3ᵉ, 3ᵉ bis, 4ᵉ, 4ᵉ bis et 10ᵉ compagnie du 1ᵉʳ régiment du train d'artillerie, commandé par le colonel Chatillon.

« La réserve et le parc étaient réunis sous les ordres de M. le général Bertrand ; chef d'état-major, le colonel Moulin.

« Le 6ᵉ corps était complètement organisé, il n'attendait plus que l'infanterie d'une division qui devait lui être envoyée de Paris, et son parc, qui se complétait à La Fère et devait rejoindre facilement. Il reçut donc avec joie l'ordre qui lui fut donné, le 6 août, de se diriger sur Nancy. Dès le lendemain matin, 7 août, l'embarquement des divisions en chemin de fer commença, tandis que les batteries de réserve se mettaient en route pour se rendre par étapes à leur destination.

« Malheureusement, soit par suite de la nouvelle arrivée dans la nuit de la défaite de Frœschwiller, soit parce que l'on désirait garder des forces imposantes à proximité de Paris, les troupes, à peine en marche, reçurent l'ordre de rentrer dans leurs campements respectifs. A partir de cette époque, elles eurent, pendant quelques jours, le triste spectacle des militaires du 1ᵉʳ corps, arrivant isolément au camp de Châlons et précédant leur commandant en chef, que l'on savait en retraite vers le camp. Elles n'en avaient que plus de confiance dans un départ prochain, afin de céder la place à l'armée qui venait s'y reformer.

« Tout-à-coup, l'on apprit un matin que le maréchal Canrobert était parti pour Metz avec son état-major, laissant aux divisions l'ordre de le suivre ; la cavalerie, la réserve d'artillerie et le parc n'avaient reçu aucune instruction.

« *Départ pour Metz des divisions du 6ᵉ corps.* — Quoiqu'il en soit, les divisions commencèrent leur mouvement. La 3ᵉ, puis la 1ʳᵉ division avec leur artillerie, partirent successivement pour Metz, où elles ont dû arriver non sans encombre. La 2ᵉ division, arrivée à Frouard, dut rétrograder, à l'exception d'un seul régiment, qui passa avec le général commandant la division ; l'artillerie de la 4ᵉ division ne fut jamais dirigée sur Metz.

« Nous devons mentionner ici la tentative faite par l'artillerie de la 2ᵉ division pour arriver à Metz, malgré l'interruption de la voie ferrée. Le lieutenant-colonel Colcomb et le commandant Chaumette, sous les ordres desquels se trouvait cette artillerie, apprenant que les trains étaient arrêtés entre Commercy et Bar-le-Duc, prirent la résolution de gagner Metz par étapes, en passant par St-Mihiel et Verdun. Ils firent débarquer à la gare de Lerouville les 10ᵉ et 11ᵉ batteries du 8ᵉ régiment, et, sous l'escorte d'un régiment de cavalerie, se mirent en marche, laissant à la 12ᵉ batterie et à la réserve divisionnaire l'ordre de s'engager sur la même voie.

« Arrivé à St-Mihiel, le lieutenant-colonel Colcomb reçut un ordre signé de l'Empereur, qui lui prescrivait de se retirer sur le camp de Châlons ; il le rejoignit, en effet, avec ses deux batteries et la réserve divisionnaire. Quant à la 12ᵉ batterie (capitaine Blondel), on n'en a plus eu aucune nouvelle, on pense qu'elle aura atteint Verdun.

« *Formation de l'armée de Sedan.* — Cependant une nouvelle armée se formait au camp de Châlons, sous le commandement du maréchal de Mac-Mahon, auquel son échec de Frœschwiller n'avait presque rien enlevé de son prestige. Elle se composait :

« Du 1ᵉʳ corps, qui était venu se reformer au camp de Châlons et y trouver tout ce qu'il avait perdu en armes, munitions et effets de toute nature. Ce corps fut placé plus tard sous les ordres du général Ducros ;

« Du 5ᵉ corps (général de Failly), qui suivait le 1ᵉʳ corps dans sa retraite (sur Saverne, Neufchâteau, Vitry-le-Français) et devait le rejoindre au camp de Châlons ;

« Du 7ᵉ corps (général Douay), en retraite de Belfort sur Paris, puis sur Reims.

« A ces trois corps vint se joindre le 12ᵉ corps, qu'on forma au camp de Châlons, comme autrefois le 6ᵉ. Ce corps, placé un moment sous le commandement du général Trochu, et ensuite sous celui du général Lebrun, comprenait trois divisions d'infanterie. La 1ʳᵉ, formée des régiments venant de Paris ; la 2ᵉ, de régiments de marche et renforcée des trois régiments appartenant à l'ancienne 2ᵉ division

du 6e corps ; la 3e, d'infanterie de marine. L'artillerie de ce corps
d'armée était commandée par M. le général de division d'Ouvrier de
Villegly, dont le chef d'état-major était M. le colonel Peureux de
Boureuille.

« Elle comprenait :

1re division	2 batteries du 13e régiment. 1 id. du 4e id.	lieut.-colonel DE ROLLEPOT.
2e division	2 batteries du 7e régiment. 1 id. du 11e id.	commandant JANISSON.
3e division	3 batteries d'artillerie de marine.	chef d'escad. DE GUILHERMY.

« La réserve d'artillerie de 6 batteries était sous les ordres de M.
le colonel Brissac. Le parc de ce corps d'armée n'a jamais existé
effectivement.

« Sur la proposition du général Lebrun, et d'après l'avis du général Forgeot, commandant en chef l'artillerie de l'armée, on adjoignit au 12e corps l'artillerie du 6e corps, restée au camp de Châlons ; il en fut de même de la cavalerie et du génie. En ce qui concerne l'artillerie, la répartition fut faite ainsi qu'il suit :

« Les deux batteries aux ordres du lieutenant-colonel Colcomb,
furent attachées à la 2e division d'infanterie, les trois batteries commandées par le lieutenant-colonel Noury, à la 3e division ; ces dernières, d'une façon provisoire, en attendant l'arrivée des batteries
d'artillerie de marine.

« La réserve d'artillerie du 6e corps dut marcher avec celle du
12e. Le parc du 6e corps dut approvisionner le 12e corps d'armée.

« Toute l'artillerie réunie des 6e et 12e corps fut placée sous le
commandement du général Labastie ; le général d'Ouvrier conserva le
commandement direct en ce qui concernait les batteries du 12e corps.

« Telle fut l'organisation de l'artillerie des 6e et 12e corps pendant
la trop courte campagne de l'armée de Châlons.

« *Départ de l'armée de Châlons.* — Le 21 août au matin, l'armée
quittait le camp, prenant la direction de Reims. L'Empereur, arrivé
de Metz, se mit en route avec l'armée.

« Les 6e et 12e corps partirent dans l'ordre suivant : les trois divisions d'infanterie, chacune avec son artillerie ; les batteries de réserve du 6e et du 12e corps, les bagages. Cet ordre de marche fut le
même pendant toute la campagne, même lorsqu'on se rapprocha de
l'ennemi, l'artillerie de réserve ne devant partir que lorsque toute
l'infanterie était complètement écoulée.

« Le 12ᵉ corps devait suivre la voie romaine, dépasser Reims, et aller camper à droite et à gauche de la route de Laon. Cette première marche fut très-pénible ; les troupes, qui avaient été transportées au camp de Châlons en chemin de fer, n'étaient pas habituées à la marche ; arrêtées, tantôt par la rencontre d'autres troupes, qui venaient couper la voie romaine, tantôt pour laisser passer la maison et les bagages de l'Empereur, elles faisaient, sans pouvoir prendre de repos, des haltes tantôt fort longues, tantôt très-courtes, et montrèrent, dès ce premier jour, une funeste tendance à se débander. On arriva tard au campement : par exemple, la réserve d'artillerie, à cheval à 6 heures du matin, n'avait pu quitter le camp qu'à 9 heures, et ne détela pas avant 9 heures du soir.

« Si nous entrons dans ces détails, c'est que les inconvénients signalés ici se reproduisirent à chaque étape et contribuèrent beaucoup, à notre avis, à fatiguer et à démoraliser les troupes.

« Le quartier-général du 12ᵉ corps était, ce premier jour, au Marais ; celui des généraux Labastie et d'Ouvrier, à la ferme de Baslieu, près Courcelles, où résidaient l'Empereur et le maréchal Mac-Mahon.

« Le lendemain, 22 août, on fit séjour ; dès cette époque, les distributions cessèrent d'être régulières. Le sous-intendant chargé du service de l'artillerie présida aux distributions de vivres que parvint à se procurer, à Reims, un des officiers de l'état-major du général Labastie ; mais ces rations étaient en nombre insuffisant. Les hommes se crurent en droit de faire main-basse sur le gibier très-nombreux que recelait le pays ; ils se répandirent aussi dans les propriétés pour y couper le bois nécessaire à la cuisine, nouveau prélude à des habitudes irrégulières qui se développèrent plus tard avec une effrayante rapidité.

« *Départ de Reims pour Montmédy.* — La marche du camp de Châlons sur Reims n'avait pas indiqué de projet arrêté ; mais le 22 au soir, l'armée reçut l'ordre général de se porter en avant, en prenant pour but la position de Montmédy. Nous n'insisterons pas sur les premières étapes, qui ne présentèrent pas autre chose que les incidents ordinaires d'une route.

« Le 23 août, les 6ᵉ et 12ᵉ corps, quittant Reims, se portèrent à Heurtrégiville-sur-la-Suippe, en passant par Caurel-les-Lavannes (quartier-général à Heurtrégiville ; camp des réserves à St-Masmes) ; le 24, d'Heurtrégiville à Réthel, par l'Isle-sur-Suippe et Tagnon (quartier-général à Réthel). Le 12ᵉ corps campa, avant d'entrer à Réthel, sur la gauche de la route, au-dessus du village de Romance.

« Le 25, séjour à Réthel. Les deux seules batteries à cheval qui existaient dans les 6e et 12e corps sont enlevées à la réserve d'artillerie du 6e corps; la 1re batterie du 19e est attachée à la cavalerie du général Lichtin; la 2e batterie du 19e, à la cavalerie du général Marguerite.

« Le parc du 6e corps, qui avait toujours suivi à une étape environ de distance, et qui campait, le 25, à Tagnon, à 10 kilomètres de Réthel, reçoit l'ordre de se diriger sur Poix.

« *Marche à travers les Ardennes*. — Le 26, de Réthel à Tourteron, par Amague et Ecordal. Nous devons mentionner de nouveau, pendant cette étape, l'encombrement d'une route étroite, sur laquelle se trouvaient tout un corps d'armée et la cavalerie et les bagages d'un autre. Par suite de haltes interminables, sous une pluie torrentielle, les réserves d'artillerie n'arrivèrent à leur campement qu'à 2 heures du matin, elles campèrent sur les côtés de la route avant d'arriver à Tourteron.

« Le 27, les 12e et 6e corps devaient se rendre à Châtillon par Lametz et Le Chêne; mais à peine la tête de colonne fut-elle arrivée à 2 kilomètres au-delà du Chêne, qu'elle fut arrêtée et reçut l'ordre de bivouaquer sur les côtés de la route.

« Dès ce moment, le dernier soldat pressentit le voisinage de l'ennemi. En effet, dans le courant de la journée, on apprit qu'un engagement avait eu lieu à Buzancy (5e corps); des blessés avaient été rapportés au Chêne; en outre, la cavalerie du général Marguerite avait rencontré les éclaireurs prussiens.

« Il devenait évident que l'ennemi nous fermait le chemin de Montmédy; on entendait dire qu'il s'était emparé des ponts de la Meuse, à Dun et à Stenay; il fallait donc, à moins d'essayer de lui passer sur le corps, chercher à traverser la Meuse en un autre point; on opta pour ce dernier parti. Le pont de la Meuse immédiatement en aval de celui de Stenay, est le pont de Mouzon; c'est sur ce point que fut dirigé le 12e corps.

« Le 28 août, au matin, la portion du 12e corps qui avait dépassé le Chêne, rebroussa chemin, et, suivie du corps entier, s'engagea sur la route de Beaumont. On traversa les Grandes-Armoises, où l'on apprit que l'ennemi s'était montré à Oches, à quelques kilomètres sur la droite. Arrivé au bourg de La Besace, on fit halte, et les troupes reçurent l'ordre de camper. Pendant la journée, on entendit à plusieurs reprises le canon dans la même direction que la veille.

« *Passage de la Meuse à Mouzon*. — Le lendemain 29, les 6e et 12e corps quittent La Besace pour se rendre à Mouzon par Joncq. Ils traversent la Meuse à Mouzon, sans voir l'ennemi, et couronnent heureusement les hauteurs situées sur la rive droite de la Meuse. Les divisions s'établirent sur les crêtes, entre les routes de Mouzon à Henay et de Mouzon à Carignan d'une part; et de l'autre, entre celles de Mouzon à Carignan et de Mouzon à Sedan par Douzy. Les batteries de la réserve campèrent dans la vallée, entre cette dernière route et la Meuse. Dans la soirée, les voitures de réquisition et tous les bagages qui ne sont pas d'une stricte utilité, reçoivent l'ordre de se diriger sur Mézières.

« Les batteries de marine du 12ᵉ corps, qui avaient rejoint depuis deux ou trois jours, furent attachées à la réserve du corps, le général commandant la division d'infanterie de marine ayant demandé à garder sous ses ordres les trois batteries du 10ᵉ régiment (lieutenant-colonel Noury), qui marchaient avec lui depuis le camp de Châlons.

« *Combat de Beaumont-Mouzon*. — Le 30 août, vers 11 heures du matin, l'Empereur et sa maison traversent Mouzon, se dirigeant sur Carignan; vers la même heure, on entend le canon dans la direction de Beaumont. Sur l'ordre du maréchal commandant en chef, la 1ʳᵉ division du 12ᵉ corps (général Grandchamp) est détachée pour aller soutenir le 5ᵉ corps, qui, en présence de l'ennemi depuis trois jours, était vivement engagé. Cette division, au lieu d'emmener son artillerie (lieutenant-colonel de Rollepot), campée sur les hauteurs à une certaine distance de Mouzon, emprunte à la réserve du 6ᵉ corps les 5ᵉ, 6ᵉ et 10ᵉ batteries du 10ᵉ régiment (lieutenant-colonel Chappe, commandant Gueneau de Mussy). Ces batteries traversèrent la Meuse et ouvrirent le feu contre les têtes des colonnes prussiennes, qui commençaient à paraître sur le plateau près duquel débouche la route de Beaumont à Mouzon, repoussant vivement le 5ᵉ corps.

« La 5ᵉ batterie (capitaine Pélissier), envoyée sur la droite de la division et peut-être trop en avant de l'infanterie, ralentit d'abord la marche de l'ennemi, mais une batterie prussienne vint la prendre d'enfilade et eut bientôt tué un grand nombre de chevaux et brisé plusieurs voitures; l'ennemi, profitant de ce désordre, envahit la batterie, et le capitaine, non soutenu par l'infanterie, se vit, malgré tous ses efforts, obligé de se retirer en abandonnant ses pièces; celles-ci tirèrent à mitraille jusqu'au dernier moment et durent faire beaucoup de mal à l'ennemi. Les autres batteries, quoiqu'engagées de moins près, eurent aussi beaucoup à souffrir; et, sous les ordres du commandant de Mussy, protégèrent efficacement le passage de la Meuse par le 5e corps. Nous devons citer dans ces batteries le capitaine Boyer, tué (10e batterie); le lieutenant Carrelet, qui eut la cuisse fracassée : le lieutenant Manusié (6e batterie), blessé grièvement à la poitrine; enfin un grand nombre de sous-officiers et canonniers mis hors de combat.

« Pendant ce temps, les batteries divisionnaires et celles non employées des réserves; prenaient position sur les hauteurs dont nous avons déjà parlé, en arrière de Mouzon, à droite et à gauche de la route de Carignan.

« La 2e division du 12e corps (général Lacretelle), était chargée de garder la gauche de la position. Les batteries qui lui étaient attachées (lieutenant-colonel Colcomb, chef d'escadron Jeanisson) devaient battre le terrain avoisinant. On adjoignit aux batteries de la 2e division deux batteries de 12 de la réserve générale du 12e corps (3e et 4e du 8e régiment, commandant Perret); l'une de ces batteries descendit à mi-côte pour remplacer une batterie de canons à balles du 6e corps (10e du 8e régiment, capitaine Bornèque), qui tirait inutilement sur une batterie prussienne placée dans un bois sur la rive gauche de la Meuse; la batterie de 12 ne put faire taire le feu de la batterie prussienne.

« Les 7e et 9e batteries du 10e régiment, attachées à l'infanterie de marine (lieutenant-colonel Noury, commandant de Coätpont), prirent position, l'une derrière le canal parallèle à la Meuse, l'autre un peu en arrière, et contre-battirent avec énergie le feu de l'ennemi. Le capitaine-commandant la 7e batterie, M. Buisson, fut grièvement blessé au genou par un éclat d'obus.

« Nous ne devons pas non plus passer sous silence le rôle joué par la 1re batterie du 19e régiment d'artillerie à cheval (commandant de St-Aulaire, capitaine Decreuse), qui repassa sur la rive gauche de la Meuse avec la cavalerie du 12e corps pour se porter au feu; elle s'engagea vigoureusement, soit contre les tirailleurs, soit contre les batteries ennemies; elle ne se retira que fort tard sur la rive gauche, elle eut deux hommes tués et quelques blessés.

« Les autres batteries firent un feu assez vif, vers le soir, pour protéger la retraite du 3e corps et défendre le pont de Mouzon.

« *Retraite sur Sedan*. — Lorsque le feu eut cessé, le général de Labastie se rendit, avec le général commandant le 12e corps, auprès du maréchal Mac-Mahon pour prendre ses instructions. Il reçut l'ordre de réunir immédiatement toutes les batteries de réserve et de les

diriger sur Carignan et de là sur Sedan. Cet ordre, entendu avec surprise par ceux qui croyaient la position de Mouzon tenable, fut porté
à celles de ces batteries qui n'avaient pas encore été rassemblées par
le général d'Ouvrier, et exécuté sur l'heure.

« Les batteries de réserve s'acheminèrent sur la route de Sedan
par Carignan, tandis que les divisions du 12e corps prenaient la route
qui passe par Amblemont et Mairy.

« Le 31 août, dans la première moitié de la journée, une partie
des batteries, principalement celles appartenant aux deux réserves,
traversèrent la route de Sedan et allèrent camper à mi-côte des hauteurs qui s'élèvent à droite de la route de Mézières, entre la ville et le
village de Floing. Les autres batteries furent plus ou moins engagées
avec les batteries prussiennes, qui poursuivaient de leurs projectiles
la queue de nos colonnes. Celles attachées aux divisions d'infanterie
prirent position à plusieurs reprises pour combattre l'ennemi, qui,
de la rive gauche de la Meuse, coupait à chaque instant nos convois
entre Douzy et Bazeilles. Le commandant Dupont reçut une blessure
qui nécessita l'amputation du bras.

« *Combat de Bazeilles.* — Il y a lieu de citer les quatre batteries
de 12 (l-colonel Maldan, commandant Perret), appartenant aux deux
réserves des 6e et 12e corps. Ces batteries, ayant quitté les dernières,
le 30 août au soir, les hauteurs situées entre Vaux et Mouzon, ne purent rejoindre le reste de la réserve ; elle firent route ensemble, et,
arrivées à Bazeilles, reçurent du général Lebrun l'ordre de prêter
leur concours pour repousser hors du village les troupes bavaroises
qui y avaient pénétré. Des batteries d'autres corps furent aussi engagées, ainsi que la 4e batterie du 4e régiment, capitaine Parigot, armée
de canons à balles. Ces batteries secondèrent bravement l'infanterie
de marine ; l'ennemi fut rejeté hors de Bazeilles, et obligé de repasser le pont du chemin de fer. Il est à regretter que ce succès ait été
inutile, le génie n'ayant pu faire sauter ce pont. Le général d'Ouvrier avait pris une part des plus actives au succès de cette journée.

« *Rôle de l'artillerie des 6e et 12e corps à la bataille de Sedan.* —
Le lendemain 1er septembre, de grand matin, le général Labastie,
d'après les ordres reçus la veille au soir, se rendait auprès du général commandant le 12e corps ; l'action s'engageait déjà sur les positions que les troupes occupaient la veille.

« Le 12e corps était placé sur la partie de la ligne de bataille comprise entre Bazeilles et Le Moucelle, et s'étendait même jusque sur le
plateau qui domine Daigny. Les batteries divisionnaires étaient ren-

forcées sur cette partie du champ de bataille par trois des quatre batteries de 12 dont nous avons parlé plus haut, deux appartenant à la réserve du 6e corps (lieutenant-colonel Maldan) et une à la réserve du 12e (commandant Perret, capitaine Levy). La dernière de ces batteries avait rejoint la réserve du 12e corps.

« L'artillerie de réserve des 6e et 12e corps, campée depuis la veille au-dessus de Floing, occupait l'autre extrémité du demi-cercle formé par les troupes françaises autour de Sedan ; cette réserve, composée de trois batteries du 10e régiment (13 pièces), sous les ordres du commandant Harel, appartenant à la réserve du 6e corps, et de la réserve du 12e corps (colonel Brissac), comptait en moins trois batteries de 12, mais était augmentée de trois batteries d'artillerie de marine, dont une de canons à balles. Elle fut mise sous le commandement du général Bertrand, et prit position sur les plateaux qui dominent Floing. Trois pièces de la 10e batterie du 10e régiment, qui s'étaient égarées dans la retraite de Mouzon à Sedan, ramenées par le colonel Chappe, combattirent isolément et ne rejoignirent le reste de la batterie qu'après la bataille.

« *Itinéraire suivi par le parc du 6e corps.* — Le parc du 6e corps d'armée était aussi, le 1er septembre, sur le champ de bataille de Sedan. Il y aurait peut-être lieu ici de retourner un peu en arrière pour rendre compte des marches de ce parc, qui s'était toujours tenu, autant que possible, en communication avec le corps d'armée.

« Parti le 26 août de Lagnon, près Rethel, pour Poix, il s'était, le 27, rapproché du Chêne, où se trouvait le 12e corps ; puis le corps ayant dû se diriger, le 28, sur Vendresse, le parc avait reçu l'ordre de rétrograder sur Poix. De retour à Poix, le colonel Chatillon rencontra le parc du 7e corps qui se dirigeait sur Mézières; il crut devoir le suivre dans cette direction et séjourna à Mézières le 29. Le 30, il prit la route de Sedan et vint camper entre Balan et Bazeilles ; il dut changer de position le 31, pour se rapprocher de la ville, et le 1er septembre, au matin, il s'était placé dans une déclivité de terrain, à proximité et à gauche de la route qui conduit de Sedan à Illy ; il quitta cette position à 8 heures du matin, pour s'engager sur cette route.

« *Détails sur l'emploi des différentes batteries dans la journée du 1er septembre.* — Disons un mot sur le rôle joué pendant la bataille par chacune des batteries.

« Le feu avait commencé de grand matin à Bazeilles. Attaquée par le 3e corps bavarois, la 3e division du 12e corps (infanterie de marine), appuyée par ses batteries (lieutenant-colonel Noury), fit une résistance des plus vives. Le lieutenant-colonel Noury, blessé grièvement, laissa le commandement au commandant Coätpont, qui, souvent obligé de céder du terrain, se reporta plusieurs fois en avant, avec une grande énergie et ne se replia, ramenant presque tout son matériel de combat, que lorsque le mouvement de retraite fut devenu général. MM. Ruthamana, lieutenant en premier, et Parizot, sous-lieutenant, avaient été gravement blessés.

« Les batteries de la 2ᵉ division (lieutenant-colonel Colcomb), placées sur le plateau qui domine Daigny, ouvrirent le feu contre les têtes de colonne du 12ᵉ corps d'armée prussien. Elles tirèrent pendant quatre heures dans cette position, où les capitaines Bornèque et Geiger et les lieutenants Mynard et Laviolette, de la 10ᵉ batterie du 8ᵉ régiment (canons à balles), furent grièvement blessés. M. Bornèque est mort depuis de ses blessures. Ces batteries occupèrent diverses positions dans le courant de la journée et ne rentrèrent à Sedan que sur le soir, ramenant leurs pièces, mais ayant perdu leurs caissons, brisés par le feu de l'ennemi au passage du pont de Givonne.

« Les batteries de la même division (commandant Janisson) prirent une part très-vive au combat, suivant les mouvements soit offensifs, soit en retraite de la division. Dans ces divers engagements, le capitaine Rossignon fut tué. Les capitaines Moret et Henry grièvement blessés, ainsi que le lieutenant Thomas. Sur la fin de la journée, le commandant Janisson essaya vainement de se faire jour avec une batterie du 7ᵉ par la route d'Illy ; les troupes d'infanterie, qui lui avaient promis de le soutenir, l'abandonnèrent, et la batterie fut prise sur le champ de bataille ; le commandant Janisson rentra à grand'peine à Sedan.

« Il est difficile de retrouver les positions occupées par les autres batteries employées avec les divisions ; mais on peut voir, d'après leurs pertes, qu'elles ont été rudement engagées.

« Dans les batteries de la 1ʳᵉ division (lieutenant-colonel de Rollepot), le commandant Charron, qui avait avec lui deux batteries du 15ᵉ régiment, fut blessé ; la quatrième batterie du 4ᵉ régiment (capitaine Parrigot), armée de canons à balles, eut beaucoup à souffrir, mais fit grand mal à l'infanterie ennemie. Quant aux batteries de 12 détachées de la réserve, l'une d'elles, la 9ᵉ du 14ᵉ (capitaine Gabé), put à peine mettre en batterie. En moins d'un quart d'heure, elle eut un si grand nombre d'hommes et de chevaux mis hors de combat, qu'il fallut amener les avant-trains. Le lieutenant en 2ᵉ, M. Maître,

dut mettre pied à terre et aider lui-même à emmener l'une des pièces.
La 8e batterie du même régiment (capitaine Brandon) eut un sort différent ; après avoir suivi la 9e jusqu'au moment où elle ouvrit son feu.
elle se dirigea vers le nord du champ de bataille et mit en batterie à
hauteur de Gévone. Forcée de se replier par le feu supérieur de l'ennemi, elle reprenait la route dans la même direction et passait le
ruisseau de Gévone, probablement à Châtaimont. A ce moment, as-
saillie par une vive fusillade, elle est faite prisonnière avec son capitaine par le 87e de ligne prussien. Les deux lieutenants, qui étaient
en tête avec le colonel Maldan, ont pu passer avec lui en Belgique.

« Pendant ce temps, les batteries de réserve des 6e et 12e corps,
placées au-dessus de Floing, avaient engagé un feu des plus vifs, soit
avec l'artillerie bavaroise établie au nord de Fresnois, soit avec l'artillerie des 11e et 5e corps prussiens, qui, après avoir passé la Meuse
à Dom-le-Mesnil et à Donchery, l'avaient contournée pour venir attaquer les positions des Français à St-Menges et Illy.

« Les batteries avaient été disposées ainsi qu'il suit : la batterie de
12, possédée encore par la réserve, une batterie de 4 et la batterie de
mitrailleuses de la marine, sous les ordres du colonel Brissac, étaient
placées non loin de la Meuse, sur le bord de la route de Sedan à Mézières, passant par Floing. Elles tirèrent longtemps, mais sans succès,
contre les batteries de la rive gauche de la Meuse. Le reste des batteries, placées au sommet du plateau de Floing (commandant Harel et
Pontgerard) engagèrent la lutte avec les batteries prussiennes, qui
avaient passé la Meuse, et avec celles qui étaient restées sur la rive
gauche.

« Cette dernière partie de l'artillerie eut beaucoup à souffrir, surtout
les batteries prises à revers par les pièces placées sur les hauteurs de
Fresnois. M. le lieutenant Poncy-Sauchon eut les deux bras emportés.
M. Daumas, sous-lieutenant, fut blessé au bras.

« Nous devons encore mentionner la part prise à la bataille par
les deux batteries à cheval, détachées depuis plusieurs jours avec la
cavalerie. La première batterie du 19e régiment (commandant Beau-
poil de St-Aulaire, capitaine Decreuse), après avoir contribué, dans
la journée du 31, à la défense du pont de Bazeilles, recommença le feu
le lendemain, sur le même emplacement. Chaque pièce tira en
moyenne 200 coups, dans différentes positions, où la batterie éprouva
des pertes sérieuses.

« La 2e batterie du 19e (capitaine Hartung) n'avait pas pris part
aux affaires du 30 et du 31 ; elle avait suivi dans ses reconnaissances

la cavalerie du général Marguerite, faisant des marches longues et fatigantes, et était venue camper, le 31, à Illy. Le 1er septembre elle occupa les hauteurs qui dominent ce village, et soutint, pendant plus de deux heures, le feu de quatre batteries prussiennes. Elle ne cessa de tirer qu'après l'épuisement complet de ses munitions, qu'il lui fut impossible de renouveler ; les deux lieutenants de la batterie, MM. de Coulanges et de Pontich, avaient été blessés, ainsi qu'un grand nombre d'hommes ; le capitaine-commandant ramena toutes ses pièces.

« Pendant toute la journée, les généraux Labastie et d'Ouvrier, ayant confié au général Bertrand le commandement des batteries de réserve placées sur les hauteurs de Floing, se tinrent de leurs personnes sur la partie du champ de bataille comprise entre Bazeilles et Balan et Daigny ; ils se portèrent partout où leur présence pouvait être utile, encourageant jusqu'à la fin les troupes par leur exemple. Nous croyons devoir signaler ici l'effet produit par trois mitrailleuses que le général Labastie fit hisser, vers trois heures, sur le plateau qui domine le fond de Givonne. Les têtes de colonnes prussiennes commençaient à avancer rapidement vers ce point, malgré le feu des tirailleurs ; à peine les mitrailleuses eurent-elles commencé leur tir, que les têtes de colonnes se replièrent en désordre et durent renoncer à déboucher de ce côté, tant que les munitions ne furent pas épuisées.

« Tel fut le rôle de l'artillerie des 6e et 12e corps à la bataille de Sedan. Malgré les fatigues de cette longue journée, malgré les pertes en hommes et en chevaux, presque toutes les pièces avaient été sauvées ; elles tombèrent, le lendemain, aux mains de l'ennemi par suite de la capitulation.

  « A Wiesbaden.   *** »

« Nota. — Les rapports officiels prussiens sont publiés dans la *Semaine militaire prussienne*, journal hebdomadaire (numéro du 17 septembre). »

264. — Ordre du jour du général Forgeot, commandant en chef l'artillerie de l'armée de Châlons.

« Officiers, sous-officiers et canonniers de l'artillerie de l'armée de Châlons,

« Dans la malheureuse journée du 1er septembre, vous avez, avec un courage et une solidité exemplaires, noblement soutenu la vieille réputation de notre armée. Des pertes énormes et cruelles attestent l'énergie et la constance de vos efforts. L'armée tout entière et l'ennemi leur ont rendu hommage : la patrie ne saurait les méconnaître,

17

et j'appelle de tous mes vœux le jour où il me sera permis de revendiquer pour vous sa justice.

« Au moment de subir avec vous les douloureuses nécessités de la guerre, je ne veux pas quitter un commandement dont j'étais si fier, sans vous féliciter de votre dévouement et de votre abnégation pendant les tristes épreuves que nous venons de traverser ensemble : je vous en remercie de toute mon âme, et je vous serre à tous affectueusement les mains.

« Puissent la conscience du devoir accompli et l'espoir de jours meilleurs vous consoler des injustices de la Fortune.

« Sedan, le 2 septembre 1870.

« *Le général de division commandant en chef*
l'artillerie de l'armée de Sedan, FORGEOT. »

265. — NOTE SUR L'ORGANISATION MILITAIRE

DE LA CONFÉDÉRATION DE L'ALLEMAGNE DU NORD.

> Un pays ne manque jamais d'hommes pour sa défense, mais bien souvent de soldats.
> NAPOLÉON Iᵉʳ.

CH. Iᵉʳ. — CONSIDÉRATIONS GÉNÉRALES.

« Les grands désastres sont fertiles en enseignements : ils mettent en lumière de dures vérités qu'obscurcissent trop souvent, dans la prospérité, la routine et l'imprévoyance.

« Tant qu'une fatale expérience n'est pas venue dessiller tous les yeux, on dédaigne les avis de la froide raison, et l'exemple des progrès accomplis par les peuples voisins passe inaperçu.

. . . .

« Avant la campagne de 1870, le Comité d'artillerie ne voulait pas reconnaître que le matériel de l'artillerie prussienne était plus perfectionné que le nôtre et capable de produire plus d'effet.

« Avant la campagne de 1870, le Comité du génie soutenait que nos forteresses n'étaient pas trop nombreuses, qu'elles pouvaient résister à l'artillerie nouvelle; et ne voulait pas convenir que la moitié de nos places fortes aurait dû être démolie, et l'autre moitié reconstruite dans le système qui a fait d'Anvers une des premières places fortes du monde. Il a fallu les tristes événements dont nous avons été témoins pour qu'un général du génie comme le général Coffinières, avouât devant un conseil de guerre que la place de Metz ne résisterait pas quinze jours à un siége, si l'appui de l'armée du maréchal Bazaine venait à lui manquer.

. . . .

« Il est donc du plus haut intérêt de rechercher aujourd'hui, par un examen approfondi, les vices de notre organisation, afin que, les ayant constatés, on puisse, en les faisant disparaître, perfectionner les éléments futurs de notre puissance militaire. La meilleure manière de montrer ce qui nous manque est d'étudier attentivement le système prussien, qui, successivement amélioré, a plus de soixante ans d'existence. Tel est le but de ce travail.

. . . .

Résumé.

. . . .

« Nous ne voulons pas pallier les fautes qui ont été commises, ni excuser les imprévoyances dont on a encouru la responsabilité.

. . . .

« Si, dans nos malheurs, une grave responsabilité incombe aux hommes, la plus grande part en revient aux choses. Avec une meilleure organisation militaire, la patrie était sauvée.

« Qu'y a-t-il donc à faire dans l'avenir ?

« Emprunter au système prussien tout ce qui peut s'adapter avantageusement à nos mœurs et à nos habitudes; adopter tout ce qui a été consacré par l'expérience. Ainsi, par exemple :

« 1° Division du territoire de la France en quatorze provinces, formant autant de corps d'armée, constamment recrutés dans la même circonscription territoriale ;

« 2° Service obligatoire pour tous, en adoptant les dispositions de la loi prussienne favorables aux intérêts privés ;

« 3° Service actif dans l'armée de 20 à 24 ans; maintien dans la réserve de 24 à 28 ; maintien dans la milice de 28 à 32;

« 4° Admission dans l'armée d'engagés volontaires pour un an;

« 5° Admission des engagés volontaires pour un an comme officiers dans la milice, après avoir satisfait aux examens exigés ;

« 6° Organisation du corps d'état-major d'après les principes adoptés en Prusse ;

« 7° Ecole supérieure d'art de la guerre semblable à l'Académie de Berlin.

« Mais ce qu'il faut surtout emprunter à l'armée allemande, c'est sa discipline sévère, son infatigable activité, son amour du devoir, son respect pour l'autorité.

« Ces qualités, nos pères les possédaient et nous en avions hérité ; si elles ont momentanément disparu dans le tourbillon des révolutions, le malheur qui retrempe les âmes les fera revivre.

« Wilhelmshöhe, janvier 1871. »

(Note in-4°, impression de luxe. Bruxelles, imprimé chez Lelong, rue du Commerce, 25.)

---

266. — LETTRE

Adressee au ministre de la guerre en Saxe, général BRANDENSTEIN, *par le lieutenant-colonel* DE MONTLUISANT.

Löbau, 28 février 1871.

Général,

Je viens de recevoir les deux dépêches qui annoncent la signature des préliminaires de la paix et les conditions exigées par le comte de Bismarck. Elles m'infligent la plus poignante douleur.

Jamais l'Assemblée constituante ne ratifiera une semblable convention, à moins que notre patrie ne soit brisée, et qu'il n'y ait plus chez nous que des ruines. A la distance où je suis placé, je ne puis juger de l'étendue de nos ressources, ni des actes de mes concitoyens ; mais je ne pourrais plus faire appel à votre estime, si je ne protestais pas de toutes mes forces contre tout ce qui se décide aujourd'hui.

Je suis obligé d'avouer que le peuple français s'était trop désintéressé des affaires publiques, qu'il s'était endormi dans les douceurs d'une vie facile, que le patriotisme avait faibli devant la jouissance des satisfactions matérielles, qu'une obéissance passive, absolue, était devenue le mot d'ordre de ceux qui tremblaient de voir compromettre les situations acquises. La France s'était abandonnée à des mains coupables, qui n'ont su durer que par des expédients conduisant à des abîmes.

Votre nouvel Empereur avait une belle occasion, Général, d'être vraiment grand, de nous endormir encore et d'empêcher notre réveil national. Il n'avait qu'à se contenter de nos milliards, de ses étourdissantes victoires, et nous laisser à nous-mêmes. Nous serions peut-être bien vite retombés dans notre océan de jouissances faciles, et dans notre vie si douce des temps passés.... Heureusement pour nous, M. de Bismarck n'a pas vu la conséquence de la paix qu'il nous impose. *Cette paix*, c'est une douleur intolérable qui vibrera dans nos cœurs tant qu'une goutte de sang coulera dans nos veines ; *cette paix*, c'est un spectre vivant qui va faire renaître toutes nos vertus patriotiques, qui va nous donner le courage de couper franchement, sans hésitation, tout ce qui est faible, inutile ou mauvais ; *cette paix*, c'est pour nous le devoir érigé en système, c'est le réveil, c'est le sacrifice, c'est la vie nouvelle, dure, pénible, austère, mais forte ; *cette paix*, c'est notre France régénérée, c'est le peuple, celui des chaumières, des ateliers, des châteaux et des villes, redevenu maître de lui-même. C'est apprendre à tous que les souverains, les habiles et les fous ne seront plus maîtres de faire ce que l'amour de la patrie, la sagesse, la logique, la raison et la sécurité de tous, réprouvent. C'est éteindre nos discordes civiles, c'est tuer toute tyrannie sociale, extravagante ou capricieuse, qui serait la vie brutale. C'est renverser à jamais toute dictature qui contraint sans obliger. *Cette paix*, c'est le gouvernement de la France repris par elle-même ; non par des rassemblements numériques d'individus, de volontés, mais par tous ses enfants, qui vont se réveiller avec le sentiment de l'amour de la patrie et avec les liens irrésistibles qui découlent sagement des droits de tous et des intérêts légitimes de tous. C'est le plus grand nombre intéressé à la chose publique, avec la liberté de tout dire et la responsabilité de tout décider. Ce sont toutes les individualités faisant la force du pays par l'union, le culte du devoir, le respect de l'autorité choisie, la subordination, la discipline, sans lesquels il n'y a pas de grands peuples et pas d'armée ; et quand il y aura *à redresser, à briser* ou *à faire*, ce sera l'œuvre virile et forte de la nation entière.

Mûris par le spectacle effrayant de nos malheurs patriotiques, nous allons rentrer dans nos villages ou dans l'armée avec une seule pensée, la grandeur de la France. Nous allons nous dévouer à cette tâche avec une volonté inflexible, décidés à répudier tout sentiment autre que le sentiment exclusif du patriotisme le plus vrai.

Notre transformation sera bientôt complète. Convaincus de la nécessité de la responsabilité individuelle de tous, nous allons essayer de fonder un gouvernement sage, pratique et fort. Nous ferons passer nos enfants par l'instruction obligatoire la plus large, par la rude école du soldat. L'ardeur sera vive, l'élan irrésistible, fiévreux, et il ne s'arrêtera pas tant que la blessure sera au cœur et que nous entendrons le cri d'appel de nos frères de l'Alsace et de la Lorraine.

Les victoires de la Prusse l'empêchent de voir les larmes et le sang dont elles sont faites. Ces victoires passionnent vos peuples, elles éloignent vos embarras intérieurs, elles empêchent de voir que la paix d'aujourd'hui n'est qu'une trêve qui se résume pour nous en trois pensées terribles : *Résignation, Réveil* et *Revanche.*

La Prusse n'a pas compris qu'elle allait forcer les Français de toute condition, sans acception de parti, de naissance ou de race, à travailler au salut et à la résurrection de la patrie. La Prusse va nous rappeler qu'il faut toujours être prêts à offrir nos fortunes, nos enfants et nos vies pour le combat, et pour que le lendemain soit de nouveau prospère, pacifique et glorieux.

Je fais appel à vos souvenirs, Général ; vous avez bien voulu me faciliter l'étude de l'Allemagne. J'ai loyalement constaté les qualités caractéristiques de vos populations, admiré les résultats merveilleux qui ont été la conséquence de vos labeurs, de votre persévérance, de vos anciennes épreuves de 1806 et d'Iéna. Mais je n'ai jamais cessé aussi de protester contre ce que je croyais mal ou inoui.

Vous ne serez donc pas étonné de mon cri de douleur d'aujourd'hui. Si cette trêve se signe, je ne vous dirai pas adieu, mais au revoir. J'ai eu l'honneur de commander l'artillerie française le 18 août à St-Privat contre celle de la Garde royale de Prusse et contre l'artillerie de la Saxe. J'espère bien vivre encore assez longtemps pour me retrouver en face d'elles ; et les yeux fixés sur les exploits de nos pères, j'ai la confiance que le passé nous répond de l'avenir.

La Prusse nous considère comme une nation dégénérée, endormie. M. de Bismarck nous juge plus mal encore, car il croit pouvoir sans danger nous imposer des conditions doublées de fer rouge.

Vous voyez, Général, la douleur que j'en éprouve ; croyez qu'en France il n'y aura plus qu'un faisceau de cœurs et de volontés pour le réveil et la revanche.

Je suis, Général, avec un très-respectueux sentiment d'estime pour votre caractère personnel,

Votre très-humble serviteur.

DE MONTLUISANT,
Lt-colonel d'artillerie.

267. — NOTE SUR L'ARTILLERIE SAXONNE

A LA BATAILLE DU 18 AOUT.

DANS UNE BATTERIE DE 4.

Par pièce de 4 : 28 obus.
12 shrapnels.
4 boîtes à mitr.

Total, 44 projectiles.

Caisson de 4, nouveau modèle.

Avant-train, 28 obus.
12 shrapnels.
2 boîtes à mitr.
Arrière-tr., 48 obus.
18 shrapnels.
6 boîtes à mitr.

En tout, 76 obus.
30 shrapnels.
8 boîtes à mitr.

Soit, 114 projectiles.

Caisson de 4, ancien modèle.

108 obus.
48 shrapnels.
12 boîtes à mitr.

Total, 168 projectiles.

DANS UNE BATTERIE DE 6.

Par pièce de 6 : 20 obus.
8 shrapnels.
4 boîtes à mit.

Total, 32 projectiles.

Caisson de 6, nouveau modèle.

Avant-train, 20 obus.
8 shrapnels.
2 boîtes à mitr.
Arrière-tr., 40 obus.
10 shrapnels.
5 boîtes à mitr.
5 obus incend.

En tout, 60 obus.
18 shrapnels.
7 boîtes à mitraill.
5 obus incendiair.

Soit, 90 projectiles.

Caisson de 6, ancien modèle.

80 obus.
30 shrapnels.
5 boîtes à mitr.
5 obus incend.

Total, 120 projectiles.

Un caisson d'infanterie, modèle autrichien, contient :
16,000 cartouches.
— ancien modèle, contient 26,000 id.
Un caisson pr la cav. contient 30,000 id.

Chaque batterie de campagne de 4 de combat emmène avec elle :

6 pièces à   264 projectiles. ⎫   948 projectiles,
6 caissons à 684   id.   ⎭ soit, 158 coups par pièce.

Chaque batterie de campagne de 6 de combat emmène avec elle :

6 pièces à   192 projectiles. ⎫   732 projectiles,
6 caissons à 540   id.   ⎭ soit, 122 project. par pièce.

Le 12ᵉ corps d'armée saxon était composé, le 16 août, à la bataille de St-Privat, de 16 batteries, dont 8 batteries de 6 et 8 batteries de 4.

Ces 16 batteries étaient suivies de cinq colonnes de munitions, toutes par échelons : la première, à distance de combat ; la deuxième, à 5 kil. ; les autres, à la suite, s'approchant le plus possible du champ de bataille.

Chaque colonne contenait :

10 caissons de 6 ⎧ 5 nouveau modèle . . . .   450 pr. ⎫ 1050 pr. de 6.
                 ⎩ 5 ancien modèle   600   ⎭

6 caissons de 4 ⎧ 4 nouveau modèle   456   ⎫ 792 pr. de 4.
                 ⎩ 2 ancien modèle   336   ⎭

2 affûts de réserve de 6, contenant . . . .   64 pr. de 6.
2 affûts de réserve de 4, contenant . . . .   88 pr. de 4.
2 voitures pour les ouvriers, réquisitions, etc.
1 voiture pour les bagages.
1 voiture de fourrage.
1 forge.

En somme, chaque colonne avait . . . . .   1114 projectiles de 6
Et   880   —   de 4
                                            ──────
                                             1994

Tous les caissons et les pièces, à six chevaux. Les autres voitures, à quatre.

Munitions pour l'infanterie et la cavalerie.

Chaque sous-officier d'infanterie portait 30 cartouches.
   —   soldat   —   80   —.
   —   carabine de cavalerie était munie de 20 cartouches.
   —   pistolet   —   12   —

Chaque bataillon était suivi d'un caisson contenant 16,000 cartouches.

Le corps d'armée était suivi de quatre colonnes de munitions d'infanterie, dont une ou deux toujours au premier échelon.

Chaque colonne de munitions d'infanterie contenait :

17 caissons ancien modèle, à 26,000 cartouches d'infanterie,
soit, 442,000 cartouches.

1 caisson de réserve vide.

1 caisson de cavalerie contenant 30,000 cartouches de cavalerie.

1 voiture pour ouvriers, etc.

1 voiture pour bagages.

1 voiture pour fourrage.

1 forge.

Les caissons, à six chevaux ; les autres voitures, à quatre chevaux.

En sus de tout ce qui précède, le corps saxon avait, au grand parc de l'armée, deux colonnes de munitions de réserve, contenant chacune :

12 caissons de 6 ancien modèle . . . . 1,440 projectiles.
9 — de 4 — . . . . 1,512 —
5 — d'infanterie, avec. . . . . 130,000 cartouches.
1 — de cavalerie, avec. . . . . 30,000 —

Ces deux colonnes de réserve non attelées et transportées par les moyens généraux de l'armée.

En résumé :

Le 18 août, au moment du combat, le 12ᵉ corps saxon avait à sa disposition immédiate, 11,346 projectiles de 6 et 11,544 projectiles de 4.

L'artillerie de la Garde prussienne en avait à peu près autant, c'est-à-dire que les troupes ennemies qui ont attaqué, le 18 août, le 6ᵉ corps commandé par le maréchal Canrobert, ont pu lancer :

22,692 projectiles de 6.
23,088 — de 4.
_____
Soit, 45,780 projectiles.

Tandis que les troupes françaises n'avaient pour se défendre, qu'environ 100 coups par pièce, ou 7,600 projectiles, c'est-à-dire *six fois moins de munitions*.

(Note du lieutenant-colonel DE MONTLUISANT.)

PERTES FAITES PAR LES ARMÉES FRANÇAISES

DANS LES

Batailles des 14, 16 & 18 août 1870.

NUMÉROS des CORPS.	OFFICIERS				TROUPE			
	tués.	blessés.	disparus.	TOTAUX.	tués.	blessés.	disparus.	TOTAUX.
AFFAIRE DE BORNY (14 AOUT).								
3e corps............	23	122	1	146	260	2,014	428	2,702
4e id.	19	35	»	54	75	470	161	706
Totaux.......	42	157	1	200	335	2,484	589	3,408
AFFAIRE DE REZONVILLE (16 AOUT).								
2e corps	30	154	17	201	323	2,282	2,480	5,085
3e id.	14	35	»	49	73	548	127	748
4e id.	39	131	36	206	152	1,579	527	2,258
6e id.	44	135	21	200	482	3,231	1,745	5,458
Garde impériale......	18	95	»	113	167	1,669	179	2,015
Cavalerie de la Garde.	»	22	25	47	3	99	264	366
id. id. de réserve.	»	21	»	21	7	43	38	88
Artill. id. de réserve.	2	4	»	6	13	72	19	104
Totaux.......	147	597	99	843	1,220	9,523	5,379	16,122
AFFAIRE DE SAINT-PRIVAT (18 AOUT).								
2e corps...........	3	24	»	27	57	342	195	594
3e id.	16	79	15	110	206	1,399	445	2,050
4e id.	45	184	17	246	450	3,095	1,016	4,561
6e id.	24	109	79	212	343	1,477	2,653	4,473
Totaux.......	88	396	111	595	1,056	6,313	4,309	11,678
RÉCAPITULATION.								
Pour les trois affaires.	277	1,150	211	1,638	2,611	18,320	10,277	31,208

Officiers et soldats mis hors de combat : 32,846.

Nota. La Garde toute entière (artillerie et cavalerie comprise), l'artillerie de réserve et la cavalerie de réserve, n'ont perdu, le 18 août, ni un homme, ni un cheval.

PERTES FAITES PAR LES ARMÉES FRANÇAISES

les 31 août & 1er, 22, 27 septembre & 7 octobre.

NUMÉROS des CORPS.	OFFICIERS				TROUPE			
	tués.	blessés.	disparus.	TOTAUX.	tués.	blessés.	disparus.	TOTAUX.
SERVIGNY ET Ste-BARBE (31 AOUT ET 1er SEPTEMBRE).								
Garde impériale......	»	»	»	»	»	2	»	2
2e corps............	»	4	»	4	8	96	22	126
3e id.	20	67	2	89	164	1,448	422	2,034
4e id.	6	25	1	32	71	610	186	867
6e id.	3	16	1	20	42	223	103	368
TOTAUX........	29	112	4	145	285	2,379	733	3,397
COMBAT DE LAUVALLIÈRE (22 SEPTEMBRE).								
3e corps............	1	7	»	8	12	96	4	112
COMBAT DE PELTRE ET LADONCHAMP (27 SEPT.)								
2e corps............	1	3	»	4	28	158	18	204
3e id.	»	6	»	6	8	82	»	90
6e id. .....,....	1	»	»	1	7	66	1	74
TOTAUX........	2	9	»	11	43	306	19	368
COMBAT DE BELLEVUE ET S.-REMY (7 OCTOBRE).								
3e corps............	»	4	»	4	12	99	1	112
4e id.	»	4	»	4	10	136	16	162
6e id.	2	15	»	17	13	206	53	272
Garde impériale......	9	30	»	39	55	540	52	647
TOTAUX........	11	53	»	64	90	981	122	1,193

6ᵉ CORPS. — RÉORGANISATIONS SUCCESSIVES

DATES des ORGANISATIONS	ORGANISATIONS & MUTATIONS	COMPOSITION de LA RÉSERVE
1870.		Effectifs complets au départ des régiments. 3 batt. de 12 et 2 batt. à balles
21 août.	1ʳᵉ organisation, 2 batt. de 12 et 1 de mitᵉˢ	2 batt. de 12 ; 1 batt. à balle
24 id.	2ᵉ id., on ajoute un petit parc.	id. id.
25 id.	3ᵉ id., on ajoute une batt. de mitᵉˢ	2 batt. de 12 ; 2 batt. à balle
2 septembre.	4ᵉ id., nouveaux chevaux reçus.	id. id.
20 id.	5ᵉ id., on ajoute une batterie de 12	3 batt. de 12 ; 2 batt. à balle
23 id.	6ᵉ id.	id. id.
30 id.	7ᵉ id.	id. id.
5 octobre.	8ᵉ id.	id. id.
10 id.	9ᵉ id.	
12 id.	10ᵉ id.	
16 id.	11ᵉ id.	ENSUITE
17 id.	12ᵉ id.	
19 id.	13ᵉ id.	Batteries à balles complète
22 id.	14ᵉ id.	quelques canons de 12
23 id.	15ᵉ id.	hommes à pied.
24 id.	16ᵉ id.	
28 id.	17ᵉ id.	
29 id.	CAPITULATION DE METZ.	

DE L'ARTILLERIE DE RÉSERVE.

ectif les upes mes.	CANONS		CAISSONS		CHEVAUX				OBSERVATIONS
	de 12	à balles	de 12	à balles	officiers	selle	trait	totaux	
78	18	12	36	16	45	709		754	
»	»	»	»	»	»	»	»	»	Ces tableaux représentent
»	»	»	»	»	»	»	»	»	les effectifs successifs de la
»	»	»	»	»	»	»	»	»	réserve : effectifs qui chan-
»	»	»	»	»	»	»	»	»	geaient sans cesse par suite
»	»	»	»	»	45	106	512	663	des livraisons de chevaux
»	»	»	»	»	»	»	»	»	aux vivres-viandes et des
»	18	12	18	13	42	106	432	580	bons chevaux reçus par la
»	12	12	24	12	43	104	410	557	réserve et provenant du
»	»	»	»	»	»	»	»	»	service des remontes, du
»	»	»	»	»	43	100	349	492	parc, etc., etc.
»	»	»	»	»	42	79	243	364	La réserve a dû recevoir environ 200 chevaux.
»	8	12	7	(12)*	»	»	»	»	
»	»	»	»	»	»	»	»	»	
»	»	12	»	(12)*	41	50	149	240	
»	»	»	»	»	40	46	130	216	* Les caissons à balles
»	»	12	»	(12)*	»	»	114	196	conduits par le parc.
740	»	12	»	(12)*	20	6	75	101	

OFFICIERS D'ARTILLERIE

FIN DE LA DEUXIÈME PARTIE.

TABLE DES MATIÈRES.

PREMIÈRE PARTIE. — MÉMOIRE.

18

Pages.

DEUXIÈME PARTIE. — PIÈCES JUSTIFICATIVES.

FIN DE LA TABLE DES MATIÈRES.

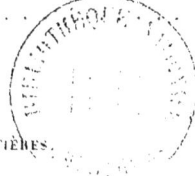

MONTÉLIMAR. — IMPRIMERIE BOURRON

www.ingramcontent.com/pod-product-compliance
Lightning Source LLC
Chambersburg PA
CBHW070737270326
41927CB00010B/2024